农村实用法律解读系列丛书
NONGCUN SHIYONG FALU JIEDU XILIE CONGSHU

农村实用
一般经济法解读

胡志斌 ◎ 编著

北京师范大学出版集团
BEIJING NORMAL UNIVERSITY PUBLISHING GROUP
安徽大学出版社

图书在版编目(CIP)数据

农村实用一般经济法解读 / 胡志斌编著. —合肥：安徽大学出版社，2014.5
(农村实用法律解读系列丛书)
ISBN 978-7-5664-0757-3

Ⅰ.①农… Ⅱ.①胡… Ⅲ.①经济法－基本知识－中国 Ⅳ.①D922.29

中国版本图书馆 CIP 数据核字(2014)第 096899 号

农村实用一般经济法解读   胡志斌　编著

出版发行：	北京师范大学出版集团 安徽大学出版社 (安徽省合肥市肥西路 3 号 邮编 230039) www.bnupg.com.cn www.ahupress.com.cn
印　　刷：	合肥现代印务有限公司
经　　销：	全国新华书店
开　　本：	170mm×240mm
印　　张：	15.75
字　　数：	280 千字
版　　次：	2014 年 5 月第 1 版
印　　次：	2014 年 5 月第 1 次印刷
定　　价：	25.00 元

ISBN 978-7-5664-0757-3

策划编辑：朱丽琴　方　青		装帧设计：李　军　金伶智	
责任编辑：李加凯		美术编辑：李　军	
责任校对：程中业		责任印制：陈　如	

版权所有　侵权必究

反盗版、侵权举报电话：0551－65106311
外埠邮购电话：0551－65107716
本书如有印装质量问题，请与印制管理部联系调换。
印制管理部电话：0551－65106311

MULU 目录

劳动法律制度

1. 什么是劳动合同,签订劳动合同有什么意义? / 1
2. 《劳动合同法》的立法目的是什么? / 1
3. 《劳动合同法》的适用范围有哪些? / 2
4. 《劳动合同法》与《劳动法》比较,有哪些进步? / 2
5. 订立劳动合同应当坚持哪些原则? / 3
6. 劳动合同有什么样的效力或者约束力? / 4
7. 用人单位制定规章制度应当遵守哪些规定? / 5
8. 什么是《劳动合同法》规定的劳动关系三方机制? / 6
9. 工会在劳动合同中有何作用? / 6
10. 劳动关系从何时开始建立? / 7
11. 《劳动合同法》是如何规定用人单位与劳动者告知义务的? / 7
12. 签订劳动合同时,用人单位有权要求劳动者提供押金和扣押劳动者证件吗? / 8
13. 劳动合同可以为口头形式吗? / 9
14. 劳动合同约定不明时,劳动报酬应当如何确定? / 10
15. 按照劳动合同期限的不同,劳动合同分为哪几种? / 10
16. 无固定期限劳动合同有哪些优点,用人单位在哪些情形下应当与劳动者签订无固定期限劳动合同? / 11
17. 劳动合同如何才能够生效? / 13

18. 劳动合同的必备条款应包括哪些内容? / 13
19. 什么是试用期,法律是如何规定的? / 19
20. 法律对试用期的工资是如何规定的? / 20
21. 法律对试用期解除劳动合同有哪些限制? / 21
22. 法律对劳动合同中约定服务期是如何规定的? / 22
23. 法律为什么对劳动者规定保密义务和竞业限制? / 22
24. 劳动合同在哪些情形下是无效的? / 23
25. 劳动合同被认定无效后,劳动报酬该如何支付? / 24
26. 法律对劳动报酬的支付是如何规定的? / 25
27. 法律对加班是如何规定的? / 26
28. 用人单位发生变化影响劳动合同的履行吗? / 26
29. 用人单位与劳动者协商解除劳动合同应当具备哪些条件? / 28
30. 什么是集体劳动合同,它有哪些法律效力? / 28
31. 集体劳动合同有哪些类型? / 29
32. 劳动者单方解除劳动合同应当遵守哪些法律规定? / 30
33. 劳动者在哪些情形下可以单方面解除劳动合同? / 30
34. 用人单位在劳动者存在哪些行为时,可以随时解除劳动合同? / 32
35. 用人单位在哪些情形下可以提前通知劳动者解除劳动合同? / 33
36. 用人单位在哪些情形下可以进行经济性裁员? / 34
37. 法律对用人单位解除劳动者作出了哪些限制? / 35
38. 劳动合同在哪些情形下终止? / 36
39. 用人单位在哪些情形下应当向劳动者支付经济补偿? / 38
40. 如何计算用人单位支付给劳动者的经济补偿? / 39
41. 用人单位违法解除或者终止劳动合同的法律后果是什么? / 40
42. 劳动合同解除或者终止后双方还应履行哪些义务? / 41
43. 什么是劳务派遣,法律对劳务派遣有哪些规定? / 42
44. 什么是非全日制用工,它有哪些特点? / 49
45. 劳动行政部门有职责对哪些劳动行为进行监督检查? / 50
46. 法律对劳动者的工作时间是如何规定的? / 50
47. 法律对延长工作时间是如何规定的? / 51
48. 延长工作时间的工资报酬如何计算? / 52
49. 什么是休息休假,法律是如何规定的? / 53

50. 如何计算加班费? / 54
51. 什么是最低工资,它是如何确定的? / 55
52. 劳动安全卫生制度包括哪些内容? / 56
53. 法律对女职工的保护有哪些规定? / 57
54. 法律对未成年工有哪些特殊保护? / 58

社会保险法律制度

55. 什么是新型农村养老保险制度? / 59
56. 为什么要开展新型农村社会养老保险? / 59
57. 新农保的参保范围有哪些? / 60
58. 新农保基金的构成有哪些? / 60
59. 领取养老金需符合什么条件? / 61
60. 养老金的计发标准是多少? / 61
61. 农村居民如何办理参保缴费手续? / 61
62. 新、老农村养老保险制度如何衔接? / 62
63. 城镇职工基本养老保险制度是如何确定的? / 62
64. 什么是基本医疗保险,它有哪些种类? / 63
65. 职工基本医疗保险制度内容有哪些? / 64
66. 什么是新型农村医疗合作制度,如何保障该制度的实施? / 65
67. 城镇居民基本医疗保险制度有哪些特点? / 67
68. 哪些情形应当认定为工伤? / 67
69. 如何申请工伤鉴定? / 68
70. 工伤保险待遇有哪些? / 69
71. 工伤发生的费用如何支付? / 71
72. 领取失业保险金应具备哪些条件? / 72
73. 哪些属于劳动争议的范围? / 72
74. 劳动争议有哪些解决方式? / 73

环境保护法律制度

75. 环境保护法有哪些基本原则? / 74
76. 什么是排污申报登记制度,排污申报的内容是什么? / 75
77. 建筑施工中的环境噪声污染是否应进行排污申报登记? / 76

78.《建设项目环境保护管理条例》适用范围有哪些？ / 76
79. 什么是环境影响评价制度，环境影响评价分为哪几类？ / 77
80. 什么是"三同时"制度？ / 78
81. 建筑施工在夜间需连续作业应符合什么要求？ / 78
82. 排污单位法定的环境保护义务有哪些？ / 79
83. 哪些行为可以认定为"不正常使用"污染物处理设施？ / 79
84. 污染防治设施方面的违法行为有哪些？ / 80
85. 施工现场环境保护制度的具体内容是什么？ / 81
86. 水污染防治应当遵循哪些原则？ / 81
87. 什么是排污许可制度？ / 82
88. 设置排污口应遵守哪些法律规定？ / 83
89. 企业事业单位和个体工商户可以直接向水体排放污染物吗？ / 84
90. 法律禁止向水体排放哪些废液？ / 84
91. 能否向水体排放放射性固体废物和放射性废水？ / 85
92. 能否向水体排放含热废水？ / 85
93. 能否向水体排放含病原体的污水？ / 86
94. 能否向水体排放、倾倒工业废渣、城镇垃圾和其他废弃物？ / 86
95. 法律禁止在哪些区域堆放、存贮固体废弃物和其他污染物？ / 86
96. 开采地下水时应如何保护水质？ / 87
97.《水污染防治法》对农业和农村污染防治有哪些规定？ / 87
98. 法律对城镇污水处理方式是如何规定的？ / 88
99. 对于防止农药对水体造成污染，法律是如何规定的？ / 88
100. 为什么要防止畜禽养殖场、养殖小区污染水环境？ / 89
101. 什么是饮用水水源保护区，法律对其是如何规定的？ / 90
102. 法律对在饮用水水源保护区内设置排污口是如何规定的？ / 90
103. 在饮用水水源一级保护区不得从事哪些活动？ / 91
104. 在饮用水水源二级保护区不得或者限制从事哪些活动？ / 91
105. 在哪些水体不得新建排污口？ / 92

消费者权益保护法律制度

106. 经营者和消费者进行交易，应当遵循哪些基本原则？ / 93
107. 消费者享有哪些权利？ / 94

108. 消费者合法权益受到损害的,可以向谁要求赔偿? / 95
109. 经营者在哪些情形下应当承担侵犯消费者权益的民事责任? / 97
110. 经营者依法应当承担哪些义务? / 97
111. 消费者协会是什么性质的组织,它有哪些职能? / 98
112. 什么是"三包","三包"的期限如何计算? / 99
113. 商品实行"三包"所产生的费用如何处理? / 100
114. 消费者和经营者发生消费者权益争议的,如何解决? / 100
115. 虚假广告给消费者造成损害的法律责任由谁承担? / 101
116. 消费者协会对消费者的哪些投诉可以不予受理? / 101
117. 《安徽省消费者权益保护条例》对旅游消费服务是如何规定的? / 102
118. 《安徽省消费者权益保护条例》对从事洗染服务是如何规定的? / 103
119. 《安徽省消费者权益保护条例》对从事美容、美发服务是如何规定的? / 103
120. 《安徽省消费者权益保护条例》对从事修理、加工服务是如何规定的? / 103
121. 《安徽省消费者权益保护条例》对商品房销售服务是如何规定的? / 103
122. 从事商品房销售服务的经营者有欺诈行为的,应如何处理? / 104
123. 《安徽省消费者权益保护条例》规定的医疗机构及其医务人员义务是什么? / 104
124. 《安徽省消费者权益保护条例》对从事非公益性或非学历培训教育服务是如何规定的? / 105

价格法律制度

125. 什么是政府指导价和政府定价? / 106
126. 经营者定价应当遵循哪些法律原则? / 107
127. 经营者定价的依据是什么? / 107
128. 经营者进行价格活动时享有哪些权利? / 108
129. 经营者进行价格活动应当依法履行哪些义务? / 109
130. 哪些行为属于经营者的不正当价格行为? / 109
131. 哪些商品或者服务的定价需要举行听证会? / 112

产品质量法律制度

132. 什么是《产品质量法》所称的产品? / 113
133. 生产者有哪些产品质量义务? / 113

134. 销售者有哪些产品质量义务? /114
135.《产品质量法》对消费者合法权益的保护有哪些规定? /116
136. 在什么情况下,因产品存在缺陷造成人身、财产权益损害时生产者不承担责任? /117
137. 因产品存在缺陷造成他人人身、财产损害的,受害人如何进行索赔? /117
138. 哪些行为必须遵守《食品安全法》的规定? /118
139. 县级以上地方人民政府有哪些食品安全监管职责? /119
140. 什么是《食品安全法》规定的食品安全风险监测制度? /120
141. 食品安全标准是什么性质的标准? /120
142. 食品安全标准应当包括哪些内容? /121
143. 为什么食品安全标准应当供公众免费查阅? /122
144. 食品生产经营应当符合哪些标准? /123
145. 哪些食品属于《食品安全法》明确禁止生产经营的? /124
146. 哪些情形不需要取得食品流通的许可? /124
147. 法律对食品生产加工小作坊和食品摊贩从事食品生产经营活动有要求吗? /125
148. 法律对食品生产经营人员的健康问题是如何规定的? /126
149. 法律为何确立食用农产品生产记录制度? /126
150. 法律对食品生产企业的采购行为做了哪些规定? /127
151. 法律对食品出厂检验记录是如何规定的? /128
152. 法律对食品进货查验记录制度是如何规定的? /128
153. 食品经营者在贮存、销售散装食品时应遵守哪些规定? /129
154. 预包装食品的包装上标签应当标明哪些事项? /130
155. 食品添加剂的使用有哪些法律上的要求? /130
156. 对特定保健功能的食品,法律是如何规定的? /131
157. 什么是食品召回制度,应按照什么程序召回食品? /132
158. 在虚假广告中向消费者推荐食品,法律责任如何承担? /133

房地产与矿产资源法律制度

159. 什么是土地用途管制制度,其具体内容有哪些? /134
160. 什么是土地登记制度,它的具体内容有哪些? /135
161. 在哪些情形下应当进行土地变更登记? /137

162. 土地权属争议有哪些解决办法? /138
163. 什么是占用耕地补偿制度? /138
164. 什么是基本农田,它的范围包括哪些? /139
165. 法律对闲置、荒芜耕地是如何规定的? /141
166. 如何依法开垦未利用土地? /141
167. 农村土地整理应当按照哪些程序进行? /142
168. 申请使用土地进行建设应遵守哪些法律规定? /142
169. 由国务院批准的涉及农用地转为建设用地的情形有哪些? /143
170. 在土地利用总体规划确定的城市和村庄、集镇建设用地规模范围内,农用地转为建设用地的,法律对审批权是如何规定的? /143
171. 征用哪些土地的批准权属于国务院? /144
172. 建设使用国有土地的取得方式有哪几种? /145
173. 法律对临时使用土地有哪些规定? /146
174. 在哪些情形下国有土地使用权将被收回? /147
175. 法律对乡(镇)村公共设施、公益事业建设用地审批是如何规定的? /147
176. 法律对农村村民住宅用地是如何规定的? /148
177. 在哪些情形下农民集体土地使用权将被收回? /149
178. 设立房地产开发企业必须具备哪些条件? /150
179. 以出让方式取得土地使用权的,转让房地产时,应当符合哪些条件? /150
180. 哪些房地产不得转让? /150
181. 商品房预售应当符合哪些条件? /151
182. 法律对矿产资源的权属是如何界定的? /151
183. 采矿人申请采矿许可证应提交哪些资料? /152
184. 开采哪些矿产资源由国务院地质矿产主管部门审批? /152
185. 在哪些情形下采矿人可以免缴采矿权使用费和采矿权价款? /152
186. 哪些地区不得开采矿产资源? /153

税收等经济法律制度

187. 法律对办理开业税务登记是如何规定的? /154
188. 纳税人在办理哪些涉税事项时必须持税务登记证件? /154
189. 纳税人办理纳税申报时应报送哪些有关证件、资料? /154
190. 发票的填开有哪些要求? /155

191. 哪些个人所得应缴纳个人所得税? /155
192. 个人所得税的税率是如何确定的? /156
193. 哪些个人所得依法免纳个人所得税? /156
194. 哪些情形经批准可以减征个人所得税? /157
195. 应纳税所得额是如何计算的? /157
196. 房产赠与需要缴税吗? /158
197. 哪些行为属于不正当竞争行为? /158
198. 哪些行为属于不正当有奖销售行为? /159
199. 在哪些情形下,以低于成本的价格销售商品不属于不正当竞争行为? /160
200. 《水法》对河道管理范围内的各类生产建设活动作出了哪些规定? /160

附 录

中华人民共和国劳动法 /161
中华人民共和国劳动合同法 /172
中华人民共和国社会保险法 /187
中华人民共和国环境保护法 /200
中华人民共和国消费者权益保护法 /206
中华人民共和国产品质量法 /216
中华人民共和国土地管理法 /226

参考文献 /240

后 记 /241

劳动法律制度

1. 什么是劳动合同，签订劳动合同有什么意义？

劳动合同是在市场经济体制下，用人单位与劳动者进行双向选择、确定劳动关系、明确双方权利与义务的协议。所谓"劳动关系"，是指劳动者与用人单位在实现劳动过程中建立的社会经济关系。

建立劳动关系后，签订劳动合同不仅是法律上的要求，而且对劳动者来说，有利于保障其合法权益，主要体现在：(1)有利于劳动者选择职业，有了择业的主动权；(2)有利于劳动者增强竞争意识，促进努力学习文化科学知识，全面提高素质；(3)在劳动合同中写入了劳动者的权利，其正当权益受到国家法律保护，有利于劳动者合法权利的实现。

》**法条链接**》

《劳动合同法》第十条：建立劳动关系，应当订立书面劳动合同。

2. 《劳动合同法》的立法目的是什么？

立法目的是指通过制定法律所要实现的目标和要解决的问题。按照《劳动合同法》的规定，其立法目的可以概括为以下三个方面：

(1)完善劳动合同制度，明确劳动合同双方当事人的权利和义务。劳动合同是市场经济体制下用人单位与劳动者进行双向选择、确定劳动关系、明确双方权利和义务的协议，是保护劳动者合法权益的基本依据。制定《劳动合同法》，就是要规范劳动合同的订立、履行、变更、解除或者终止行为，明确劳动合同中双方当事人的权利和义务，促使稳定的劳动关系的建立，预防和减少劳动争议的发生。

(2)保护劳动者的合法权益。《劳动合同法》作为一部规范劳动关系的法律，其立法价值在于追求用人单位和劳动者双方关系的平衡。因为相对于用人单位，劳动者是弱者，如果对用人单位和劳动者进行同等保护，必然导致双方关系不平衡，因此，《劳动合同法》将保护劳动者的合法权益作为自己的立法目的。

(3)构建和发展和谐稳定的劳动关系。将劳动合同法律化,明确劳动合同双方当事人的权利和义务,有利于建立稳定的劳动关系,减少劳动争议的发生,从而有益于保护劳动者和用人单位的双方的合法权益。因此,构建和发展和谐稳定的劳动关系也是《劳动合同法》的立法目的。

>> **法条链接** >>

《劳动合同法》第一条:为了完善劳动合同制度,明确劳动合同双方当事人的权利和义务,保护劳动者的合法权益,构建和发展和谐稳定的劳动关系,制定本法。

3. 《劳动合同法》的适用范围有哪些?

按照《劳动合同法》的规定,用人单位与劳动者建立劳动关系,不论是订立、履行劳动合同,还是变更、解除或者终止劳动合同,都应当依照《劳动合同法》执行。

就用人单位而言,主要包括以下四种类型:(1)中国境内的企业;(2)个体经济组织;(3)民办非企业单位;(4)与劳动者建立劳动关系的国家机关、事业单位、社会团体。可见,不论是国家机关还是事业单位,还是以营利为目的的企业、个体经济组织,或者以非营利为目的的社会团体、民办非企业单位,只要与劳动者建立了劳动关系,就应当签订劳动合同。而只要签订劳动合同,都要依照《劳动合同法》执行。

>> **法条链接** >>

《劳动合同法》第二条:中华人民共和国境内的企业、个体经济组织、民办非企业单位等组织(以下称用人单位)与劳动者建立劳动关系,订立、履行、变更、解除或者终止劳动合同,适用本法。

国家机关、事业单位、社会团体和与其建立劳动关系的劳动者,订立、履行、变更、解除或者终止劳动合同,依照本法执行。

4. 《劳动合同法》与《劳动法》比较,有哪些进步?

《劳动法》制定于1995年1月1日,但是随着社会的发展和客观情况的变化,一些新的用工主体、用工形式不断出现,要求劳动合同制度进行相应的改革。一是民办非企业单位、基金会、合作或合伙律师事务所等新的单位类型出现,对这类单位与其劳动者之间的权利义务关系如何规范缺乏法律规定,不利于维护这类单位的劳动者权益;二是一些国家机关、事业单位、社会团体在编制外招用劳动者,并且没有与招用的劳动者订立劳动合同或者聘用合同。而根据《劳动法》规定,在国家机关、事业单位、社会团体中,只有与单位建立劳动合同关系的劳动者,才适用《劳动法》。因此,这些劳动者往往既不能享受《公务员法》或者国家有关人事管理政策规定的权利,也不能依据《劳动法》维护自身权益;三是随着我国社会主义市场经济体制的建立和加入世界贸易组织,迫切要求转换事业单位用人机制,建立充满生机和活力的用人制度。

针对上述问题,2007年6月29日制定并于2008年1月1日生效的《劳动合同法》扩大了《劳动法》的适用范围,具体表现在:(1)增加了民办非企业单位等组织及其劳动者;(2)明确了事业单位与实行聘用制的工作人员之间也应订立劳动合同,但考虑到事业单位实行的聘用制度与一般劳动合同制度在劳动关系双方的权利和义务方面、管理体制方面存在一定的差别,因此允许其优先适用特别规定;(3)规定了除公务员和参照《公务员法》管理的人员,以及事业单位中实行聘用制的工作人员外,国家机关、事业单位、社会团体与其他劳动者均应当建立劳动关系,并执行本法。

5. 订立劳动合同应当坚持哪些原则?

按照《劳动合同法》的规定,订立劳动合同应当坚持以下几项原则:

(1)合法原则。合法是指劳动合同的形式和内容都必须符合法律、法规的规定。首先,劳动合同的形式要合法,如除非全日制用工外,劳动合同需要以书面形式订立,这是本法对劳动合同形式的要求。其次,劳动合同的内容要合法。例如,关于工作时间的约定,不得违反国家关于工作时间的规定;关于劳动报酬的约定,不得低于当地最低工资标准等。

(2)公平原则。公平原则要求劳动合同的内容应当公平、合理。就是在符合法律规定的前提下,劳动合同双方公正、合理地确立双方的权利和义务,用人单位不能滥用优势地位,迫使劳动者订立不公平的合同。确立公平原则目的就是为了防止劳动合同当事人尤其是用人单位滥用优势地位,损害劳动者的权利,有利于平衡劳动合同双方当事人的利益,有利于建立和谐稳定的劳动关系。

(3)平等自愿。平等原则要求劳动者和用人单位在订立劳动合同时在法律地位上是平等的,没有高低、从属之分,不存在命令和服从、管理和被管理关系。自愿原则是指订立劳动合同完全是出于劳动者和用人单位双方的真实意志,是双方协商一致达成的,任何一方都不得把自己的意志强加给另一方。

(4)协商一致。协商一致就是用人单位和劳动者要对合同的内容达成一致意见。在订立劳动合同时,用人单位和劳动者都要仔细研究合同的每项内容,进行充分的沟通和协商,解决分歧,达成一致意见。只有体现双方真实意志的劳动合同,双方才能忠实地按照合同约定履行。特别在使用格式合同时,劳动者要认真研究合同条文,对自己不利的要据理力争。

(5)诚实信用。诚实信用是《合同法》的一项基本原则,同时是《劳动合同法》的一项基本原则,同时也是一项社会道德原则。该项原则要求用人单位招用劳动者时,应当如实告知劳动者工作内容、工作条件、工作地点、职业危害、安全生产状况、劳动报酬,以及劳动者要求了解的其他情况;用人单位有权了解劳动者与劳动合同直接相关的基本情况,劳动者应当如实说明。双方都不得隐瞒真实情况。

≫**法条链接**≫

《劳动合同法》第三条:订立劳动合同,应当遵循合法、公平、平等自愿、协商一致、诚实信用的原则。

6. 劳动合同有什么样的效力或者约束力?

根据《劳动合同法》的规定,劳动合同依法订立即具有法律效力,用人单位与劳动者应当履行劳动合同规定的义务。劳动合同依法订立,就受法律保护。非依法律规定或者未征得对方同意,任何一方不得擅自变更或者解除劳动合同,否则,就要承担法律责任。

劳动合同具体的生效时间,当事人可以在劳动合同中约定,没有约定的,应当自双方签字之日起生效。需要注意的是,劳动合同的生效时间和劳动关系的建立是两个不同的概念。劳动合同是劳动关系的表现形式,有的情况下劳动关系已建立,但并没有签订劳动合同;有的情况下劳动合同已生效,但并没有实际用工,劳动关系尚未建立。

违反劳动合同可以分为两种情况:一是违反已经履行的劳动合同。这时劳动关系已建立,违反劳动合同约定,就要按照本法的规定承担违法责任,例如,用人单位违反本法规定解除或者终止劳动合同的,应当按照经济补偿标准的二倍向劳动者支付赔偿金;二是违反已生效但尚未履行的劳动合同。这时劳动关系尚未建立,《劳动合同法》没有对这种情况下违反劳动合同的责任作出规定,这就需要合同双方在订立劳动合同时约定。这时劳动合同约定了违约责任的,按约定办,没有约定违约责任的,就无法承担责任。

>>**法条链接**>>

《劳动合同法》第三条:依法订立的劳动合同具有约束力,用人单位与劳动者应当履行劳动合同约定的义务。

《劳动合同法》第八十七条:用人单位违反本法规定解除或者终止劳动合同的,应当按照本法第四十七条规定的经济补偿标准的二倍向劳动者支付赔偿金。

7. 用人单位制定规章制度应当遵守哪些规定?

用人单位制定规章制度时应当遵守以下规定:

(1)总体要求。制定规章制度应当体现权利与义务一致、奖励与惩罚结合,不得违反法律、法规的规定。否则,就会受到法律的制裁。例如,如果用人单位制定的直接涉及劳动者切身利益的规章制度违反法律、法规规定的,由劳动行政部门责令改正,给予警告;给劳动者造成损害的,用人单位应当承担赔偿责任。

(2)制定程序。根据《劳动合同法》的规定,制定规章制度或者决定重大事项,应当经职工代表大会或者全体职工讨论,提出方案和意见,与工会或者职工代表平等协商确定。所以,这个程序分为两个步骤:第一步是经职工代表大会或者全体职工讨论,提出方案和意见;第二步是与工会或者职工代表平等协商确定。一般来说,企业建立了工会的,与企业工会协商确定;没有建立工会的,与职工代表协商确定。

(3)告知程序。《劳动合同法》规定,直接涉及劳动者切身利益的规章制度应当公示,或者告知劳动者。关于告知的方式有很多种,实践中,有的用人单位是在企业的告示栏张贴告示;有的用人单位是把规章制度作为劳动合同的附件发给劳动者;有的用人单位是向每个劳动者发放员工手册。无论哪种方式,只要让劳动者知道就可以。

>>**法条链接**>>

《劳动合同法》第四条:用人单位应当依法建立和完善劳动规章制度,保障劳动者享有劳动权利、履行劳动义务。

用人单位在制定、修改或者决定有关劳动报酬、工作时间、休息休假、劳动安全卫生、保险福利、职工培训、劳动纪律以及劳动定额管理等直接涉及劳动者切身利益的规章制度或者重大事项时,应当经职工代表大会或者全体职工讨论,提出方案和意见,与工会或者职工代表平等协商确定。

在规章制度和重大事项决定实施过程中,工会或者职工认为不适当的,有权向用人单位提出,通过协商作出修改完善。

直接涉及劳动者切身利益的规章制度应当公示,或者告知劳动者。

《劳动合同法》第八十条:用人单位直接涉及劳动者切身利益的规章制度违反法律、法规规定的,由劳动行政部门责令改正,给予警告;给劳动者造成损害的,应当承担赔偿责任。

8. 什么是《劳动合同法》规定的劳动关系三方机制?

三方机制是指政府(通常以劳动部门为代表)、雇主和工人之间,就制定和实施经济和社会政策而进行的所有交往和活动。即由政府、雇主组织和工会通过一定的组织机构和运作机制共同处理所涉及劳动关系的问题,如劳动立法、经济与社会政策的制定、就业与劳动条件、工资水平、劳动标准、职业培训、社会保障、职业安全与卫生、劳动争议处理以及对产业行为的规范与防范等。

根据《劳动合同法》的规定,三方机制解决的是劳动关系方面的重大问题,例如,劳动就业、劳动报酬、社会保险、职业培训、劳动争议、劳动安全卫生、工作时间和休息休假、集体合同和劳动合同等。

政府、企业组织和工会组织三方的职能不能替代,各有侧重和相互独立,相互没有隶属关系,切实代表基层组织和会员的利益。《工会法》中明确规定政府劳动行政部门是政府的代表。企业组织代表,民间的商会、个体经营者协会、青年企业家协会、女企业家协会等都可以作为企业方代表。代表职工参加三方机制的是各级总工会。

≫ **法条链接** ≫

《劳动合同法》第五条:县级以上人民政府劳动行政部门会同工会和企业方面代表,建立健全协调劳动关系三方机制,共同研究解决劳动关系方面的重大问题。

9. 工会在劳动合同中有何作用?

按照《劳动合同法》的规定,工会在劳动合同中的作用主要有以下两点:

(1)帮助、指导劳动者与用人单位订立和履行劳动合同。这同时也是《工会法》规定的一项制度。按照《工会法》第二十条的规定,工会帮助、指导职工与企业以及实行企业化管理的事业单位签订劳动合同。由于广大劳动者尤其是大量进城的农民工对什么是劳动合同、怎么签订劳动合同、签订什么样的劳动合同，可能都不懂，迫切需要得到工会组织的帮助和指导。

(2) 与用人单位建立集体协商机制。集体协商机制是工会作为职工方代表与企业方就涉及职工权利的事项，为达到一致意见而建立的沟通和协商解决机制。建立集体协商机制，维护用人单位职工具体的权利，主要是由企业工会与用人单位建立。当然，也不排除地方总工会与用人单位之间建立集体协商机制。

≫法条链接≫

《劳动合同法》第六条：工会应当帮助、指导劳动者与用人单位依法订立和履行劳动合同，并与用人单位建立集体协商机制，维护劳动者的合法权益。

10. 劳动关系从何时开始建立？

按照《劳动合同法》的规定，自用人单位招用劳动者从事劳动合同约定的工作之日起，劳动关系即确立。双方可以按照约定享受权利和履行义务，接受劳动法律、法规的约束。这里所说的"用人单位"包括中华人民共和国境内的企业、个体经济组织、民办非企业单位等组织；国家机关、事业单位、社会团体以及劳务派遣单位。"劳动者"是指达到法定年龄，具有劳动能力，并实际参加社会劳动，以自己的劳动收入为生活资料主要来源的自然人。"劳动关系"是指劳动者与用人单位在实现劳动过程中建立的社会经济关系。

按照《劳动合同法》的规定，对于与本单位建立劳动关系的劳动者，用人单位应当建立职工名册，以备劳动行政部门查看。职工名册一般包括劳动者的姓名、性别、民族、出生年月、文化程度、政治面貌、职务、级别等内容。建立职工名册，对于用工管理、解决劳动争议、统计就业率和失业率等都有着很大帮助，同时也便于劳动行政部门行使劳动监察职责。

≫法条链接≫

《劳动合同法》第七条：用人单位自用工之日起即与劳动者建立劳动关系。用人单位应当建立职工名册备查。

11.《劳动合同法》是如何规定用人单位与劳动者告知义务的？

所谓"告知义务"，是指在用人单位招用劳动者时，用人单位与劳动者应将双方的基本情况，如实向对方说明的义务。告知应当以一种合理并且适当的方式

进行,要求能够让对方及时知道和了解。按照《劳动合同法》的规定,用人单位和劳动者的告知义务内容阐释如下:

(1)用人单位的告知义务。用人单位对劳动者的如实告知义务,体现在用人单位招用劳动者时,应当如实告知劳动者工作内容、工作条件、工作地点、职业危害、安全生产状况、劳动报酬,以及劳动者要求了解的其他情况。这些内容是法定的并且无条件的,无论劳动者是否提出知悉要求,用人单位都应当主动将上述情况如实向劳动者说明。这些内容都是与劳动者的工作紧密相连的基本情况,也是劳动者进行就业选择的主要因素之一。因此,用人单位应当如实告知劳动者。

(2)劳动者的告知义务。劳动者的告知义务是附条件的,只有在用人单位要求了解劳动者与劳动合同直接相关的基本情况时,劳动者才有如实说明的义务。劳动者与劳动合同直接相关的基本情况包括健康状况、知识技能、学历、职业资格、工作经历以及部分与工作有关的劳动者个人情况,如家庭住址、主要家庭成员构成等。用人单位不能为了解情况而侵害劳动者的隐私。

≫**法条链接**≫

《劳动合同法》第八条:用人单位招用劳动者时,应当如实告知劳动者工作内容、工作条件、工作地点、职业危害、安全生产状况、劳动报酬,以及劳动者要求了解的其他情况;用人单位有权了解劳动者与劳动合同直接相关的基本情况,劳动者应当如实说明。

12. 签订劳动合同时,用人单位有权要求劳动者提供押金和扣押劳动者证件吗?

按照《劳动合同法》的规定,用人单位招用劳动者,不得要求劳动者提供担保或者以其他名义向劳动者收取财物,不得扣押劳动者的居民身份证或者其他证件。

在劳动用工实践中,用人单位违法向劳动者收取财物的情况主要有两种:一是建立劳动关系时收取风险抵押金等项费用,对不交者不与其建立劳动关系,对交者在建立劳动关系后又与其解除劳动关系且不退还风险抵押金等项费用;二是建立劳动关系后全员收取风险抵押金等项费用,对不交者予以开除、辞退或者下岗处理。但是,按照《劳动合同法》的规定,无论是在建立劳动关系之前,还是在建立劳动关系之后,只要用人单位招用劳动者,即不得要求劳动者提供担保或以其他名义向劳动者收取财物。

>> **法条链接** >>

《劳动合同法》第九条：用人单位招用劳动者，不得要求劳动者提供担保或者以其他名义向劳动者收取财物，不得扣押劳动者的居民身份证或者其他证件。

13. 劳动合同可以为口头形式吗？

按照《劳动合同法》的规定，劳动合同只能是书面形式的。以书面形式订立劳动合同是指劳动者在与用人单位建立劳动关系时，直接用书面文字形式表达和记载当事人经过协商而达成一致的协议。我国《劳动法》和本法明确规定，劳动合同应当以书面形式订立。用书面形式订立劳动合同严肃慎重、准确可靠、有据可查，一旦发生争议时，便于查清事实，分清是非，也有利于主管部门和劳动行政部门进行监督检查。另外，书面劳动合同能够加强合同当事人的责任感，促使合同所规定的各项义务能够全面履行。

对于已经建立劳动关系，但没有同时订立书面劳动合同的情况，要求用人单位与劳动者应当自用工之日起一个月内订立书面劳动合同。根据《劳动合同法》的规定，用人单位自用工之日起满一年不与劳动者订立书面劳动合同的，视为用人单位与劳动者已订立无固定期限劳动合同。用人单位未在用工的同时订立书面劳动合同，与劳动者约定的劳动报酬不明确的，新招用的劳动者的劳动报酬应当按照企业的或者行业的集体合同规定的标准执行；没有集体合同或者集体合同未作规定的，用人单位应当对劳动者实行同工同酬。用人单位自用工之日起超过一个月但不满一年未与劳动者订立书面劳动合同的，应当向劳动者支付二倍的月工资。

>> **法条链接** >>

《劳动合同法》第十条：建立劳动关系，应当订立书面劳动合同。

已建立劳动关系，未同时订立书面劳动合同的，应当自用工之日起一个月内订立书面劳动合同。

用人单位与劳动者在用工前订立劳动合同的，劳动关系自用工之日起建立。

14. 劳动合同约定不明时，劳动报酬应当如何确定？

按照《劳动合同法》的规定，用人单位未在用工的同时订立书面劳动合同，与劳动者约定的劳动报酬不明确的，新招用的劳动者的劳动报酬应当按照集体合同规定的标准执行。所谓"集体合同"，是指企业职工一方与用人单位就劳动报酬、工作时间、休息休假、劳动安全卫生、保险福利等事项，通过平等协商达成的书面协议。为了有效保护劳动者合法权益，《劳动合同法》规定，集体合同中劳动条件和劳动报酬等标准不得低于当地人民政府规定的最低标准；用人单位与劳动者订立的劳动合同中劳动条件和劳动报酬等标准不得低于集体合同规定的标准。

现实中并不是每个企业、行业或是每个区域都签订了集体合同，即使签订了集体合同，其中也可能没有关于劳动报酬的事项。如果用人单位与劳动者尚未订立劳动合同，约定的劳动报酬不明确，而且没有集体合同或者集体合同未作规定的，依照本法的规定，用人单位应当对劳动者实行同工同酬。"同工同酬"，是指用人单位对于从事相同工作，付出等量劳动且取得相同劳动业绩的劳动者，支付同等的劳动报酬。

≫法条链接≫

《劳动合同法》第十一条：用人单位未在用工的同时订立书面劳动合同，与劳动者约定的劳动报酬不明确的，新招用的劳动者的劳动报酬按照集体合同规定的标准执行；没有集体合同或者集体合同未作规定的，实行同工同酬。

《劳动合同法》第五十五条：集体合同中劳动报酬和劳动条件等标准不得低于当地人民政府规定的最低标准；用人单位与劳动者订立的劳动合同中劳动报酬和劳动条件等标准不得低于集体合同规定的标准。

15. 按照劳动合同期限的不同，劳动合同分为哪几种？

劳动合同的期限是指劳动合同的有效时间，是劳动关系当事人双方享有权利和履行义务的时间。它一般始于劳动合同的生效之日，终于劳动合同的终止之时。按照劳动合同期限的不同，劳动合同可以分为以下几种：

(1) 固定期限劳动合同。固定期限劳动合同是指用人单位与劳动者约定合同终止时间的劳动合同，即劳动合同双方当事人在劳动合同中明确规定了合同效力的起始和终止的时间。劳动合同期限届满，劳动关系即告终止。

(2)无固定期限劳动合同。无固定期限劳动合同是指用人单位与劳动者约定无确定终止时间的劳动合同。无确定终止时间的劳动合同并不是没有终止时间,一旦出现了法定的解除情形(如到了法定退休年龄)或者双方协商一致解除的,无固定期限劳动合同同样可以解除。

(3)以完成一定工作任务为期限的劳动合同。以完成一定工作任务为期限的劳动合同是指用人单位与劳动者约定以某项工作的完成为合同期限的劳动合同。

≫**法条链接**≫

《劳动合同法》第十二条:劳动合同分为固定期限劳动合同、无固定期限劳动合同和以完成一定工作任务为期限的劳动合同。

16. 无固定期限劳动合同有哪些优点,用人单位在哪些情形下应当与劳动者签订无固定期限劳动合同?

无固定期限劳动合同是指用人单位与劳动者约定无确定终止时间的劳动合同。无确定终止时间的劳动合同并不是没有终止时间,一旦出现了法定的解除情形(如到了法定退休年龄)或者双方协商一致解除的,无固定期限劳动合同同样可以解除。订立无固定期限的劳动合同,劳动者可以长期在一个单位或部门工作。这种合同适用于工作保密性强、技术复杂、工作又需要保持人员稳定的岗位。这种合同对于用人单位来说,有利于维护其经济利益,减少频繁更换关键岗位的关键人员而带来的损失。对于劳动者来说,也有利于实现长期稳定职业,钻研业务技术。

按照《劳动合同法》第十四条的规定,用人单位与劳动者协商一致,可以订立无固定期限劳动合同。有下列情形之一,劳动者提出或者同意续订、订立劳动合同的,除劳动者提出订立固定期限劳动合同外,应当订立无固定期限劳动合同:(一)劳动者在该用人单位连续工作满十年的;(二)用人单位初次实行劳动合同制度或者国有企业改制重新订立劳动合同时,劳动者在该用人单位连续工作满十年且距法定退休年龄不足十年的;(三)连续订立二次固定期限劳动合同,且劳动者没有《劳动合同法》第三十九条和第四十条第一项、第二项规定的情形,续订劳动合同的。

需要注意的是,用人单位自用工之日起满一年不与劳动者订立书面劳动合同的,则视为用人单位与劳动者已订立无固定期限劳动合同。

≫**法条链接**≫

《劳动合同法》第三十九条：劳动者有下列情形之一的，用人单位可以解除劳动合同：

（一）在试用期间被证明不符合录用条件的；

（二）严重违反用人单位的规章制度的；

（三）严重失职，营私舞弊，给用人单位造成重大损害的；

（四）劳动者同时与其他用人单位建立劳动关系，对完成本单位的工作任务造成严重影响，或者经用人单位提出，拒不改正的；

（五）因本法第二十六条第一款第一项规定的情形致使劳动合同无效的；

（六）被依法追究刑事责任的。

《劳动合同法》第四十条：有下列情形之一的，用人单位提前三十日以书面形式通知劳动者本人或者额外支付劳动者一个月工资后，可以解除劳动合同：

（一）劳动者患病或者非因工负伤，在规定的医疗期满后不能从事原工作，也不能从事由用人单位另行安排的工作的；

（二）劳动者不能胜任工作，经过培训或者调整工作岗位，仍不能胜任工作的。

≫**案例分析**≫

案情回放：2008年5月，某外企公司有3位员工已在该企业工作满10年，需要续签新的劳动合同，但该公司不打算再与其续签劳动合同。该公司人力资源部的经理依据原先的各地关于无固定期限劳动合同的做法与规定，向3位员工下发了到期不再续签劳动合同的书面通知，但3位员工不服，认为在该公司工作了这么多年，公司不应该这样做。

法理分析：依据《劳动合同法》第十四条第一项的规定，劳动者在该用人单位连续工作满十年的，劳动者提出或者同意续订、订立劳动合同的，应当订立无固定期限劳动合同。本案中，3位员工已经在该公司工作了10年，依据《劳动合同法》的规定，该公司必须与3位员工续签无固定期限劳动合同。

17. 劳动合同如何才能够生效？

劳动合同的生效是指具备有效要件的劳动合同，按其内容产生法律效力。"劳动合同生效"与"劳动合同成立"是两个不同的法律概念。劳动合同的成立是指用人单位与劳动者达成协议而建立劳动合同关系。双方在劳动合同上签字或者盖章即代表劳动合同成立，但是，劳动合同的成立并不代表着合同生效。按照《劳动合同法》的规定，劳动合同发生法律效力必须具备以下条件：

(1)劳动合同的双方当事人必须具备法定的资格。即签订合同的任何一方必须有法律上认可的签订劳动合同的资格。通常情况下，年满十六周岁并且精神正常的人是具有签订劳动合同的行为能力的。

(2)劳动合同的内容和形式必须合法，不得违反法律的强制性规定或者社会公共利益。所谓"强制性规定"就是当事人不能约定，只能按照法律规定办的权利义务。如《劳动合同法》规定劳动合同期限三个月以上不满一年的，试用期不得超过一个月。

(3)劳动合同需由用人单位与劳动者协商一致订立。订立劳动合同的双方必须意思表示真实，任何一方采用欺诈、胁迫等手段与另一方签订的劳动合同是无效的。

在劳动合同文本持有上，《劳动合同法》规定由用人单位和劳动者各执一份。

≫法条链接≫

《劳动合同法》第十六条：劳动合同由用人单位与劳动者协商一致，并经用人单位与劳动者在劳动合同文本上签字或者盖章生效。

劳动合同文本应当由用人单位和劳动者各执一份。

18. 劳动合同的必备条款应包括哪些内容？

劳动合同的必备条款是指法律规定的劳动合同必须具备的内容。在法律规定了必备条款的情况下，如果劳动合同缺少此类条款，劳动合同就不能成立。按照《劳动合同法》的规定，劳动合同的必备条款包括以下几项内容：

(1)用人单位的名称、住所和法定代表人或者主要负责人。为了明确劳动合同中用人单位一方的主体资格，确定劳动合同的当事人，劳动合同中必须具备这一项内容。

(2)劳动者的姓名、住址和居民身份证或者其他有效身份证件号码。为了明确劳动合同中劳动者一方的主体资格，确定劳动合同的当事人，劳动合同中必须具备这一项内容。

（3）劳动合同期限。劳动合同期限是双方当事人相互享有权利、履行义务的时间界限，即劳动合同的有效期限。劳动合同期限可分为固定期限、无固定期限和以完成一定工作任务为期限。

（4）工作内容和工作地点。所谓"工作内容"，是指劳动法律关系所指向的对象，即劳动者具体从事什么种类或者内容的劳动，这里的工作内容是指工作岗位和工作任务或职责。"工作地点"是劳动合同的履行地，是劳动者从事劳动合同中所规定的工作内容的地点，它关系到劳动者的工作环境、生活环境，以及劳动者的就业选择，劳动者有权在与用人单位建立劳动关系时知悉自己的工作地点，所以这也是劳动合同中必不可少的内容。

（5）工作时间和休息休假。工作时间是指劳动者在企业、事业、机关、团体等单位中，必须用来完成其所担负的工作任务的时间。一般由法律规定劳动者在一定时间内(工作日、工作周)应该完成的工作任务，以保证最有效地利用工作时间，不断地提高工作效率。这里的工作时间包括工作时间的长短、工作时间方式的确定，如是八小时工作制还是六小时工作制，是日班还是夜班，是正常工时还是实行不定时工作制，或者是综合计算工时制。在工作时间上的不同，对劳动者的就业选择、劳动报酬等均有影响，因此成为劳动合同不可缺少的内容。

（6）劳动报酬。劳动报酬主要包括以下几个方面：①用人单位工资水平、工资分配制度、工资标准和工资分配形式；②工资支付办法；③加班、加点工资及津贴、补贴标准和奖金分配办法；④工资调整办法；⑤试用期及病、事假等期间的工资待遇；⑥特殊情况下职工工资(生活费)支付办法；⑦其他劳动报酬分配办法。劳动合同中有关劳动报酬条款的约定，要符合我国有关最低工资标准的规定。

（7）社会保险。社会保险是政府通过立法强制实施，由劳动者、劳动者所在的工作单位或社区，以及国家三方面共同筹资，帮助劳动者及其亲属在遭遇年老、疾病、工伤、生育、失业等风险时，防止收入的中断、减少和丧失，以保障其基本生活需求的社会保障制度。

（8）劳动保护、劳动条件和职业危害防护。劳动保护是指用人单位为了防止劳动过程中的安全事故，采取各种措施来保障劳动者的生命安全和健康。劳动条件，主要是指用人单位为使劳动者顺利完成劳动合同约定的工作任务，为劳动者提供必要的物质和技术条件，如必要的劳动工具、机械设备、工作场地、劳动经费、辅助人员、技术资料、工具书以及其他一些必不可少的物质、技术条件和其他工作条件。职业危害是指用人单位的劳动者在职业活动中，因接触职业性有害因素如粉尘、放射性物质和其他有毒、有害物质等而对生命健康所引起的危害。

(9)法律、法规规定应当纳入劳动合同的其他事项。

≫法条链接≫

《劳动合同法》第十七条:劳动合同应当具备以下条款:

(一)用人单位的名称、住所和法定代表人或者主要负责人;

(二)劳动者的姓名、住址和居民身份证或者其他有效身份证件号码;

(三)劳动合同期限;

(四)工作内容和工作地点;

(五)工作时间和休息休假;

(六)劳动报酬;

(七)社会保险;

(八)劳动保护、劳动条件和职业危害防护;

(九)法律、法规规定应当纳入劳动合同的其他事项。

≫合同范本≫

劳动合同

甲方(单位):

乙方(劳动者)姓名:_____ 性别:_____ 民族:_____ 文化程度:_____

居民身份证号码:_____ 联系电话:_____

家庭住址:_____

一、双方在签订本合同前,应认真阅读本合同。甲乙双方的情况应如实填写,本合同一经签订,即具有法律效力,双方必须严格履行。

二、签订劳动合同,甲方应加盖单位公章;法定代表人(负责人)或委托代理人及乙方应签字或盖章,其他人不得代为签字。

三、本合同中的空栏,由双方协商确定后填写,并不得违反法律、法规和相关规定;

四、工时制度分为标准工时、不定时、综合计算工时三种。实行不定时、综合计算工时工作制的,应经劳动保障部门批准。

五、本合同的未尽事宜,可另行签订补充协议,作为本合同的附件,与本合同一并履行。

六、本合同应使用钢笔或签字笔填写,字迹清楚,文字简练、准确,并不得擅自涂改。

七、本合同签订后,甲、乙双方各执一份备查。

为建立劳动关系,明确权利义务,根据《中华人民共和国劳动法》《中华人民共和国劳动合同法》和有关法律、法规,甲乙双方遵循诚实信用原则,经平等协商一致,自愿签订本合同,共同遵守执行。

第一条　劳动合同期限

(一)劳动合同期

本合同期限采用下列方式。

1.有固定期限:本合同期限为＿＿＿年,自＿＿＿年＿＿＿月＿＿＿日起至＿＿＿年＿＿＿月＿＿＿日止。

2.无固定期限:本合同期限自＿＿＿年＿＿＿月＿＿＿日开始履行,至法定条件出现时终止履行。

(二)试用期

双方同意按以下第＿＿＿种方式确定试用期(试用期包含在劳动合同期内):

1.无试用期。

2.试用期从自＿＿＿年＿＿＿月＿＿＿日起至＿＿＿年＿＿＿月＿＿＿日止。

第二条　工作内容

1.甲方根据生产(工作)需要,安排乙方在＿＿＿生产(工作)岗位,并为乙方提供必要的生产(工作)条件。

2.乙方应按照甲方对本岗位生产(工作)任务和责任制的要求,完成规定的数量、质量指标。

第三条　劳动保护、劳动条件和职业培训

1.甲方必须建立健全劳动安全卫生制度和操作规程、工作规范,并对乙方进行安全卫生教育,杜绝违章操作和违章指挥。

2.甲方必须为乙方提供符合国家规定的劳动安全卫生条件和必要的劳动防护用品,必须告知乙方所从事的工作(生产)岗位存在职业危害因素的名称、可能产生的职业病危害及后果;按国家规定定期安排从事职业危害工作的乙方进行健康检查。

3.实行对女工和未成年工的特殊保护,女职工在孕期、产期、哺乳期间,甲方按国家规定为其提供劳动保护。

4.甲方应根据需要对乙方进行必要的职业培训或为乙方接受职业培训提供必要的条件。

第四条　劳动纪律

1.甲方应当依法制定和健全内部规章制度和劳动纪律,依法对乙方进行规范和管理。

2.乙方应严格遵守甲方依法制定的各项规章制度,服从甲方的管理。

第五条　工作时间和休息、休假

1.甲方安排乙方实行第____项工作制。

(1)标准工作制:甲方安排乙方每日工作时间不超过八小时,每周不超过四十小时。甲方保证乙方每周至少休息一日。甲方由于工作需要,经与工会和乙方协商后可以延长工作时间,一般每日不得超过一小时。因特殊需要延长工作时间的,在保障乙方身体健康的条件下,延长工作时间每日不得超过三小时,每月不得超过三十六小时。

(2)综合计算工时工作制。

(3)不定时工作制。

2.甲方按规定给予乙方享受法定休假日、年休假、婚假、丧假、探亲假、产假、看护假等带薪假期。

第六条　劳动报酬

1.甲方按照本市最低工资结合本单位工资制度支付乙方工资报酬。

具体标准工资为____元/月。乙方试用期工资为____元/月。

2.甲方每月____日支付乙方(当月/上月)工资。如遇法定休假日或休息日,则提前到最近的工作日支付。

3、甲方安排乙方加班加点工作,应按国家规定的标准安排补休或支付加班加点工资。加班加点工资的发放时间为____。

第七条　保险福利

1.甲方必须依照国家和地方有关规定,参加社会保险,按时足额缴纳和代扣代缴乙方的社会保险费(包括养老、失业、医疗、工伤、女工生育等保险)。

2.甲方可以根据本企业的具体情况,依法制定内部职工福利待遇实施细则。乙方有权依此享受甲方规定的福利待遇。

第八条　合同的变更

具有下列情形之一的,双方可以变更本合同:

1.双方协商同意的;

2.由于不可抗力或合同订立时依据的其他客观情况发生重大变化致使本合同无法履行的。本项所称重大变化主要指甲方调整生产项目,机构调整、撤并等。

第九条 合同的终止

具有下列情形之一,本合同应即终止：

1. 本合同期限届满；

2. 乙方达到法定退休条件的；

3. 法律、法规规定的其他终止情形。

第十条 合同的解除

1. 甲乙双方协商一致可以解除本合同。

2. 乙方具有下列情形之一的,甲方可以解除本合同：

(1)在试用期内被证明不符合录用条件的；

(2)严重违反劳动纪律或甲方依法制定的规章制度的；

(3)严重失职,营私舞弊,给甲方利益造成重大损害的；

(4)《劳动合同法》第三十九条规定的其他情形。

3. 具有下列情形之一的,甲方提前三十日以书面形式通知乙方,或者额外支付乙方____个月工资后,可以解除本合同：

(1)乙方患病或者非因工负伤的,医疗期满后不能从事原工作也不能从事由甲方另行安排的工作的；

(2)乙方不能胜任工作,经甲方培训或调整工作岗位后仍不能胜任工作的；

(3)双方不能依本合同第八条第二项的规定就变更合同达成协议的。

4. 乙方具有下列情形之一的,甲方不得依据前款的规定解除本合同：

(1)患职业病或因工负伤并被劳动鉴定委员会确认丧失或部分丧失劳动能力的；

(2)患病或非因工负伤,在规定医疗期内的；

(3)《劳动合同法》第四十二条规定的其他情形。

5. 乙方提前三十日(试用期提前三日)以书面形式通知甲方可以解除本合同。但乙方担任重要职务或执行关键任务并经双方约定乙方不得解除本合同的除外。

6. 具有下列情形之一的,乙方可以随时解除本合同：

(1)未按照劳动合同约定提供劳动保护或者劳动条件的；

(2)甲方以暴力、威胁或者非法限制人身自由的手段强迫劳动的；

(3)《劳动合同法》第三十八条规定的其他情形。

第十一条 本合同终止或解除

甲方应当在解除或者终止本合同时出具解除或者终止劳动合同的证明,并在十五日内为乙方办理档案和社会保险关系转移手续,不得无故拖延或拒绝。

第十二条 合同的续订

1.本合同期限届满后,经双方协商本合同可以续订。

2.连续订立二次固定期限劳动合同,除乙方提出订立固定期限劳动合同外,应当签订无固定期限劳动合同。

第十三条 经济补偿和违约责任

1.合同期内,有《劳动合同法》第四十六条规定的情形之一,甲方应当向乙方支付经济补偿。补偿办法按《劳动合同法》及国家和地方有关规定执行。

2.合同期内,乙方提前解除本合同的,除本合同第十条第六项规定的情形外,甲方有权要求乙方赔偿甲方为乙方所实际支出的培训费用和招聘费用。赔偿办法按国家和地方有关规定执行。

第十四条 劳动争议的处理

双方因履行本合同发生争议,可以向本企业劳动争议调解委员会申请调解,或者自劳动争议发生之日起六十天内向有管辖权的劳动争议仲裁委员会书面申请仲裁。对仲裁裁决不服的,可以向人民法院起诉。

第十五条 双方约定的其他事项

第十六条 本合同未尽事宜,由双方协商约定。

有国家规定的,按国家规定执行。合同期内,如所定条款与国家新颁布的法律、法规、规章和政策不符的,按新规定执行。

第十七条 双方事后就有关事宜达成补充或者变更协议的,由双方签订书面补充或者变更协议确定。

第十八条 本合同一式两份,双方各执一份,具有同等效力,自双方签字盖章之日起生效。

甲方(盖章):_____   乙方(签字):_____

法定代表人:_____

联系方式(电话):_____   联系方式(电话):_____

签订日期:____年____月____日   签订日期:年____月____日

19. 什么是试用期,法律是如何规定的?

试用期是指用人单位对新招收的职工进行思想品德、劳动态度、实际工作能力、身体情况等进行进一步考察的时间期限。

为了防止用人单位滥用试用期,侵害劳动者的权益,《劳动合同法》对试用期的规定是:

(1)劳动合同期限一年以上三年以下的,试用期不得超过二个月;三年以上固定期限和无固定期限的劳动合同试用期不得超过六个月。

(2)同一用人单位与同一劳动者只能约定一次试用期。

(3)不得约定试用期的情形:①以完成一定工作任务为期限的劳动合同;②劳动合同期限不满三个月的,不得约定试用期。

对试用期的理解还需要以下几点:(1)试用期是一个约定的条款,如果双方没有事先约定,用人单位就不能以试用期为由解除劳动合同;(2)同时《劳动合同法》限定了试用期的约定条件,劳动者在试用期间应当享有全部的劳动权利;(3)试用期包括在劳动合同期限内;(4)《劳动合同法》关于试用期的规定体现了劳动合同双方当事人权利义务的大体平等;(5)有的用人单位为了规避法律,约定试岗、适应期、实习期,这些都是变相的试用期,其目的是为了将劳动者的待遇下调或者随时解除劳动合同。这些情形实质上都是试用期。

》法条链接》

《劳动合同法》第十九条:劳动合同期限三个月以上不满一年的,试用期不得超过一个月;劳动合同期限一年以上不满三年的,试用期不得超过二个月;三年以上固定期限和无固定期限的劳动合同,试用期不得超过六个月。

同一用人单位与同一劳动者只能约定一次试用期。

以完成一定工作任务为期限的劳动合同或者劳动合同期限不满三个月的,不得约定试用期。

试用期包含在劳动合同期限内。劳动合同仅约定试用期的,试用期不成立,该期限为劳动合同期限。

20. 法律对试用期的工资是如何规定的?

为了防止试用期间劳动者待遇过低或得不到保障,《劳动合同法》规定劳动者在试用期的工资不得低于本单位同岗位最低档工资或者劳动合同约定工资的百分之八十,并不得低于用人单位所在地的最低工资标准。这是劳动者在试用期间工资待遇的法定最低标准。对这一法律规定的理解,需要注意以下几点:

(1)劳动者和用人单位劳动合同双方当事人在劳动合同里约定了试用期工资,而约定的试用期工资又高于本条规定的标准的,按约定执行。

（2）约定试用期工资应当体现同工同酬的原则。同工同酬原则体现在用人单位必须为试用期间劳动者缴纳社会保险，这是用人单位的法定义务。

（3）劳动者在试用期的工资有两个最低标准：一是不得低于本单位同岗位最低档工资；二是劳动合同约定工资的百分之八十。

（4）劳动者在试用期的工资不得低于用人单位所在地的最低工资标准。最低工资是一种保障制度，它确保了职工在劳动过程中至少领取最低的劳动报酬，维持劳动者个人及其家庭成员的基本生活。

≫**法条链接**≫

《劳动合同法》第二十条：劳动者在试用期的工资不得低于本单位相同岗位最低档工资或者劳动合同约定工资的百分之八十，并不得低于用人单位所在地的最低工资标准。

21. 法律对试用期解除劳动合同有哪些限制？

为防范一些用人单位出于不正当的目的利用试用期，侵害劳动者合法权益，《劳动合同法》规定，在试用期中，除有证据证明劳动者不符合录用条件外，用人单位不得解除劳动合同。用人单位在试用期解除劳动合同的，应当向劳动者说明理由。

这条规定意味着用人单位在试用期中，要解除与劳动者的劳动合同，必须有证据，有理由，证明劳动者哪些方面不符合录用条件，为什么不合格。否则，劳动者要求继续履行劳动合同的，用人单位应当继续履行；劳动者不要求继续履行劳动合同或者劳动合同已经不能继续履行的，用人单位应当依照本法第四十七条规定的经济补偿标准的二倍向劳动者支付赔偿金；用人单位支付赔偿金后，劳动合同解除或者终止。

≫**法条链接**≫

《劳动合同法》第二十一条：在试用期中，除劳动者有本法第三十九和第四十条第一项、第二项规定的情形外，用人单位不得解除劳动合同。用人单位在试用期解除劳动合同的，应当向劳动者说明理由。

《劳动合同法》第四十八条：用人单位违反本法规定解除或者终止劳动合同，劳动者要求继续履行劳动合同的，用人单位应当继续履行；劳动者不要求继续履行劳动合同或者劳动合同已经不能继续履行的，用人单位应当依照本法第八十七条规定支付赔偿金。

22. 法律对劳动合同中约定服务期是如何规定的?

法律准许用人单位与劳动者约定服务期,原因在于用人单位对劳动者有投入并使劳动者获得利益。用人单位为劳动者提供培训费用,并支付劳动报酬和其他待遇,使劳动者学到了技能。同时,用人单位使劳动者接受培训的目的,在于劳动者回来后为单位提供约定服务期期间的劳动,劳动者服务期未满离职,使用人单位期待落空。通过约定服务期,可以大体平衡双方利益。规定服务期的一个重要的前提是,由于用人单位通过出资培训等提供特殊待遇的劳动者在劳动力市场具有与用人单位谈判的能力。

≫法条链接≫

《劳动合同法》第二十二条:用人单位为劳动者提供专项培训费用,对其进行专业技术培训的,可以与该劳动者订立协议,约定服务期。

劳动者违反服务期约定的,应当按照约定向用人单位支付违约金。违约金的数额不得超过用人单位提供的培训费用。用人单位要求劳动者支付的违约金不得超过服务期尚未履行部分所应分摊的培训费用。

用人单位与劳动者约定服务期的,不影响按照正常的工资调整机制提高劳动者在服务期间的劳动报酬。

23. 法律为什么对劳动者规定保密义务和竞业限制?

法律规定劳动者保密义务和竞业限制,其目的是要保护用人单位的商业秘密,劳动者违反竞业限制约定的,应当按照约定向用人单位支付违约金,给用人单位造成损失的,还要依法支付损害赔偿金。对负有保守用人单位商业秘密义务的劳动者,用人单位可以在劳动合同或者保密协议中与劳动者约定竞业限制条款。在劳动合同解除后,不得使用或者披露信息的义务包含生产的秘密环节,以及足以构成商业秘密的其他信息。约定的内容和范围需要考虑的因素有:(1)劳动性质;(2)信息本身的性质。

为保护劳动者的合法权益,法律对竞业限制的适用也作了必要的限制:(1)竞业限制的人员限于用人单位的高级管理人员、高级技术人员和其他知悉用人单位商业秘密的人员;(2)竞业限制的范围要界定清楚,并且仅限于与本单位生产或者经营同类产品、业务的有竞争关系的其他用人单位,或者自己开业生产或者经营与本单位有竞争关系的同类产品、业务;(3)约定竞业限制必须是保护合法权益所必需;(4)必须要有时间的限制,即最长不得超过2年。

> **法条链接**

  《劳动合同法》第二十三条:用人单位与劳动者可以在劳动合同中约定保守用人单位的商业秘密和与知识产权相关的事项。

  对负有保密义务的劳动者,用人单位可以在劳动合同或者保密协议中与劳动者约定竞业限制条款,并约定在解除或者终止劳动合同后,在竞业限制期限内按月给予劳动者经济补偿。劳动者违反竞业限制约定的,应当按照约定向用人单位支付违约金。

  《劳动合同法》第二十四条:竞业限制的人员限于用人单位的高级管理人员、高级技术人员和其他负有保密义务的人员。竞业限制的范围、地域、期限由用人单位与劳动者约定,竞业限制的约定不得违反法律、法规的规定。

  在解除或者终止劳动合同后,前款规定的人员到与本单位生产或者经营同类产品、从事同类业务的有竞争关系的其他用人单位,或者自己开业生产或者经营同类产品、从事同类业务的竞业限制期限,不得超过二年。

24. 劳动合同在哪些情形下是无效的?

  无效的劳动合同是指由当事人签订成立而国家不予承认其法律效力的劳动合同。一般合同一旦依法成立,就具有法律约束力,但是,无效合同即使成立,也不具有法律约束力,不发生履行效力。按照《劳动合同法》的规定,导致劳动合同无效有以下几方面的原因:

  (1)劳动合同因违反国家法律、行政法规的强制性规定而无效。包括:①用人单位和劳动者中的一方或者双方不具备订立劳动合同的法定资格的,如企业与未满十六周岁的未成年人订立的劳动合同就是无效的劳动合同;②劳动合同的内容直接违反法律、法规的规定;③劳动合同因损害国家利益和社会公共利益而无效。

  (2)订立劳动合同因采取欺诈、威胁等手段而无效。欺诈是指当事人一方故意制造假相或隐瞒事实真相,欺骗对方,诱使对方形成错误认识而与之订立劳动合同。欺诈的种类很多,包括:①在没有履行能力的情况下,签订合同;②行为人负有义务向他方如实告知某种真实情况而故意不告知的。威胁是指当事人以将要发生的损害或者以直接实施损害相威胁,一方迫使另一方处于恐怖或者其他被胁迫的状态而签订劳动合同,可能涉及生命、身体、财产、名誉、自由、健康等方面。

(3)用人单位免除自己的法定责任、排除劳动者的权利的劳动合同无效。属于禁止用人单位同劳动者约定的内容,例如,用人单位提出要求"工伤概不负责"等不利于劳动者的条款。

劳动合同是否有效,由劳动争议仲裁机构或者人民法院确认,其他任何部门或者个人都无权认定无效劳动合同。

> **法条链接**

《劳动合同法》第二十六条:下列劳动合同无效或者部分无效:

(一)以欺诈、胁迫的手段或者乘人之危,使对方在违背真实意思的情况下订立或者变更劳动合同的;

(二)用人单位免除自己的法定责任、排除劳动者权利的;

(三)违反法律、行政法规强制性规定的。

对劳动合同的无效或者部分无效有争议的,由劳动争议仲裁机构或者人民法院确认。

25. 劳动合同被认定无效后,劳动报酬该如何支付?

尽管劳动合同被确认无效,但如果劳动者已付出劳动的,按照《劳动合同法》的规定,用人单位应当向劳动者支付劳动报酬。包括无营业执照经营的单位被依法处理,该单位的劳动者已经付出劳动的,由被处理的单位或者其出资人向劳动者支付劳动报酬。用人单位与劳动者有恶意串通,损害国家利益、社会公共利益或者他人合法权益的情形除外。

在劳动报酬的计算上,可以比照用人单位同类岗位劳动者的劳动报酬确定;用人单位无同类岗位的,按照本单位职工平均工资确定。如果双方约定的报酬高于用人单位同岗位劳动者工资水平的,除当事人恶意串通侵害社会公共利益的情况外,劳动者已经给付劳动的,劳动报酬按照实际履行的内容确认。

另外,对因用人单位的过错导致劳动合同无效的,不仅要求用人单位支付劳动报酬、社会保险、经济补偿以及其他劳动者应享受的待遇,同时还要对其给予相应的制裁。《劳动合同法》规定,订立的劳动合同依照本法规定被确认无效的,劳动行政部门可以处以五百元以上二万元以下罚款;因为用人单位的过错给劳动者造成损害的,应当承担赔偿责任。在合同被确认无效后,一般都会产生损害赔偿的责任。在合同被确认无效后,如果因为劳动者的过错导致劳动合同的无效而给用人单位造成损失的,劳动者应当赔偿用人单位的财产损失。体现了保护劳动合同无效无过错方合法权益的原则。

≫法条链接≫

《劳动合同法》第二十八条:劳动合同被确认无效,劳动者已付出劳动的,用人单位应当向劳动者支付劳动报酬。劳动报酬的数额,参照单位相同或者相近岗位劳动者的劳动报酬确定。

26. 法律对劳动报酬的支付是如何规定的?

劳动者报酬指劳动者为用人单位提供劳务而获得的各种报酬。用人单位在生产过程中支付给劳动者的全部报酬包括三部分:一是货币工资,用人单位以货币形式直接支付给劳动者的各种工资、奖金、津贴、补贴等;二是实物报酬,即用人单位以免费或低于成本价提供给劳动者的各种物品和服务等;三是社会保险,指用人单位为劳动者直接向政府和保险部门支付的失业、养老、人身、医疗、家庭财产等保险金。《劳动合同法》对用人单位支付劳动报酬的规定如下:

(1)用人单位应当按照劳动合同约定和国家规定及时足额发放劳动报酬问题,其内容包括:①允许用人单位和劳动者双方在法律允许的范围内对劳动报酬的金额、支付时间、支付方式等进行平等协调,在劳动合同中约定一种对当事人而言更切合实际的劳动报酬制度;②用人单位向劳动者发放劳动报酬还要遵守国家有关规定,例如最低工资制度。

(2)用人单位应当及时支付劳动报酬。依照劳动法和其他有关规定,用人单位应当每月至少发放一次劳动报酬。

(3)用人单位应当足额向劳动者支付劳动报酬。用人单位对履行了劳动合同规定的义务和责任,保质保量地完成生产工作任务的劳动者,应当足额支付劳动报酬,劳动者的工资获得权和使用权受法律保护。

≫法条链接≫

《劳动合同法》第三十条:用人单位应当按照劳动合同约定和国家规定,向劳动者及时足额支付劳动报酬。

用人单位拖欠或者未足额支付劳动报酬的,劳动者可以依法向当地人民法院申请支付令,人民法院应当依法发出支付令。

27. 法律对加班是如何规定的？

按照《劳动合同法》的规定，用人单位不得强迫或者变相强迫劳动者加班。如果用人单位安排加班的，则应当按照国家有关规定向劳动者支付加班费。

(1)用人单位不得强迫劳动者加班。这种规定实际上是对劳动法的工作时间和休息休假制度的补充。目前，我国的工作时间和休息休假制度，主要体现为以下三个方面：①实行劳动者八小时工作制；②规定法定节假日、年休假和职工探亲假等休假制度；③对加班进行限制性规定。

(2)用人单位不得变相强迫劳动者加班。用人单位变相强迫劳动者加班主要表现为用人单位通过制定不合理不科学的劳动定额标准，使得该单位大部分劳动者在八小时制的标准工作时间内不可能完成生产任务，而为了完成用人单位规定的工作任务，获得足以维持其基本生活的劳动报酬，劳动者不得不在标准工作时间之外延长工作时间，从而变相强迫使劳动者不得不加班。

(3)用人单位安排劳动者加班的，应当支付其加班费。加班费是指劳动者按照用人单位生产和工作的需要在规定工作时间之外继续生产劳动或者工作所获得的劳动报酬。劳动者加班，延长了工作时间，增加了额外的劳动量，应当得到合理的报酬。

≫法条链接≫

《劳动合同法》第三十一条：用人单位应当严格执行劳动定额标准，不得强迫或者变相强迫劳动者加班。用人单位安排加班的，应当按照国家有关规定向劳动者支付加班费。

《劳动法》第四十四条：有下列情形之一的，用人单位应当按照下列标准支付高于劳动者正常工作时间工资的工资报酬：(一)安排劳动者延长时间的，支付不低于工资的百分之一百五十的工资报酬；(二)休息日安排劳动者工作又不能安排补休的，支付不低于工资的百分之二百的工资的报酬；(三)法定休假日安排劳动者工作的，支付不低于工资的百分之三百的工资报酬。

28. 用人单位发生变化影响劳动合同的履行吗？

按照《劳动合同法》的规定，用人单位变更名称、法定代表人、主要负责人或者投资人等事项，不影响劳动合同的效力，劳动合同应当继续履行。

劳动合同订立后，一些企业、公司或者事业单位等用人单位因更改了名称或者更换法定代表人、主要负责人而拒绝履行劳动合同，或者用人单位也借口投资主体发生了变化而拒绝履行劳动合同,这都是一种劳动违法情形。用人单位的名称只是代表一个用人单位的称谓符号,用人单位的名称发生变更,也只是这一称谓符号发生了变化,而用人单位这一实体组织及其内部机构、人员并没有发生任何变动,这当然不会也不应该影响到劳动合同的履行。

法人是独立于自然人的一类法律主体,它的内部由决定机构、执行机构和监督机构等组成,法定代表人是其中最为突出的一个机构,其虽然由自然人担任,但自然人的职务行为属于法人的行为,其一切法律后果由法人承担。担任法定代表人的自然人可以变动,但法定代表人的职务行为的归属却不能变。也就是说,法定代表人的行为即法人的行为没有变。因此,只要法人存在,原法定代表人与职工依法签订的劳动合同就依然有效。因此,劳动合同依法订立后,用人单位的法定代表人或者主要负责人变更的,原法定代表人或者主要负责人与劳动者订立劳动合同的职务行为的后果也仍然要由用人单位承担。

就投资人变更而言,它也不会改变用人单位这个实体组织独立承担民事责任的性质,用人单位仍要继续履行其与劳动者已经订立的劳动合同。

≫法条链接≫

《劳动合同法》第三十三条:用人单位变更名称、法定代表人、主要负责人或者投资人等事项,不影响劳动合同的履行。

≫案例分析≫

案情回放:某中外合资公司与王某签订了为期3年的劳动合同。合同中约定,在合同的履行期间,如果本合同订立时所依据的客观情况发生变化,致使合同无法履行,经双方协商不能就本合同达成协议的,公司可以提前30天以书面形式通知王某解除劳动合同。两年后,该公司由一家中外合资企业变更为外商独资企业,公司的法定代表人也作了变更。该公司由于重组进行大规模的裁员,王某也在被裁人员名单中。随后,公司以企业名称、性质和法定代表人变更,属于合同订立时所依据的客观情况发生重大变化为由,书面通知王某解除劳动合同。王某不同意,认为自己的劳动合同没有到期,不能以企业法定代表人变更等为由随意解除劳动合同。

法理分析:(1)《劳动合同法》第三十三条规定:"用人单位变更名称、法定代表人、主要负责人或者投资人等事项,不影响劳动合同的履行。"本案中,该公司虽然企业的名称、性质和法定代表人发生了变更,但并非属于法律上认定的"客观情况发生重大变化",企业的正常经营并未因此而受到影

响。因此,该公司以上述理由解除与王某的劳动合同是没有法律依据的;

(2)王某与该公司的劳动合同还没有到期,该合同依然有效。所以,双方应该继续履行劳动合同。

29. 用人单位与劳动者协商解除劳动合同应当具备哪些条件?

劳动合同的解除是指劳动合同在订立以后,尚未履行完毕或者未全部履行以前,由于合同双方或者单方的法律行为导致双方当事人提前解除劳动关系的法律行为。劳动合同解除可分为协商解除、法定解除和约定解除三种情况。按照《劳动合同法》的规定,用人单位与劳动者协商一致,可以解除劳动合同。所谓协商解除,是指用人单位与劳动者在完全自愿的情况下,互相协商,在彼此达成一致意见的基础上提前终止劳动合同的效力。

虽然用人单位与劳动者协商一致且不违背国家利益和社会公共利益的情况下,可以解除劳动合同,但必须符合以下几个条件:

(1)被解除的劳动合同是依法成立的有效的劳动合同;

(2)解除劳动合同的行为必须是在被解除的劳动合同依法订立生效之后、尚未全部履行之前进行;

(3)用人单位与劳动者均有权提出解除劳动合同的请求;

(4)在双方自愿、平等协商的基础上达成一致意见,可以不受劳动合同中约定的终止条件的限制。

≫**法条链接**≫

《劳动合同法》第三十六条:用人单位与劳动者协商一致,可以解除劳动合同。

30. 什么是集体劳动合同,它有哪些法律效力?

集体合同是指企业职工一方与用人单位就劳动报酬、工作时间、休息休假、劳动安全卫生、保险福利等事项,通过平等协商达成的书面协议。集体合同实际上是一种特殊的劳动合同。集体合同的当事人一方是由工会代表的企业职工,另一方当事人是用人单位。集体合同的效力表现为以下几方面:

(1)集体合同的生效。集体合同订立后,应当报送劳动行政部门;劳动行政部门自收到集体合同文本之日起十五日内未提出异议的,集体合同即行生效。

(2)集体合同的约束范围。依法订立的集体合同对用人单位和劳动者具有约束力。行业性、区域性集体合同对当地本行业、本区域的用人单位和劳动者具有约束力。

(3)集体合同中劳动报酬和劳动条件条款的效力。集体合同中劳动报酬和劳动条件等标准不得低于当地人民政府规定的最低标准;用人单位与劳动者订立的劳动合同中劳动报酬和劳动条件等标准不得低于集体合同规定的标准。

(4)集体合同的维权。用人单位违反集体合同,侵犯职工劳动权益的,工会可以依法要求用人单位承担责任;因履行集体合同发生争议,经协商解决不成的,工会可以依法申请仲裁、提起诉讼。

≫法条链接≫

《劳动合同法》第五十一条:企业职工一方与用人单位通过平等协商,可以就劳动报酬、工作时间、休息休假、劳动安全卫生、保险福利等事项订立集体合同。集体合同草案应当提交职工代表大会或者全体职工讨论通过。

集体合同由工会代表企业职工一方与用人单位订立;尚未建立工会的用人单位,由上级工会指导劳动者推举的代表与用人单位订立。

《劳动合同法》第五十二条:企业职工一方与用人单位可以订立劳动安全卫生、女职工权益保护、工资调整机制等专项集体合同。

《劳动合同法》第五十三条:在县级以下区域内,建筑业、采矿业、餐饮服务业等行业可以由工会与企业方面代表订立行业性集体合同,或者订立区域性集体合同。

《劳动合同法》第五十四条:集体合同订立后,应当报送劳动行政部门;劳动行政部门自收到集体合同文本之日起十五日内未提出异议的,集体合同即行生效。

依法订立的集体合同对用人单位和劳动者具有约束力。行业性、区域性集体合同对当地本行业、本区域的用人单位和劳动者具有约束力。

《劳动合同法》第五十五条:集体合同中劳动报酬和劳动条件等标准不得低于当地人民政府规定的最低标准;用人单位与劳动者订立的劳动合同中劳动报酬和劳动条件等标准不得低于集体合同规定的标准。

31. 集体劳动合同有哪些类型?

《劳动合同法》规定的集体劳动合同分为以下三种:

(1)专项集体合同。这种集体劳动合同是指用人单位与劳动者根据法律、法规、规章的规定,就集体协商的某项内容签订的专项书面协议。按照《劳动合同法》的规定,企业职工一方与用人单位可以订立劳动安全卫生、女职工权益保护、工资调整机制等专项集体合同。

(2)行业性集体合同。行业性集体合同主要是指在一定行业内,由行业性工会联合会与相应行业内各企业,就劳动报酬、工作时间、休息休假、劳动安全卫生、保险福利等事项进行平等协商,所签订的集体合同。

(3)区域性集体合同。区域性集体合同是指在一定区域内(指镇、区、街道、村、行业),由区域性工会联合会与相应经济组织或区域内企业,就劳动报酬、工作时间、休息休假、劳动安全卫生、保险福利等事项进行平等协商,所签订的集体合同。

32. 劳动者单方解除劳动合同应当遵守哪些法律规定?

劳动者在行使解除劳动合同权利的同时必须遵守法定的程序,主要体现在两个方面:

(1)遵守解除预告期。劳动者在享有解除劳动合同自主权的同时,也应当遵守解除合同预告期,即应当提前三十天通知用人单位才能有效。也就是说,劳动者在书面通知用人单位后还应继续工作至少三十天,这样便于用人单位及时安排人员接替其工作,保持劳动过程的连续性,确保正常的工作秩序,避免因解除劳动合同影响企业的生产经营活动,给用人单位造成不必要的损失。

(2)书面形式通知用人单位。无论是劳动者,还是用人单位,在解除劳动合同时,都应当以书面形式告知对方,以示慎重,同时书面通知也可以为将来发生纠纷时作为证据来使用。另外,劳动者在试用期内与用人单位解除劳动合同,也应当依法事前书面告知用人单位。

≫ **法条链接** ≫

《劳动合同法》第三十七条:劳动者提前三十日以书面形式通知用人单位,可以解除劳动合同。劳动者在试用期内提前三日通知用人单位,可以解除劳动合同。

33. 劳动者在哪些情形下可以单方面解除劳动合同?

按照《劳动合同法》的规定,用人单位具有以下情形时,劳动者可以解除劳动合同:

(1)未按照劳动合同约定提供劳动保护或者劳动条件的。劳动保护和劳动条件是指在劳动合同中约定的用人单位对劳动者所从事的劳动必须提供的生产、工作条件和劳动安全卫生保护措施。如果用人单位未按照国家规定的标准或劳动合同的约定提供劳动条件,致使劳动安全、劳动卫生条件恶劣,严重危害职工的身体健康,并得到国家劳动部门、卫生部门的确认,劳动者可以与用人单位解除劳动合同。

(2)未及时足额支付劳动报酬的。在劳动者已履行劳动义务的情况下,用人单位应按劳动合同约定或国家法律、法规规定的数额、日期及时足额支付劳动报酬。如果用人单位未按照劳动合同约定及时足额支付劳动报酬,就是违反劳动合同,也是对劳动者合法权益的侵犯,劳动者有权随时告知用人单位解除劳动合同。

(3)未依法为劳动者缴纳社会保险费的。社会保险是指国家对劳动者在患病、伤残、失业、工伤、年老以及其他生活困难情况下,给予物质帮助的制度。包括养老保险、医疗保险、失业保险、工伤保险和生育保险。如果用人单位未依法为劳动者缴纳上述社会保险费,是对劳动者基本权利的侵害,劳动者可以与用人单位解除劳动合同。

(4)用人单位的规章制度违反法律、法规的规定,损害劳动者权益的。这一条件的基本内容是:一是用人单位的规章制度违反了法律、法规的规定;二是损害了劳动者的权益。只有同时具备以上两点要求,劳动者才可以以此为由通知用人单位解除劳动合同。

(5)因本法第二十六条第一款规定的情形致使劳动合同无效的。即用人单位存在以欺诈、胁迫的手段或者乘人之危,使对方在违背真实意思的情况下订立或者变更劳动合同;用人单位免除自己的法定责任、排除劳动者权利;违反法律、行政法规强制性规定等情形。

(6)法律、行政法规规定劳动者可以解除劳动合同的其他情形。

出现以上六种情形,劳动者提出解除劳动合同的应当提前三十日通知用人单位,如果在试用期,应当提前三天通知。

特别需要注意的是,如果用人单位以暴力、威胁或者非法限制人身自由的手段强迫劳动者劳动的,或者用人单位违章指挥、强令冒险作业危及劳动者人身安全的,劳动者可以立即解除劳动合同,不需事先告知用人单位。

≫ **法条链接** ≫

《劳动合同法》第三十八条:用人单位有下列情形之一的,劳动者可以解除劳动合同：

(一)未按照劳动合同约定提供劳动保护或者劳动条件的；

(二)未及时足额支付劳动报酬的；

(三)未依法为劳动者缴纳社会保险费的；

(四)用人单位的规章制度违反法律、法规的规定，损害劳动者权益的；

(五)因本法第二十六条第一款规定的情形致使劳动合同无效的；

(六)法律、行政法规规定劳动者可以解除劳动合同的其他情形。

用人单位以暴力、威胁或者非法限制人身自由的手段强迫劳动者劳动的，或者用人单位违章指挥、强令冒险作业危及劳动者人身安全的，劳动者可以立即解除劳动合同，不需事先告知用人单位。

34. 用人单位在劳动者存在哪些行为时，可以随时解除劳动合同？

《劳动合同法》在赋予劳动者单方解除权的同时，也赋予用人单位对劳动合同的单方解除权，以保障用人单位的用工自主权，用人单位单方解除劳动合同主要有以下几种情形：

(1)在试用期间被证明不符合录用条件的。正确理解该条件应注意：①要求用人单位所规定的试用期期间符合法律规定；②是否在试用期间；③对是否合格的认定；④对于劳动者在试用期间不符合录用条件的，用人单位必须提供有效的证明。

(2)严重违反用人单位的规章制度的。正确理解该条件应注意：①规章制度的内容必须是符合法律、法规的规定，而且是通过民主程序公之于众；②劳动者的行为客观存在，并且是属于"严重"违反用人单位的规章制度；③用人单位对劳动者的处理是按照本单位规章制度规定的程序办理的，并符合相关法律、法规规定。

(3)严重失职，营私舞弊，给用人单位的利益造成重大损害的。即劳动者未尽职责的严重过失行为或者利用职务之便谋取私利的故意行为，使用人单位有形财产、无形财产遭受重大损害，但未达到受刑罚处罚的程度。

(4)劳动者同时与其他用人单位建立劳动关系，对完成本单位的工作任务造成严重影响，或者经用人单位提出，拒不改正的。

(5)因本法第二十六条第一款第一项规定的情形致使劳动合同无效的。即存在以欺诈、胁迫的手段或者乘人之危，使对方在违背真实意思的情况下订立或者变更劳动合同；违反法律、行政法规强制性规定等情形。

(6) 被依法追究刑事责任的。具体包括：①劳动者被人民检察院酌定不起诉的；②被人民法院判处刑罚的；③被人民法院依据《刑法》第三十七条免予刑事处分的。

≫ **法条链接** ≫

《劳动合同法》第三十九条：劳动者有下列情形之一的，用人单位可以解除劳动合同：

（一）在试用期间被证明不符合录用条件的；

（二）严重违反用人单位的规章制度的；

（三）严重失职，营私舞弊，给用人单位造成重大损害的；

（四）劳动者同时与其他用人单位建立劳动关系，对完成本单位的工作任务造成严重影响，或者经用人单位提出，拒不改正的；

（五）因本法第二十六条第一款第一项规定的情形致使劳动合同无效的；

（六）被依法追究刑事责任的。

35. 用人单位在哪些情形下可以提前通知劳动者解除劳动合同？

按照《劳动合同法》的规定，用人单位在以下几种情况下通知劳动者解除劳动合同：

(1) 劳动者患病或者非因工负伤，在规定的医疗期满后不能从事原工作也不能从事由用人单位另行安排的工作的。劳动者患病或者非因工负伤，有权在医疗期内进行治疗和休息，不从事劳动。但在医疗期满后，劳动者就有义务进行劳动。如果劳动者由于身体健康原因不能胜任工作，用人单位有义务为其调动岗位。如果劳动者对用人单位重新安排的工作也无法完成，说明劳动者不能履行合同，用人单位需提前三十日以书面形式通知其本人或额外支付劳动者一个月工资后，解除劳动合同。

(2) 劳动者不能胜任工作，经过培训或者调整工作岗位，仍不能胜任工作的。不能胜任工作是指不能按要求完成劳动合同中约定的任务或者同工种、同岗位人员的工作量。用人单位可以对劳动者进行职业培训，提高其职业技能，也可以把其调换到能够胜任的工作岗位上，劳动者仍然不能胜任工作，用人单位可以在提前三十日书面通知的前提下，解除与该劳动者的劳动合同。

(3) 劳动合同订立时所依据的客观情况发生重大变化，致使劳动合同无法履行,经用人单位与劳动者协商,未能就变更劳动合同内容达成协议的。

按照《劳动合同法》的规定,用人单位因上述情形而解除合同的,应当给予劳动者相应的经济补偿。

≫**法条链接**≫

《劳动合同法》第四十条:有下列情形之一的,用人单位提前三十日以书面形式通知劳动者本人或者额外支付劳动者一个月工资后,可以解除劳动合同:

(一)劳动者患病或者非因工负伤,在规定的医疗期满后不能从事原工作,也不能从事由用人单位另行安排的工作的;

(二)劳动者不能胜任工作,经过培训或者调整工作岗位,仍不能胜任工作的;

(三)劳动合同订立时所依据的客观情况发生重大变化,致使劳动合同无法履行,经用人单位与劳动者协商,未能就变更劳动合同内容达成协议的。

36. 用人单位在哪些情形下可以进行经济性裁员?

经济性裁员就是指企业由于经营不善等经济性原因,而解聘多个劳动者的情形。经济性裁员作为用人单位单方解除劳动合同的一种方式,必须具备法定的实体性条件和程序性条件,只有同时具备了实体性条件之一和全部的程序性条件,用人单位才有权进行经济性裁员。

(1)实体性条件。具体情形包括:①依照企业破产法规定进行重整。法律准许的重整情形包括:一是企业法人不能清偿到期债务,并且资产不足以清偿全部债务;二是企业法人不能清偿到期债务,并且明显缺乏清偿能力的;三是企业法人不能清偿到期债务,并且有明显丧失清偿能力的;②生产经营发生严重困难;③企业转产、重大技术革新或者经营方式调整,经变更劳动合同后,仍需裁减人员;④其他因劳动合同订立时所依据的客观经济情况发生重大变化,致使劳动合同无法履行的。

(2)程序性条件。用人单位进行经济性裁员必须履行一套法定程序。具体包括:①必须裁减人员二十人以上或者裁减不足二十人但占企业职工总数百分之十以上的;②必须提前三十日向工会或者全体职工说明情况,并听取工会或者职工的意见;③用人单位在听取工会或者职工的意见、对原裁减人员方案进行必要修改后,形成正式的裁减人员方案,并将此裁减人员方案向劳动行政部门报告;④进行经济性裁员必须遵循社会福利原则;⑤重新招用人员的,被裁减人员具有优先就业权。按照《劳动合同法》的规定,用人单位裁减人员,在六个月内录用人员的,应当优先录用被裁减的人员。

> **法条链接**
>
> 《劳动合同法》第四十一条:有下列情形之一,需要裁减人员二十人以上或者裁减不足二十人但占企业职工总数百分之十以上的,用人单位应当提前三十日向工会或者全体职工说明情况,听取工会或者职工的意见后,裁减人员方案经向劳动行政部门报告,可以裁减人员:
>
> (一)依照企业破产法规定进行重整的;
>
> (二)生产经营发生严重困难的;
>
> (三)企业转产、重大技术革新或者经营方式调整,经变更劳动合同后,仍需裁减人员的;
>
> (四)其他因劳动合同订立时所依据的客观经济情况发生重大变化,致使劳动合同无法履行的。
>
> 裁减人员时,应当优先留用下列劳动者:
>
> (一)与本单位订立较长期限的固定期限劳动合同的;
>
> (二)订立无固定期限劳动合同的;
>
> (三)家庭无其他就业人员,有需要扶养的老人或者未成年人的。
>
> 用人单位在六个月内重新招用人员的,应当通知被裁减的人员,并在同等条件下优先招用被裁减的人员。

37. 法律对用人单位解除劳动者作出了哪些限制?

按照《劳动合同法》的规定,有下列情形之一的,用人单位不得解除劳动合同,当然,劳动者与用人单位协商一致解除劳动合同的除外。

(1)从事接触职业病危害作业的劳动者未进行离岗前职业病健康检查,或者疑似职业病病人在诊断或者医学观察期间的。这一规定也是与《职业病防治法》协调一致的,按照《职业病防治法》第三十二条规定,对从事接触职业病危害的作业的劳动者,用人单位应当按照国务院卫生行政部门的规定组织上岗前、在岗期间和离岗时的职业健康检查,并将检查结果如实告知劳动者。对未进行离岗前职业健康检查的劳动者,不得解除或者终止与其订立的劳动合同。

(2)在本单位患职业病或者因工负伤并被确认丧失或者部分丧失劳动能力的。劳动者一旦发生职业病或者因工负伤,都可能造成劳动者丧失或者部分丧失劳动能力,如果此时允许用人单位解除劳动合同,将会给劳动者的医疗、生活等带来困难,因此,《劳动合同法》规定在本单位患职业病或者因工负伤并被确认丧失或者部分丧失劳动能力的,用人单位不得解除劳动合同。

(3)患病或者非因工负伤,在规定的医疗期内的。按照有关法规规章的规定,医疗期一般为三个月到二十四个月,以劳动者本人实际参加工作年限和在本单位工作年限为标准计算具体的医疗期。根据《企业职工患病或非因工负伤医疗期规定》的第七条规定,企业职工非因工致残和经医生或医疗机构认定患有难以治疗的疾病,医疗期满,应当由劳动鉴定委员会参照工伤与职业病致残程度鉴定标准进行劳动能力的鉴定。被鉴定为一至四级的,应当退出劳动岗位,解除劳动关系,并办理退休、退职手续,享受退休、退职待遇。

(4)女职工在孕期、产期、哺乳期的。按照《妇女权益保障法》第二十七条规定,任何单位不得因结婚、怀孕、产假、哺乳等情形,降低女职工的工资,辞退女职工,单方解除劳动(聘用)合同或者服务协议。

(5)在本单位连续工作满十五年,且距法定退休年龄不足五年的。

(6)法律、行政法规规定的其他情形。

≫法条链接≫

《劳动合同法》第四十二条:劳动者有下列情形之一的,用人单位不得依照本法第四十条、第四十一条的规定解除劳动合同:

(一)从事接触职业病危害作业的劳动者未进行离岗前职业健康检查,或者疑似职业病病人在诊断或者医学观察期间的;

(二)在本单位患职业病或者因工负伤并被确认丧失或者部分丧失劳动能力的;

(三)患病或者非因工负伤,在规定的医疗期内的;

(四)女职工在孕期、产期、哺乳期的;

(五)在本单位连续工作满十五年,且距法定退休年龄不足五年的;

(六)法律、行政法规规定的其他情形。

38. 劳动合同在哪些情形下终止?

劳动合同终止是指劳动合同的法律效力依法被消灭,即劳动关系由于一定法律事实的出现而终结,劳动者与用人单位之间原有的权利义务不再存在。劳动合同终止只是强调原有的劳动权利义务不再存在,彼此之间无需相互履行义务了。但这并不意味着终止之前双方权利义务和法律责任不复存在。如果用人单位在合同终止前拖欠劳动者工资的,劳动者仍然有权追索。按照《劳动合同法》的规定,遇有下列情形的,劳动合同终止。

(1)劳动合同期满。这一终止条件主要适用于固定期限劳动合同和以完成一定工作任务为期限的劳动合同两种情形。

(2)劳动者已开始依法享受基本养老保险待遇。根据法律、行政法规的规定,我国劳动者开始依法享受基本养老保险待遇的条件大致有两个:一是劳动者已退休;二是个人缴费年限累计满15年或者个人缴费和视同缴费年限累计满15年。

(3)劳动者死亡,或者被人民法院宣告死亡或者宣告失踪。在劳动领域中,公民死亡、被人民法院宣告失踪或者宣告死亡的,劳动合同签订一方主体资格消灭,客观上丧失劳动能力,之前签订的劳动合同因为缺乏一方主体而归于消灭,属于劳动合同终止的情形之一。

(4)用人单位被依法宣告破产。根据《企业破产法》的规定,用人单位一旦被依法宣告破产,就进入破产清算程序,用人单位的主体资格即将归于消灭,因此,用人单位一旦进入被依法宣告破产的阶段,意味着劳动合同一方主体资格必然消灭,劳动合同归于终止。

(5)用人单位被吊销营业执照、责令关闭、撤销或者用人单位决定提前解散。吊销营业执照是指剥夺被处罚用人单位已经取得的营业执照,使其丧失继续从事生产或者经营的资格。责令关闭是指行为人违反了法律、行政法规的规定,被行政机关作出了停止生产或者经营的处罚决定,从而停止生产或者经营。被撤销是指由行政机关撤销有瑕疵的公司登记。用人单位被依法吊销营业执照、责令关闭或者被撤销,已经不能进行生产或者经营,所以,用人单位为一方的劳动合同终止。用人单位决定提前解散,是指在股东会或者股东大会决议解散,或者公司合并或者分立需要解散,或者持有公司全部股东表决权百分之十以上的股东,请求人民法院解散公司的情形下,用人单位提前于公司章程规定的公司终止时间而解散公司的。

(6)法律、行政法规规定的其他情形。

> **法条链接**

《劳动合同法》第四十四条：有下列情形之一的，劳动合同终止：

（一）劳动合同期满的；

（二）劳动者开始依法享受基本养老保险待遇的；

（三）劳动者死亡，或者被人民法院宣告死亡或者宣告失踪的；

（四）用人单位被依法宣告破产的；

（五）用人单位被吊销营业执照、责令关闭、撤销或者用人单位决定提前解散的；

（六）法律、行政法规规定的其他情形。

39. 用人单位在哪些情形下应当向劳动者支付经济补偿？

经济补偿是对劳动者以往为用人单位作出贡献的补偿，是对劳动者过去劳动内容和成果的肯定。经济补偿不同于经济赔偿，它不是一种惩罚手段。按照《劳动合同法》的规定，用人单位应当在以下几种情形下向劳动者支付经济补偿：

（1）有《劳动合同法》第三十八条情形的，用人单位应当支付经济补偿。具体情形包括：①用人单位未依照劳动合同约定提供劳动保护或者劳动条件的；②用人单位未及时足额支付劳动报酬的；③用人单位未依法为劳动者缴纳社会保险费的；④用人单位的规章制度违反法律、法规的规定，损害劳动者权益的；⑤用人单位有《劳动合同法》第二十六条中欺诈、胁迫或者乘人之危等行为致使劳动合同无效或者部分无效的；⑥法律、行政法规规定的其他情形；⑦用人单位以暴力、威胁或者非法限制人身自由的手段强迫劳动者劳动的；⑧用人单位违章指挥、强令冒险作业危及劳动者人身安全的。

（2）双方协商一致解除劳动合同，但是由用人单位提出解除动议的，用人单位应当支付经济补偿。用人单位与劳动者可以协商一致解除劳动合同，但由用人单位首先提出解除动议的，应当支付经济补偿。

（3）用人单位依照本法第四十条规定解除劳动合同的。具体情形包括：①劳动者患病或者非因工负伤，在规定的医疗期满后不能从事原工作也不能从事由用人单位另行安排的工作的；②劳动者不能胜任工作，经过培训或者调整工作岗位，仍不能胜任工作的；③劳动合同订立时所依据的客观情况发生重大变化，致使劳动合同无法履行，经用人单位与劳动者协商，未能就变更劳动合同内容达成协议的，用人单位可以在提前三十日通知或者额外支付一个月工资后，解除劳动合同。

(4)用人单位依照《劳动合同法》第四十一条规定解除劳动合同的。经济性裁员中,劳动者没有任何过错,用人单位解除一部分劳动者的劳动合同,应当支付经济补偿。

(5)除用人单位维持或者提高劳动合同约定条件续订劳动合同,劳动者不同意续订的情况外,依照本法第四十四条规定终止固定期限劳动合同的。具体情形包括:①劳动合同期满时,用人单位同意续订劳动合同,且维持或者提高劳动合同约定条件,劳动者不同意续订的,劳动合同终止,用人单位不支付经济补偿;②如果用人单位同意续订劳动合同,但降低劳动合同约定条件,劳动者不同意续订的,劳动合同终止,用人单位应当支付经济补偿;③如果用人单位不同意续订,无论劳动者是否同意续订,劳动合同终止,用人单位应当支付经济补偿。

(6)依照本法第四十四条第四项、第五项规定终止劳动合同的。即用人单位被依法宣告破产的,劳动合同终止;用人单位被吊销营业执照、责令关闭、撤销或者用人单位决定提前解散的,劳动合同终止。劳动合同终止时,用人单位应当支付经济补偿。

(7)法律、行政法规规定的其他情形。

≫**法条链接**≫

《劳动合同法》第四十六条:有下列情形之一的,用人单位应当向劳动者支付经济补偿:

(一)劳动者依照本法第三十八条规定解除劳动合同的;

(二)用人单位依照本法第三十六条规定向劳动者提出解除劳动合同并与劳动者协商一致解除劳动合同的;

(三)用人单位依照本法第四十条规定解除劳动合同的;

(四)用人单位依照本法第四十一条第一款规定解除劳动合同的;

(五)除用人单位维持或者提高劳动合同约定条件续订劳动合同,劳动者不同意续订的情形外,依照本法第四十四条第一项规定终止固定期限劳动合同的;

(六)依照本法第四十四条第四项、第五项规定终止劳动合同的;

(七)法律、行政法规规定的其他情形。

40. 如何计算用人单位支付给劳动者的经济补偿?

在实践中,计算经济补偿一般采用的公式是:经济补偿=工作年限×每工作一年应得的经济补偿。《劳动合同法》及有关国家规定对工作年限及经济补偿标准作了明确的规定。

(1)工作年限。劳动者在单位工作的年限,应从劳动者向该用人单位提供劳动之日起计算。如果劳动者连续为同一用人单位提供劳动,但先后签订了几份劳动合同的,工作年限应从劳动者最先提供劳动之日起连续计算。如劳动者张某自2006年在某私企工作,期间劳动合同二年签订一次,一直工作到2014年。最后一份劳动合同期满后终止,用人单位依法支付经济补偿时,计算的工作年限应从2006年算起,共8年。

(2)计算标准。经济补偿的计算标准为:经济补偿按劳动者在本单位工作的年限,每满一年支付一个月工资的标准向劳动者支付。六个月以上不满一年的,按一年计算;不满六个月的,向劳动者支付半个月工资的经济补偿。

(3)计算基数。计算经济补偿时,工作满一年支付一个月工资。月工资是指劳动者解除或者终止劳动合同前十二个月的平均工资。

(4)特殊标准。如果劳动者月工资高于用人单位所在直辖市、设区的市级人民政府公布的上年度职工月平均工资的三倍的,用人单位向其支付经济补偿的标准按职工月平均工资三倍的数额支付,向其支付经济补偿的年限最高不超过十二年。

≫法条链接≫

《劳动合同法》第四十七条:经济补偿按劳动者在本单位工作的年限,每满一年支付一个月工资的标准向劳动者支付。六个月以上不满一年的,按一年计算;不满六个月的,向劳动者支付半个月工资的经济补偿。

劳动者月工资高于用人单位所在直辖市、设区的市级人民政府公布的本地区上年度职工月平均工资三倍的,向其支付经济补偿的标准按职工月平均工资三倍的数额支付,向其支付经济补偿的年限最高不超过十二年。

本条所称月工资是指劳动者在劳动合同解除或者终止前十二个月的平均工资。

41. 用人单位违法解除或者终止劳动合同的法律后果是什么?

按照《劳动合同法》第四十八条的规定,用人单位违反本法规定解除或者终止劳动合同,劳动者要求继续履行劳动合同的,用人单位应当继续履行;劳动者不要求继续履行劳动合同或者劳动合同已经不能继续履行的,用人单位应当依照本法第八十七条规定支付赔偿金。

42. 劳动合同解除或者终止后双方还应履行哪些义务?

按照《劳动合同法》的规定,劳动合同解除或者终止后,双方还应履行如下义务:

(1)用人单位有出具解除或者终止劳动合同证明的义务。包括用人单位依法解除劳动合同、劳动者依法解除劳动合同、用人单位和劳动者依法终止劳动合同、在用人单位违法解除或者终止劳动合同后依法责令用人单位解除或者终止劳动合同等情形。用人单位出具证明的时间是:在依法解除或者终止劳动合同的同时。规定用人单位有出具解除或者终止劳动合同证明的义务,主要是考虑便于劳动者办理失业登记。

(2)用人单位有在十五日内为劳动者办理档案和社会保险的义务。按照《劳动合同法》第八十四条第三款规定,劳动者依法解除或者终止劳动合同,用人单位扣押劳动者档案或者其他物品的,由劳动行政部门责令限期退还劳动者本人,按每一名劳动者五百元以上二千元以下的标准处以罚款;给劳动者造成损害的,用人单位应当承担赔偿责任。

(3)劳动者有按照双方约定,遵循诚实信用的原则办理交接工作。

劳动者在劳动合同解除或者终止时,应当按照双方约定,遵循诚实信用的原则办理工作交接的义务,以免影响用人单位正常工作。

(4)用人单位有在办理交接手续时向劳动者支付经济补偿的义务。

在劳动者办理交接手续的同时,用人单位应当及时支付经济补偿。按照《违反和解除劳动合同的经济补偿办法》第二条的规定,对劳动者的经济补偿金,由用人单位一次性发给。如果用人单位不及时发给经济补偿的,《劳动合同法》第八十五条规定了具体的法律责任,即解除或者终止劳动合同,未依照本法规定向劳动者支付经济补偿的,由劳动行政部门责令限期支付经济补偿;逾期不支付的,责令用人单位按应付金额百分之五十以上百分之一百以下的标准向劳动者加付赔偿金。

(5)用人单位有对已经解除或者终止的劳动合同文本保存二年以上备查的义务。

≫ **法条链接** ≫

《劳动合同法》第五十条:用人单位应当在解除或者终止劳动合同时出

具解除或者终止劳动合同的证明,并在十五日内为劳动者办理档案和社会保险关系转移手续。

劳动者应当按照双方约定,办理工作交接。用人单位依照本法有关规定应当向劳动者支付经济补偿的,在办结工作交接时支付。

用人单位对已经解除或者终止的劳动合同的文本,至少保存二年备查。

43. 什么是劳务派遣,法律对劳务派遣有哪些规定?

劳务派遣又称劳动力派遣、劳动派遣或人才租赁,是指依法设立的劳务派遣单位与劳动者订立劳动合同,依据与接受劳务派遣单位(即实际用工单位)订立的劳务派遣协议,将劳动者派遣到实际用工单位工作,由派遣单位向劳动者支付工资、福利及社会保险费用,实际用工单位提供劳动条件并按照劳务派遣协议支付用工费用的新型用工方式。其显著特征是劳动者的聘用与使用分离。

《劳动合同法》关于劳务派遣的规定有以下几方面的内容:

(1)劳务派遣单位的法定资质。按照《劳动合同法》规定,劳务派遣单位应当依照公司法的有关规定设立,注册资本不得少于200万元。劳务派遣一般在临时性、辅助性或者替代性的工作岗位上实施。劳务派遣单位是《劳动合同法》中所称的用人单位,应当依法履行用人单位对劳动者的义务。

(2)劳动合同与劳务派遣协议的签订。劳务派遣单位与被派遣劳动者应当订立劳动合同。劳务派遣单位应当与被派遣劳动者订立2年以上的固定期限劳动合同,按月支付劳动报酬;被派遣劳动者在无工作期间,劳务派遣单位应当按照所在地人民政府规定的最低工资标准,向其按月支付报酬。

另外,劳务派遣单位派遣劳动者应当与接受以劳务派遣形式用工的单位(以下称用工单位),订立劳务派遣协议。劳务派遣协议应当约定派遣岗位和人员数量、派遣期限、劳动报酬和社会保险费的数额与支付方式以及违反协议的责任。用工单位应当根据工作岗位的实际需要与劳务派遣单位确定派遣期限,不得将连续用工期限分割订立数个短期劳务派遣协议。

(3)被派遣劳动者权利。按照《劳动合同法》规定,被派遣劳动者享有与用工单位的劳动者同工同酬的权利。用工单位无同类岗位劳动者的,参照用工单位所在地相同或者相近岗位劳动者的劳动报酬确定。劳务派遣单位跨地区派遣劳动者的,被派遣劳动者享有的劳动报酬和劳动条件,按照用工单位所在地的标准执行。

(4)用工单位的义务。按照《劳动合同法》规定,用工单位应当履行下列义务:①执行国家劳动标准,提供相应的劳动条件和劳动保护;②告知被派遣劳动者的工作要求和劳动报酬;③支付加班费、绩效奖金,提供与工作岗位相关的福利待遇;④对在岗被派遣劳动者进行工作岗位所必需的培训;⑤连续用工的,实行正常的工资调整机制。用工单位不得将被派遣劳动者再派遣到其他用人单位。

≫法条链接≫

《劳动合同法》第五十七条:经营劳务派遣业务应当具备下列条件:

(一)注册资本不得少于人民币二百万元;(二)有与开展业务相适应的固定经营场所和设施;(三)有符合法律规定的劳务派遣管理制度;(四)法律、行政法规规定的其他条件。

《劳动合同法》第五十八条:劳务派遣单位是本法所称用人单位,应当履行用人单位对劳动者的义务。劳务派遣单位与被派遣劳动者订立的劳动合同,除应当载明本法第十七条规定的事项外,还应当载明被派遣劳动者的用工单位以及派遣期限、工作岗位等情况。

劳务派遣单位应当与被派遣劳动者订立二年以上的固定期限劳动合同,按月支付劳动报酬;被派遣劳动者在无工作期间,劳务派遣单位应当按照所在地人民政府规定的最低工资标准,向其按月支付报酬。

《劳动合同法》第五十九条:劳务派遣单位派遣劳动者应当与接受以劳务派遣形式用工的单位(以下称用工单位)订立劳务派遣协议。劳务派遣协议应当约定派遣岗位和人员数量、派遣期限、劳动报酬和社会保险费的数额与支付方式以及违反协议的责任。

用工单位应当根据工作岗位的实际需要与劳务派遣单位确定派遣期限,不得将连续用工期限分割订立数个短期劳务派遣协议。

≫案例分析≫

案情回放:某建筑公司与劳务派遣公司之间的劳务派遣协议即将到期,将1名通过劳务派遣公司派遣来的员工李某退回劳务派遣公司,但李某主张自己与劳务派遣公司没有任何关系,而与该建筑公司存在事实劳动关系,并要求公司支付5年工龄的经济补偿金及补交欠缴的社会保险费。经该建筑公司查实,由于劳务派遣公司管理上的不规范,导致5年来李某与派遣公司根本无任何劳动合同,派遣公司未为李某缴纳任何社会保险费,也几乎没有对李某采取任何管理行为,更没有能够证明双方建立劳动关系的任何书面证据。虽然该建筑公司以前曾多次要求李某提交其与劳务派遣公司的劳动合同,但李某均借故推脱,建筑公司对此也没给予足够的重视。

问题:(1)李某提出的与该建筑公司存在事实劳动关系的主张是否成立?(2)通过本案,在使用劳务派遣用工模式时应注意什么问题?

法理分析:两个问题分别分析如下:

(1)依据《劳动合同法》的规定,劳务派遣建立的是一种三方关系,即派遣企业作为用人单位与劳动者建立的劳动关系,后由派遣公司将劳动者派遣至实际用工企业,实际用工企业与派遣劳动者之间建立的并非一般的劳动关系,而是一种用工关系。由于派遣公司没有与李某签订任何劳动合同,也没有能够证明双方建立劳动关系的任何书面证据。因此,李某提出的与该建筑公司存在事实劳动关系的主张是成立的。

(2)实际用工企业采取劳务派遣方法,可以有效外包劳动人事管理服务,节省人力资源成本,甚至可以转移或者规避员工管理上的法律风险。但是,这些受益都是建立在良好的劳务派遣业务秩序和优质派遣企业基础上的。在使用劳务派遣用工模式时,应当注意考察派遣公司的资质条件,管理秩序是否规范,派遣企业服务是否优质,以及使用的派遣劳动者是否与派遣公司建立了合法的劳动合同等,否则,很可能会导致被派遣劳动者与实际用工单位建立事实劳动关系,使劳务派遣方式形同虚设,并易导致实际用工企业遭受巨大的用工法律风险和员工经济补偿金等赔付损失。

≫协议范本≫

劳务派遣协议

劳务输入单位(甲方):_____

电话:_____

地址:_____

劳务派遣单位(乙方)_____

电话:_____

地址:_____

户名:_____

开户行:_____

账号:_____

甲乙双方经过平等协商,建立劳务派遣合作关系,乙方根据甲方要求向甲方

派遣劳务人员,甲方根据生产工作需要安排劳务人员的工作。现就有关问题签订本合同:

一、劳务人员的数量、条件、派遣期、试用期和提供劳务的方式

乙方按照甲方要求从_____年_____月_____日起派遣_____名劳务人员到甲方工作,甲方安排劳务人员的具体工作,并向乙方支付劳务服务费用。派遣期_____年,试用期_____个月。

劳务人员须具备的条件:_____

提供劳务的方式:按照用工单位的生产需要,派遣符合条件的劳务人员。

二、劳务人员的招录与变更

劳务人员由乙方负责按照合同条款条件组织招录,也可由甲方进行推荐,按照择优的原则确定派遣劳务人员。派遣的劳务人员一经确定,甲乙双方应拟定《劳务派遣人员清单》,并签字、盖章,作为本合同的附件。甲乙双方按照本合同约定对被派遣的劳务人员进行变更的,要相应修改《劳务派遣人员清单》,并须经双方签字、盖章认可。

三、劳务合同的期限

本合同自甲乙双方签字并盖章之日起生效,至____年____月____日终止。

四、费用的支付

(一)甲方向乙方支付的劳务费用包括:

1. 劳务人员的劳务报酬;

2. 甲方应承担劳务人员的相关社会保险费用;

3. 甲方应向乙方支付的劳务派遣服务费用;

4. 用于劳务人员的一次性费用:劳动合同鉴证费、劳务人员的体检费等。

(二)费用的标准:

1. 劳务人员的劳务报酬标准按国家和省的规定由甲方确定,并由甲方向乙方提供劳务报酬单;

2. 甲方应支付的相关社会保险费用数额按双方约定的标准由乙方书面通知甲方。

3. 劳务派遣服务费标准:甲乙双方经过协商,从以下两种标准中任选一种。(√或×)

(1)乙方委托甲方代发劳务人员工资,乙方收取_____元/人·月的劳务派遣服务费。( )

(2)若由乙方直接发放劳务人员工资,乙方收取_____元/人·月的劳务

派遣服务费。(　)

4. 一次性费用标准为:劳动合同书及鉴证费用由甲方按实际发生数支付;其他一次性费用经甲、乙双方协商后由甲方承担。

每月应支付的劳务派遣服务费＝当月实际使用的劳务人员数×派遣服务费标准/人·月×派遣月数

当月实际使用的劳务人员数以双方签字盖章的《劳务派遣人员清单》人数为准。

派遣期不超过半月的,派遣月数按半月计算,派遣期超过半月、不满一月的,派遣月数按一个月计算。

(三)支付方式和支付时间:

1. 劳务人员的劳务报酬,由乙方以书面正式委托形式,委托甲方代为发放;(具体操作按委托书面条款执行)或由乙方直接为派遣劳务人员发放。

2. 甲方应支付的相关社会保险费用,由乙方提供缴纳清单,缴纳期限经甲方确认后,支付给乙方按期缴纳。

3. 劳务派遣服务费按_____(月、季)支付,由甲方于_____将当_____(月、季)费用以转账结算的方式支付给乙方。

4. 劳动合同书及鉴证费用,由乙方开具正式单据交给甲方确认后,甲方支付给乙方。其他一次性费用,支付时间根据实际情况经双方协商后确定。

5. 劳务人员个人需承担的费用,由甲方按月从劳务人员工资中扣除,并打入乙方账户。

五、甲方权利

(一)安排劳务人员在甲方的具体工作岗位,监督、检查、考核劳务人员完成工作的情况,并负责日常管理;

(二)劳务人员有以下情形之一的,甲方应提前3日通知乙方,并于3日后退回乙方,并有权要求乙方在_____日内重新派遣符合条件的劳务人员:

1. 在试用期内不能胜任甲方工作要求;

2. 不服从甲方工作安排;

3. 严重违反甲方劳动纪律、规章制度和工作定额任务管理;

4. 工作失职,给甲方造成经济损失;

5. 派遣期未满,被派遣劳务人员提出停止派遣或擅自离岗。

(三)确定和调整劳务人员的劳务报酬标准;

(四)甲方出资对劳务人员进行业务、技能培训的,甲方有权与劳务人员签订

培训服务合同,约定服务期及违约责任,并书面通知乙方;

(五)对劳务人员给甲方造成的经济损失,甲方有权按有关规定向劳务人员索赔,乙方有责任给予协助;

(六)对乙方不履行合同的,甲方有权追究违约责任;

(七)法律、法规规定的其他权利。

六、甲方义务和责任

(一)对劳务人员的职业道德规范、工作任务、技能培训、应达到的工作要求、应注意的安全事项、应遵守的各项纪律等履行告知、教育、管理督查的义务;

(二)为劳务人员提供必需的劳动条件、劳动工具和业务用品,以及符合国家规定的劳动安全卫生设施和必要的劳动防护用品;

(三)若乙方委托甲方代发工资,甲方应按乙方出具委托书要求代为发放劳务人员的劳务报酬和扣缴个人社会保险费用以及个人应承担的其他费用等;

(四)凡甲方要求在本合同第五条第二款情形之外停止派遣或更换劳务人员的,应提前_____日书面向乙方提出,乙方同意后,方能停止派遣或更换劳务人员;

(五)劳务人员发生工伤事故时,甲方应立即通知乙方,并负责做好现场处理工作和协助乙方按《工伤保险条例》规定处理;

(六)按时足额支付乙方的劳务费用。

七、乙方的权利

(一)对甲方不履行合同的,有权追究违约责任;

(二)依法维护劳务人员的合法权益;

(三)法律、法规规定的其他权利。

八、乙方的义务和责任

(一)与劳务人员建立劳动关系,签订劳动合同,并进行鉴证,并负责劳动合同的管理工作;

(二)按合同条款规定派遣符合条件的劳务人员到甲方工作。对于甲方按本合同第五条第二款要求停止派遣并退回乙方的劳务人员,乙方应予接收并负责处理与劳务人员之间的劳动关系,同时按照甲方要求及时派遣符合条件的劳务人员到甲方工作;

(三)负责劳务人员档案管理,负责建立、接转劳务人员档案;

(四)负责为被派遣劳务人员办理社会保险;

甲方应支付的相关社会保险费用标准由乙方按相关规定计算并书面通知甲

方。乙方为劳务人员所缴纳的各项社会保险费用的有效单据应复印一份给甲方;

(五)劳务人员发生工伤事故的,乙方接到甲方通知后,按《工伤保险条例》妥善处理,并负责办理申报和理赔事宜;

(六)对劳务人员给甲方造成的经济损失,乙方应积极协助甲方对劳务人员进行索赔;

(七)乙方应定期或不定期到甲方,了解劳务人员的思想动态、工作表现、遵纪情况以及对乙方的合理要求,乙方尽力提供最佳服务。

九、合同的变更、解除、终止和续订

(一)甲乙双方应共同遵守本合同的各项条款。在合同履行期间,未经对方同意,任何一方不得变更或解除;若一方因国家重大政策改变或不可抗力等因素不能履行合同,应及时通知对方,双方通过协商,对合同进行变更或解除;

(二)本合同期满前_____日,甲乙双方应就本合同是否终止或续订进行协商,并按协商结果办理终止和续订合同手续。如不及时办理终止或续订手续,合同终止后,甲方仍继续使用被派遣劳务人员,则视为续订同一期限的派遣协议,甲乙双方应当及时补办派遣协议手续。

十、其他

(一)未尽事宜,法律、法规有规定的,按照相关规定办理;无规定的,由双方协商解决。经双方协商一致对本合同进行修改、补充达成的补充协议与本合同具有同等效力;

(二)双方在履行合同时发生争议,应本着实事求是的精神友好协商解决;协商不成,可向甲方属地仲裁机构提起仲裁或向甲方或乙方属地人民法院提起诉讼;

(三)本合同正本一式_____份,甲乙方各执_____份。

甲方:_____ 乙方:_____
法定代表人/授权人签字:_____ 法定代表人/授权人签字:_____
甲方盖章:_____ 乙方盖章:_____
日期:_____年_____月_____日 日期:_____年_____月_____日

附件

1.双方营业执照(社团法人证书)、税务登记证、法定代表人身份证复印件、法定代表人委托授权书等资质证明资料。

2.《劳务派遣人员清单》。

3. 其他必要资料。

44. 什么是非全日制用工,它有哪些特点?

非全日制用工是指以小时计酬为主,劳动者在同一用人单位一般平均每日工作时间不超过四小时,每周工作时间累计不超过二十四小时的用工形式。

非全日制用工有以下几个特点:

(1)非全日制用工双方当事人可以订立口头协议。

(2)从事非全日制用工的劳动者可以与一个或者一个以上用人单位订立劳动合同;但是,后订立的劳动合同不得影响先订立的劳动合同的履行。

(3)非全日制用工双方当事人不得约定试用期。

(4)非全日制用工双方当事人任何一方都可以随时通知对方终止用工。终止用工,用人单位不向劳动者支付经济补偿。

(5)非全日制用工小时计酬标准不得低于用人单位所在地人民政府规定的最低小时工资标准。

(6)非全日制用工劳动报酬结算支付周期最长不得超过十五日。

按照《劳动合同法实施条例》规定,劳务派遣单位不得以非全日制用工形式招用被派遣劳动者。

≫法条链接≫

《劳动合同法》第六十八条:非全日制用工,是指以小时计酬为主,劳动者在同一用人单位一般平均每日工作时间不超过四小时,每周工作时间累计不超过二十四小时的用工形式。

《劳动合同法》第六十九条:非全日制用工双方当事人可以订立口头协议。

从事非全日制用工的劳动者可以与一个或者一个以上用人单位订立劳动合同;但是,后订立的劳动合同不得影响先订立的劳动合同的履行。

《劳动合同法》第七十条:非全日制用工双方当事人不得约定试用期。

《劳动合同法》第七十一条:非全日制用工双方当事人任何一方都可以随时通知对方终止用工。终止用工,用人单位不向劳动者支付经济补偿。

《劳动合同法》第七十二条:非全日制用工小时计酬标准不得低于用人单位所在地人民政府规定的最低小时工资标准。

非全日制用工劳动报酬结算支付周期最长不得超过十五日。

45. 劳动行政部门有职责对哪些劳动行为进行监督检查?

按照《劳动合同法》第七十四条的规定,县级以上地方人民政府劳动行政部门依法对下列实施劳动合同制度的情况进行监督检查:

(1)用人单位制定直接涉及劳动者切身利益的规章制度及其执行的情况;

(2)用人单位与劳动者订立和解除劳动合同的情况;

(3)劳务派遣单位和用工单位遵守劳务派遣有关规定的情况;

(4)用人单位遵守国家关于劳动者工作时间和休息休假规定的情况;

(5)用人单位支付劳动合同约定的劳动报酬和执行最低工资标准的情况;

(6)用人单位参加各项社会保险和缴纳社会保险费的情况;

(7)法律、法规规定的其他劳动监察事项。

46. 法律对劳动者的工作时间是如何规定的?

工作时间又称劳动时间,是指法律规定的劳动者在一昼夜和一周内从事生产、劳动或工作的时间。按照《劳动法》的规定,国家实行劳动者每日工作时间不超过8小时、平均每周工作时间不超过44小时的工作制度。据此,《国务院关于职工工作时间的规定》,自1995年5月1日起,职工每日工作8小时,每周工作40小时。《劳动法》还规定,企业因生产特点不能实行前面规定的,经劳动行政部门批准,可以实行其他工作和休息办法。

(1)缩短工作日。按照《国务院关于职工工作时间的规定》的规定,在特殊条件下从事劳动和有特殊情况需要适当缩短工作时间的,按照国家有关规定执行。目前,我国实行缩短工作时间的主要是:从事矿山、高山、有毒、有害、特别繁重和过度紧张的体力劳动职工,以及纺织、化工、建筑、冶炼、地质勘探、森林采伐、装卸搬运等行业或岗位的职工,从事夜班工作的劳动者;在哺乳期工作的女职工;16至18岁的未成年劳动者等。

(2)不定时工作日。按照原劳动部《关于企业实行不定时工作制和综合计算工时工作制的审批办法》的规定,企业对符合下列条件之一的职工,可以实行不定时工作日制:①企业中的高级管理人员、外勤人员、推销人员、部分值班人员和其他因工作无法按标准工作时间衡量的职工;②企业中的长途运输人员、出租汽车司机和铁路、港口、仓库的部分装卸人员以及工作性质特殊,需机动作业的职工;③其他因生产特点、工作特殊需要或职责范围的关系,适合实行不定时工时制的职工。

综合计算工作日,即分别以周、月、季、年等为周期综合计算工作时间,但其平均日工作时间和平均周工作时间应与法定标准工作时间基本相同。按规定,企业对交通、铁路等行业中因工作性质特殊需连续作业的职工,地质及资源勘探、建筑等受季节和自然条件限制的行业的部分职工等,可实行综合计算工作日。

(3)计件工资时间。对实行计件工作的劳动者,用人单位应当根据《劳动法》规定的工时制度合理确定其劳动定额和计件报酬标准。

≫法条链接≫

《劳动法》第三十六条:国家实行劳动者每日工作时间不超过八小时、平均每周工作时间不超过四十四小时的工时制度。

《劳动法》第三十八条:用人单位应当保证劳动者每周至少休息一日。

47. 法律对延长工作时间是如何规定的?

延长劳动时间,也称加班加点,是指用人单位经过一定程序,要求劳动者超过法律、法规规定的最高限制的日工作时数和周工作天数而工作。一般分为正常情况下延长工作时间和非正常情况下延长工作时间两种形式。

(1)正常情况下延长工作时间。按照《劳动法》的规定,需具备以下三个条件:

①由于生产经营需要。生产经营需要主要是指紧急生产任务,如不按期完成,就要影响用人单位的经济效益和职工的收入,在这种情况下,才可以延长职工的工作时间;

②必须与工会协商。用人单位决定延长工作时间的,应把延长工作时间的理由、人数、时间长短等情况向工会说明,征得工会同意后,方可延长职工工作时间;

③必须与劳动者协商。用人单位决定延长工作时间,应进一步与劳动者协商,因为延长工作时间要占用劳动者的休息时间,所以,只有在劳动者自愿的情况下,才可以延长工作时间。

除要符合以上条件外,《劳动法》规定延长工作时间的长度为:一般每日不得超过一小时,因特殊原因需要延长工作时间的,在保障劳动者身体健康的条件下延长工作时间每日不得超过三小时,但是每月不得超过三十六小时。

(2)非正常情况下延长工作时间。按照《劳动法》的规定,遇到下列情况,用人单位延长工作时间可以不受正常情况下延长工作时间的限制：

①发生自然灾害、事故或者因其他原因，威胁劳动者生命健康和财产安全，需要紧急处理的；

②生产设备、交通运输线路、公共设施发生故障，影响生产和公众利益，必须及时抢修的；

③法律、行政法规规定的其他情形。

特别需要说明的是，《劳动法》禁止对怀孕七个月以上和在哺乳未满一周岁的婴儿期间的女职工安排其延长工作时间和夜班劳动。

≫法条链接≫

《劳动法》第四十一条：用人单位由于生产经营需要，经与工会和劳动者协商后可以延长工作时间，一般每日不得超过一小时；因特殊原因需要延长工作时间的，在保障劳动者身体健康的条件下延长工作时间每日不得超过三小时，但是每月不得超过三十六小时。

《劳动法》第四十二条：有下列情形之一的，延长工作时间不受本法第四十一条的限制：

（一）发生自然灾害、事故或者因其他原因，威胁劳动者生命健康和财产安全，需要紧急处理的；

（二）生产设备、交通运输线路、公共设施发生故障，影响生产和公众利益，必须及时抢修的；

（三）法律、行政法规规定的其他情形。

《劳动法》第四十三条：用人单位不得违反本法规定延长劳动者的工作时间。

48. 延长工作时间的工资报酬如何计算？

延长工作时间的工资报酬，实际上就是我们常说的"加班费"，它是指劳动者按照用人单位生产和工作的需要在规定工作时间之外继续生产劳动或者工作所获得的劳动报酬。劳动者加班，延长了工作时间，增加了额外的劳动量，应当得到合理的报酬。对劳动者而言，加班费是一种补偿，因为其付出了过量的劳动；对于用人单位而言，支付加班费能够有效地抑制用人单位随意地延长工作时间，保护劳动者的合法权益。

按照《劳动法》的规定，支付加班费的具体标准是：在标准工作日内安排劳动者延长工作时间的,支付不低于工资的百分之一百五十的工资报酬;休息日安排劳动者工作又不能安排补休的,支付不低于工资的百分之二百的工资报酬;法定休假日安排劳动者工作的,支付不低于百分之三百的工资报酬。

标准工作时间以外延长劳动者工作时间和休息日、法定休假日安排劳动者工作,都是占用了劳动者的休息时间,都应当严格加以限制,高于正常工作时间支付工资报酬即是国家采取的一种限制措施。但是,在上述三种情形下组织劳动者劳动是不完全一样的,属于哪一种情形的加班,就应执行法律对这种情况所作出的规定,相互不能混淆,不能代替,否则都是违反法律的行为,应当依法承担法律责任。例如,职工小李在春节7天长假都加班了,那么要分清这7天有几天是法定节假日,哪几天是正常休息日,哪个时段有属于加班加点。

≫**法条链接**≫

《劳动法》第四十四条:有下列情形之一的,用人单位应当按照下列标准支付高于劳动者正常工作时间工资的工资报酬:

(一)安排劳动者延长工作时间的,支付不低于工资的百分之一百五十的工资报酬;

(二)休息日安排劳动者工作又不能安排补休的,支付不低于工资的百分之二百的工资报酬;

(三)法定休假日安排劳动者工作的,支付不低于工资的百分之三百的工资报酬。

49. 什么是休息休假,法律是如何规定的?

休息休假(又称休息时间)是指劳动者在国家规定的法定工作时间外,不从事生产、劳动或工作而由自己自行支配的时间,包括劳动者每天休息的时数、每周休息的天数、节假日、年休假、探亲假等。

按照《劳动法》的规定,用人单位在下列节日期间应依法安排劳动者休假,包括元旦、春节、国际劳动节、国庆节;法律、法规规定的其他休假节日。目前,法律、法规规定的全体公民都享有的节日是元旦、春节、清明节、劳动节、端午节、中秋节和国庆节。按照法律的规定,用人单位如果法定休假日安排劳动者工作的,支付不低于工资的百分之三百的工资报酬。

≫**法条链接**≫

《劳动法》第四十条:用人单位在下列节日期间应当依法安排劳动者

休假：

(一)元旦；

(二)春节；

(三)国际劳动节；

(四)国庆节；

(五)法律、法规规定的其他休假节日。

≫**案例分析**≫

案情回放：2007年8月，张某和王某进入某公司担任搬运工。年底，该公司因工作量增大，要求员工加班。张某和王某上班时间从早上8点到晚上12点，除去1小时吃饭时间，每天工作时间平均为14个小时，其中加班时间为6个小时。此外，公司还要求张、王等员工在元旦和周六、周日加班，但公司未向加班员工支付加班费。1个月下来，员工们精疲力竭，要求公司解决问题。但该公司负责人说，年底工作量大，加班也是没有办法的事情，对员工的要求置之不理。于是，张某、王某向当地劳动监察部门做了举报。要求纠正该公司的违法行为，保护其合法权益。

法理分析：现就该案件的法律问题分析如下：

(1)该公司违反了《劳动合同法》第十七条、第三十一条的规定，《劳动合同法》第十七条将工作时间和休息时间明确作为劳动合同的必备条款。《劳动合同法》第三十一条规定："用人单位应当严格执行劳动定额标准，不得强迫或者变相强迫劳动者加班。用人单位安排加班的，应当按照国家有关规定向劳动者支付加班费。"

(2)本案中，该公司的行为违反了上述法律规定。按照《劳动合同法》第八十五条的规定，应由所在地劳动行政部门责令该公司限期支付加班费；该公司逾期不支付的，责令该公司按照应支付金额的百分之五十以上百分之一百以下的标准向他们加付赔偿金。

50. 如何计算加班费？

按照人力资源与社会保障部《关于职工全年月平均工作时间和工资折算问题的通知》劳社部发[2008]3号的规定，职工全年月平均工作天数和工资折算办法分别如下：

(1)制度工作时间的计算

①年工作日:365 天－104 天(休息日)－11 天(法定节假日)＝250 天
②季工作日:250 天÷4 季＝62.5 天/季
③月工作日:250 天÷12 月＝20.83 天/月
④工作小时数的计算:以月、季、年的工作日乘以每日的 8 小时

(2)日工资、小时工资的折算

按照《劳动法》第五十一条的规定,法定节假日用人单位应当依法支付工资,即折算日工资、小时工资时不剔除国家规定的 11 天法定节假日。据此,日工资、小时工资的折算为:

①日工资:月工资收入÷月计薪天数
②时工资:月工资收入÷(月计薪天数×8 小时)
③月计薪天数＝(365 天－104 天)÷12 月＝21.75 天

51. 什么是最低工资,它是如何确定的?

按照 2004 年劳动和社会保障部《最低工资规定》的规定,所谓"最低工资标准",是指劳动者在法定工作时间或依法签订的劳动合同约定的工作时间内提供了正常劳动的前提下,用人单位依法应支付的最低劳动报酬。本规定所称正常劳动,是指劳动者按依法签订的劳动合同约定,在法定工作时间或劳动合同约定的工作时间内从事的劳动。劳动者依法享受带薪年休假、探亲假、婚丧假、生育(产)假、节育手术假等国家规定的假期间,以及法定工作时间内依法参加社会活动期间,视为提供了正常劳动。最低工资标准一般采取月最低工资标准和小时最低工资标准两种形式,最低工资标准每两年至少调整一次。

最低工资标准一般采取月最低工资标准和小时最低工资标准的形式。月最低工资标准适用于全日制就业劳动者,小时最低工资标准适用于非全日制就业劳动者。确定和调整月最低工资标准,应参考当地就业者及其赡养人口的最低生活费用、城镇居民消费价格指数、职工个人缴纳的社会保险费和住房公积金、职工平均工资、经济发展水平、就业状况等因素。确定和调整小时最低工资标准,应在颁布的月最低工资标准的基础上,考虑单位应缴纳的基本养老保险费和基本医疗保险费因素,同时还应适当考虑非全日制劳动者在工作稳定性、劳动条件和劳动强度、福利等方面与全日制就业人员之间的差异。

另外,按照《最低工资规定》的规定,在劳动者提供正常劳动的情况下,用人单位应支付给劳动者的工资在剔除下列各项以后,不得低于当地最低工资标准:

(1)延长工作时间工资;(2)中班、夜班、高温、低温、井下、有毒有害等特殊工作环境、条件下的津贴;(3)法律、法规和国家规定的劳动者福利待遇等。

≫法条链接≫

《劳动法》第四十九条:确定和调整最低工资标准应当综合参考下列因素:

（一）劳动者本人及平均赡养人口的最低生活费用;

（二）社会平均工资水平;

（三）劳动生产率;

（四）就业状况;

（五）地区之间经济发展水平的差异。

《最低工资规定》第十二条:在劳动者提供正常劳动的情况下,用人单位应支付给劳动者的工资在剔除下列各项以后,不得低于当地最低工资标准:

（一）延长工作时间工资;

（二）中班、夜班、高温、低温、井下、有毒有害等特殊工作环境、条件下的津贴;

（三）法律、法规和国家规定的劳动者福利待遇等。

52. 劳动安全卫生制度包括哪些内容?

依据《劳动法》第五十二条至第五十六条的规定,劳动安全卫生制度包括以下几项内容:

(1)建章立制。用人单位必须建立、健全劳动安全卫生制度,严格执行国家劳动安全卫生规程和标准,对劳动者进行劳动安全卫生教育,防止劳动过程中的事故,减少职业危害。

(2)设施达标制度。劳动安全卫生设施必须符合国家规定的标准。新建、改建、扩建工程的劳动安全卫生设施必须与主体工程同时设计、同时施工、同时投入生产和使用。用人单位必须为劳动者提供符合国家规定的劳动安全卫生条件和必要的劳动防护用品,对从事有职业危害作业的劳动者应当定期进行健康检查。

(3)遵守操作规程制度。从事特种作业的劳动者必须经过专门培训并取得特种作业资格。劳动者在劳动过程中必须严格遵守安全操作规程,对用人单位管理人员违章指挥、强令冒险作业,有权拒绝执行,对危害生命安全和身体健康的行为,有权提出批评、检举和控告。

(4)事故报告处理制度。国家建立伤亡事故和职业病统计报告和处理制度。县级以上各级人民政府劳动行政部门、有关部门和用人单位应当依法对劳动者在劳动过程中发生的伤亡事故和劳动者的职业病状况,进行统计、报告和处理。

53. 法律对女职工的保护有哪些规定?

根据《劳动法》的规定,对女职工的保护可以概括为以下几点:

(1)劳动强度、区域和时间的保护。具体内容包括:①禁止安排女职工从事矿山井下、国家规定的第四级体力劳动强度的劳动和其他禁忌从事的劳动;②不得安排女职工在经期从事高处、低温、冷水作业和国家规定第三级体力劳动强度的劳动;③不得安排女职工在怀孕期间从事国家规定的第三级体力劳动强度的劳动和孕期禁忌从事的活动;④对怀孕七个月以上的女职工,不得安排其延长工作时间和夜班劳动;⑤女职工生育享受不少于九十天的产假;⑥不得安排女职工在哺乳未满一周岁的婴儿期间从事国家规定的第三级体力劳动强度的劳动和哺乳期禁忌从事的其他劳动,不得安排其延长工作时间和夜班劳动。

(2)劳动就业时的保护。按照国务院《女职工劳动保护规定》的规定,凡适合妇女从事劳动的单位,不得拒绝招收女职工。

(3)劳动合同解除时的保护。按照《劳动法》的规定,不得在女职工怀孕期、产期、哺乳期降低其基本工资,或者解除劳动合同。

(4)维权上的保护。女职工劳动保护的权益受到侵害时,有权向所在单位的主管部门或者当地劳动部门提出申诉,受理申诉的部门应当自收到申诉书之日起三十日内作出处理决定;女职工对处理决定不服的,可以在收到处理决定书之日起十五日内向人民法院起诉。

≫法条链接≫

《劳动法》第五十九条:禁止安排女职工从事矿山井下、国家规定的第四级体力劳动强度的劳动和其他禁忌从事的劳动。

《劳动法》第六十条:不得安排女职工在经期从事高处、低温、冷水作业和国家规定的第三级体力劳动强度的劳动。

《劳动法》第六十一条:不得安排女职工在怀孕期间从事国家规定的第三级体力劳动强度的劳动和孕期禁忌从事的劳动。对怀孕七个月以上的女职工,不得安排其延长工作时间和夜班劳动。

《劳动法》第六十二条：女职工生育享受不少于九十天的产假。

《劳动法》第六十三条：不得安排女职工在哺乳未满一周岁的婴儿期间从事国家规定的第三级体力劳动强度的劳动和哺乳期禁忌从事的其他劳动，不得安排其延长工作时间和夜班劳动。

《劳动法》第二十九条：劳动者有下列情形之一的，用人单位不得依据本法第二十六条、第二十七条的规定解除劳动合同：

……

（三）女职工在孕期、产期、哺乳期内的；

……

54. 法律对未成年工有哪些特殊保护？

未成年工的特殊保护是针对未成年工处于生长发育期的特点，以及接受义务教育的需要，所采取的特殊劳动保护措施。未成年工是指年满十六周岁未满十八周岁的劳动者。

按照《劳动法》的规定，禁止用人单位招用未满十六周岁的未成年人。不得安排未成年工从事矿山井下、有毒有害、国家规定的第四级体力劳动强度的劳动和其他禁忌从事的劳动。用人单位应对未成年工定期进行健康检查。

原劳动部《未成年工特殊保护规定》中规定，用人单位应根据未成年工的健康检查结果安排其从事适合的劳动，对不能胜任原劳动岗位的，应根据医务部门的证明，予以减轻劳动量或安排其他劳动。对未成年工的使用和特殊保护实行登记制度。用人单位招收未成年工除符合一般用工要求外，还须向所在地的县级以上劳动行政部门办理登记。未成年工上岗前用人单位应对其进行有关的职业安全卫生教育、培训。

≫法条链接≫

《劳动法》第六十四条：不得安排未成年工从事矿山井下、有毒有害、国家规定的第四级体力劳动强度的劳动和其他禁忌从事的劳动。

《劳动法》第六十五条：用人单位应当对未成年工定期进行健康检查。

社会保险法律制度

55. 什么是新型农村养老保险制度?

新型农村养老保险制度,简称新农保,它是国家为每个新农保参保人建立终身记录的养老保险个人账户。个人缴费、集体补助及其他经济组织、社会公益组织、个人对参保人缴费的资助,地方政府对参保人的缴费补贴,全部记入个人账户。相对于以前各地开展的农村养老保险而言,新农保最大的特点是采取个人缴费、集体补助和政府补贴相结合的模式,有三个筹资渠道。它的基本原则是"保基本、广覆盖、有弹性、可持续"。新农保的制度创新,最主要有两个方面:一是实行基础养老金和个人账户养老金相结合的养老待遇,政府对基础养老金全额补贴;二是实行个人缴费、集体补助、政府补贴相结合的筹资办法,地方财政对农民缴费实行补贴。

56. 为什么要开展新型农村社会养老保险?

在我国,各级党委、政府领导十分重视解决民众的养老保障问题,通过长期的努力,养老保障工作取得了一定的成就,在城镇,养老保障体系已经建立,各类人员的养老问题基本得到解决。而在农村,农民的养老问题虽然得到一定程度改善,但由于各方面的原因,广大农民的养老问题仍较为突出。

目前,农民的养老问题主要是以土地、家庭保障为主,仍然依靠传统的"养儿防老"办法。但是,随着农村经济改革的步步深入,社会主义市场经济的快速发展和不断完善,计划生育基本国策的深入贯彻,"四二一"家庭人口结构将普遍出现,农村传统的家庭养老保障能力越来越弱。虽然我国为了解决农民的养老问题,从20世纪90年代初期就开始在农村探索建立社会养老保险制度(简称老农保),但当时地方政府财力十分有限,老农保采取储蓄积累模式,养老基金主要依靠农民个人缴纳,财政没有资金投入,农民对此积极性并不高,这项工作在很多地区几乎没有突破。

针对上述情形,国务院决定,从 2009 年起开展新型农村社会养老保险试点,以逐步解除农民的后顾之忧,实现"养老不犯愁"的目标。

≫**法条链接**≫

《社会保险法》第二十条:国家建立和完善新型农村社会养老保险制度。……

57. 新农保的参保范围有哪些?

按照《国务院关于开展新型农村社会养老保险试点的指导意见》国发〔2009〕32 号的规定,年满 16 周岁(不含在校学生)、未参加城镇职工基本养老保险的农村居民,均可以在户籍地自愿参加新农保。新农保强调以政策的优惠吸引农村适龄居民自愿参保,不搞强迫命令。农村居民如果参加了城镇职工基本养老保险(比如农民工参加城镇职工养老保险),原则上不参加新农保;农村居民已经参加新农保,又进城务工按规定参加城镇职工基本养老保险的,可以停止缴纳新农保保险费,新农保个人账户予以保留;农村居民因就业和居住等情况变化,在不同阶段参加了多种养老保险的,国家将制定有关衔接政策,保障农村居民的养老保险权益。

58. 新农保基金的构成有哪些?

按照《国务院关于开展新型农村社会养老保险试点的指导意见》国发〔2009〕32 号的规定,新农保基金由个人缴费、集体补助、政府补贴构成。

(1)个人缴费。参加新农保的农村居民应当按规定缴纳养老保险费。缴费标准目前设为每年 100 元、200 元、300 元、400 元、500 元 5 个档次,地方可以根据实际情况增设缴费档次。参保人自主选择档次缴费,多缴多得。国家依据农村居民人均纯收入增长等情况适时调整缴费档次。

(2)集体补助。有条件的村集体应当对参保人缴费给予补助,补助标准由村民委员会召开村民会议民主确定。鼓励其他经济组织、社会公益组织、个人为参保人缴费提供资助。

(3)政府补贴。政府对符合领取条件的参保人全额支付新农保基础养老金,其中央财政对中西部地区按中央确定的基础养老金标准给予全额补助,对东部地区给予 50% 的补助。

地方政府应当对参保人缴费给予补贴,补贴标准不低于每人每年30元;对选择较高档次标准缴费的,可给予适当鼓励,具体标准和办法由省(区、市)人民政府确定。对农村重度残疾人等缴费困难群体,地方政府为其代缴部分或全部最低标准的养老保险费。

>>**法条链接**>>

《社会保险法》第二十条:新型农村社会养老保险实行个人缴费、集体补助和政府补贴相结合。

《社会保险法》第二十一条:新型农村社会养老保险待遇由基础养老金和个人账户养老金组成。

参加新型农村社会养老保险的农村居民,符合国家规定条件的,按月领取新型农村社会养老保险待遇。

59. 领取养老金需符合什么条件?

按照《国务院关于开展新型农村社会养老保险试点的指导意见》国发〔2009〕32号的规定,年满60周岁、未享受城镇职工基本养老保险待遇的有农村户籍的老年人,凭本人有效身份证件,经乡(镇)人力资源社会保障服务站(所)和县(市、区)新农保经办机构审核,报县(市、区)人力资源社会保障行政部门审批,从年满60周岁的次月起,按月享受养老金。

新农保制度实施时,已年满60周岁、未按月享受城镇职工基本养老保险待遇的,不用缴费,可以直接按月领取基础养老金,所需费用全部由政府财政支付;但其符合参保条件的子女应当参保缴费。

60. 养老金的计发标准是多少?

按照《国务院关于开展新型农村社会养老保险试点的指导意见》国发〔2009〕32号的规定,新农保养老金待遇由基础养老金和个人账户养老金两部分组成,支付终身。基础养老金计发标准为每人每月55元,所需资金由中央财政补助;个人账户养老金按月支付,月计发标准为个人账户全部存储额除以139(与城镇职工基本养老保险个人账户养老金计发系数相同)。

61. 农村居民如何办理参保缴费手续?

按照《国务院关于开展新型农村社会养老保险试点的指导意见》国发〔2009〕

32号的规定,符合参保条件的农村居民,可持本人身份证及复印件、户口本及相关证件到所在村委或村社会保障服务站提出申请,并填写《新型农村社会养老保险参保登记表》,经村、乡(镇)社会保障服务站(中心)审核后,报社会保险经办机构办理参保手续,符合条件的,持"缴费通知单"到指定地点或银行缴费。以后年度在规定的时间内到指定地点或银行继续缴费。

62. 新、老农村养老保险制度如何衔接?

按照《国务院关于开展新型农村社会养老保险试点的指导意见》国发〔2009〕32号的规定,原来已开展以个人缴费为主、完全个人账户农村社会养老保险(以下称老农保)的地区,要在妥善处理老农保基金债权问题的基础上,做好与新农保制度衔接。在新农保试点地区,凡已参加了老农保、年满60周岁且已领取老农保养老金的参保人,可直接享受新农保基础养老金;对已参加老农保、未满60周岁且没有领取养老金的参保人,应将老农保个人账户资金并入新农保个人账户,按新农保的缴费标准继续缴费,待符合规定条件时享受相应待遇。

新农保与城镇职工基本养老保险等其他养老保险制度的衔接办法,由人力资源社会保障部会同财政部制定。要妥善做好新农保制度与被征地农民社会保障、水库移民后期扶持政策、农村计划生育家庭奖励扶助政策、农村五保供养、社会优抚、农村最低生活保障制度等政策制度的配套衔接工作,具体办法由人力资源社会保障部、财政部会同有关部门研究制订。

63. 城镇职工基本养老保险制度是如何确定的?

职工应当参加基本养老保险,由用人单位和职工共同缴纳基本养老保险费。用人单位应当按照国家规定的本单位职工工资总额的比例缴纳基本养老保险费,记入基本养老保险统筹基金。职工应当按照国家规定的本人工资的比例缴纳基本养老保险费,记入个人账户。具体内容包括以下几点:

(1)基本养老金的组成。基本养老金由统筹养老金和个人账户养老金组成。基本养老金根据个人累计缴费年限、缴费工资、当地职工平均工资、个人账户金额、城镇人口平均预期寿命等因素确定。

(2)基本养老金的领取。参加基本养老保险的个人,达到法定退休年龄时累计缴费满15年的,按月领取基本养老金。参加基本养老保险的个人,达到法定退休年龄时累计缴费不足15年的,可以缴费至满15年,按月领取基本养老金;

也可以转入新型农村社会养老保险或者城镇居民社会养老保险，按照国务院规定享受相应的养老保险待遇。

（3）特殊情形的管理。参加基本养老保险的个人，因病或者非因工死亡的，其遗属可以领取丧葬补助金和抚恤金；在未达到法定退休年龄时因病或者非因工致残完全丧失劳动能力的，可以领取病残津贴。所需资金从基本养老保险基金中支付。

个人跨统筹地区就业的，其基本养老保险关系随本人转移，缴费年限累计计算。个人达到法定退休年龄时，基本养老金分段计算、统一支付。

≫**法条链接**≫

《社会保障法》第十条：职工应当参加基本养老保险，由用人单位和职工共同缴纳基本养老保险费。

无雇工的个体工商户、未在用人单位参加基本养老保险的非全日制从业人员以及其他灵活就业人员可以参加基本养老保险，由个人缴纳基本养老保险费。

公务员和参照公务员法管理的工作人员养老保险的办法由国务院规定。

《社会保障法》第十一条：基本养老保险实行社会统筹与个人账户相结合。

基本养老保险基金由用人单位和个人缴费以及政府补贴等组成。

《社会保障法》第十六条：参加基本养老保险的个人，达到法定退休年龄时累计缴费满十五年的，按月领取基本养老金。

参加基本养老保险的个人，达到法定退休年龄时累计缴费不足十五年的，可以缴费至满十五年，按月领取基本养老金；也可以转入新型农村社会养老保险或者城镇居民社会养老保险，按照国务院规定享受相应的养老保险待遇。

64. 什么是基本医疗保险，它有哪些种类？

基本医疗保险是为补偿劳动者因疾病风险造成的经济损失而建立的一项社会保险制度。通过用人单位和个人缴费，建立医疗保险基金，参保人员患病就诊产生医疗费用后，由医疗保险经办机构给予一定的经济补偿，以避免或减轻劳动者因患病、治疗等所带来的经济风险。

我国目前建立了城镇职工基本医疗保险制度、新型农村合作医疗制度和城镇居民基本医疗保险制度。其中，城镇职工基本医疗保险由用人单位和职工按照国家规定共同缴纳基本医疗保险费，建立医疗保险基金，参保人员患病就诊发生医疗费用后，由医疗保险经办机构给予一定的经济补偿，以避免或减轻劳动者因患病、治疗等所带来的经济风险。新型农村合作医疗和城镇居民基本医疗保险实行个人缴费和政府补贴相结合，待遇标准按照国家规定执行。

》法条链接》

《社会保险法》第二十三条：职工应当参加职工基本医疗保险，由用人单位和职工按照国家规定共同缴纳基本医疗保险费。

无雇工的个体工商户、未在用人单位参加职工基本医疗保险的非全日制从业人员以及其他灵活就业人员可以参加职工基本医疗保险，由个人按照国家规定缴纳基本医疗保险费。

《社会保险法》第二十四条：国家建立和完善新型农村合作医疗制度。

新型农村合作医疗的管理办法，由国务院规定。

《社会保险法》第二十五条：国家建立和完善城镇居民基本医疗保险制度。

城镇居民基本医疗保险实行个人缴费和政府补贴相结合。

享受最低生活保障的人、丧失劳动能力的残疾人、低收入家庭六十周岁以上的老年人和未成年人等所需个人缴费部分，由政府给予补贴。

65. 职工基本医疗保险制度内容有哪些？

职工基本医疗保险制度是依法对职工的基本医疗权利给予保障的社会医疗保险制度，是通过法律、法规强制推行的，实行社会统筹医疗基金与个人医疗账户相结合的基本模式，与养老、工伤、失业和生育保险一样，都属社会保险的一个基本险项。根据《社会保障法》和国务院《关于建立城镇职工基本医疗保险制度的决定》，职工基本医疗保险制度的基本内容可以概括为以下几方面：

(1)离休人员、老红军的医疗待遇不变，医疗费用按原资金渠道解决，支付确有困难的，由同级人民政府帮助解决。离休人员、老红军的医疗管理办法由省、自治区、直辖市人民政府制定。

(2)二等乙级以上革命伤残军人的医疗待遇不变，医疗费用按原资金渠道解决，由社会保险经办机构单独列账管理。医疗费支付不足部分，由当地人民政府帮助解决。

（3）退休人员参加基本医疗保险，个人不缴纳基本医疗保险费。对退休人员个人账户的计入金额和个人负担医疗费的比例给予适当照顾。

（4）允许建立企业补充医疗保险。企业补充医疗保险费在工资总额4%以内的部分，从职工福利费中列支，福利费不足列支的部分，经同级财政部门核准后列入成本。国有企业下岗职工的基本医疗保险费，包括单位缴费和个人缴费，均由再就业服务中心按照当地上年度职工平均工资的60%为基数缴纳。

（5）城镇所有用人单位，包括企业（国有企业、集体企业、外商投资企业、私营企业等）、机关、事业单位、社会团体、民办非企业单位及其职工，都要参加基本医疗保险。乡镇企业及其职工，城镇个体经济组织业主及其从业人员是否参加基本医疗保险，由各省、自治区、直辖市人民政府决定。基本医疗保险费由用人单位和职工共同缴纳。用人单位缴费率应控制在职工工资总额的6%左右，职工缴费率一般为本人工资收入的2%。随着经济发展，用人单位和职工缴费率可作相应调整。

（6）建立基本医疗保险统筹基金和个人账户。基本医疗保险基金由统筹基金和个人账户构成。职工个人缴纳的基本医疗保险费，全部计入个人账户。用人单位缴纳的基本医疗保险费分为两部分，一部分用于建立统筹基金，一部分划入个人账户。划入个人账户的比例一般为用人单位缴费的30%左右，具体比例由统筹地区根据个人账户的支付范围和职工年龄等因素确定。

66. 什么是新型农村医疗合作制度，如何保障该制度的实施？

新型农村合作医疗，简称"新农合"，它是指由政府组织、引导、支持，农民自愿参加，个人、集体和政府多方筹资，以大病统筹为主的农民医疗互助共济制度。采取个人缴费、集体扶持和政府资助的方式筹集资金。按照卫生部等七部门联合制发的《关于加快推进新型农村合作医疗试点工作的通知》，由于各地区的具体做法有所不同，这里仅就新型农村医疗合作制度的保障内容作如下概要性介绍：

（1）范围和要求。从2006年开始试点，2010年实现新型农村合作医疗制度基本覆盖农村居民的目标。实行该项制度贯彻自愿、互助、公开、服务的原则，坚持农民以家庭为单位自愿参加，不搞强迫命令；坚持合作医疗制度的互助共济性质，动员农民共同抵御疾病风险；坚持公开、公正、公平，规范操作，加强监管；坚持便民利民,真正让农民受益。

(2)财政支持力度。从2006年起,中央财政对中西部地区除市区以外的参加新型农村合作医疗的农民由每人每年补助10元提高到20元,地方财政也要相应增加10元。财政确实有困难的省(区、市),可在2006年、2007年分别增加5元,在两年内落实到位。地方财政增加的合作医疗补助经费,应主要由省级财政承担,原则上不由省、市、县按比例平均分摊,不能增加困难县的财政负担。农民个人缴费标准暂不提高。同时,将中西部地区中农业人口占总人口比例高于70%的市辖区和辽宁、江苏、浙江、福建、山东和广东六省的试点县(市、区)纳入中央财政补助范围。中央财政对辽宁、江苏、浙江、福建、山东和广东省按中西部地区补助标准的一定比例安排补助资金。

(4)合作医疗资金筹集和监管机制。如果农民个人自愿,经村民代表大会讨论同意,可以由村民自治组织代为收缴农民的个人缴费。要加强基金管理,做到专户储存,专款专用,严格实行基金封闭运行,确保合作医疗基金和利息全部用于参合农民的医疗补助。

(5)合作医疗管理能力建设。不断加强合作医疗管理人员和经办人员的政策、业务培训,提高合作医疗管理能力;加快合作医疗信息化建设,逐步实现网上审核报销、监管和信息传输,加强规范管理。试点县(市、区)财政部门要将经办机构人员和工作经费列入年度预算,予以保证,不得从合作医疗基金中提取。地方各级人民政府要对新增试点县(市、区)适当提供启动经费。中央财政将通过专项转移支付对中西部地区的试点工作予以支持。

(6)农民的看病就医问题。加大各级政府对医疗救助资金的支持,充分发挥民政部门的主导作用,动员红十字会、基金会等社团组织、慈善机构和各类企事业单位等社会力量,多渠道筹集资金。重点解决好农村五保户和贫困家庭的问题。在帮助救助对象参加合作医疗的同时,对个人负担医疗费用过重、难以承担的部分,应给予适当补助。针对农村贫困人口家庭收入低、生活困难大的实际,在新型农村合作医疗试点工作中对农村救助对象应给予更多的政策优惠。

(7)农村药品监督和供应网络建设。加强农村药品监督网络建设,促进农村药品供应网络建设,充分利用现有网络和人员,建立适合农村实际的药品供销体系和监督体系,规范药品供销渠道,加强质量监管,严厉打击非法药品经营活动。逐步推进农村医疗卫生机构药品集中采购或跟标采购;也可由县级医疗机构或乡镇卫生院为村卫生室代购药品;鼓励药品连锁企业向农村延伸,对农村基层医疗机构实行集中配送。

(8)农村卫生服务体系建设。加强农村医疗卫生基础设施建设,健全县、乡、村三级农村医疗卫生服务体系和网络;以加强县、乡医疗卫生机构能力建设为重点,并对中西部贫困地区传染病、地方病重疫区的村卫生室建设给予适当支持。

(9)农村基层医疗卫生队伍建设。高等医学院校面向农村需要培养卫生专业人才,扩大定向招生试点。建立城市卫生支援农村的长效机制,城市医院要选派医务人员轮流定期到县级医院和乡镇卫生院帮助开展医疗服务和技术培训。城市医生晋升主治或副主任医师之前,必须在县或乡医疗机构累计服务满1年。城市医疗卫生机构新录用的大学毕业生,在获得医师执业证书后分期分批到农村医疗卫生机构服务1年,服务期限可以计算为城市医生在晋升主治和副主任医师前必须到农村服务的时间。县级医院也要建立对乡、村医疗机构的定点帮扶制度。

67. 城镇居民基本医疗保险制度有哪些特点?

从1998年开始,国家就开始探索建立城镇职工基本医疗保险制度,所以,相比农村居民的基本医疗保险制度,城镇居民基本医疗保险制度已趋于成熟。城镇居民基本医疗保险是社会医疗保险的组成部分,具有强制性,采取以政府为主导,以居民个人(家庭)缴费为主,政府适度补助为辅的筹资方式,按照缴费标准和待遇水平相一致的原则。

城镇居民基本医疗保险制度的特点有:第一,参保人患病特别是患大病时,一定程度地减轻经济负担;第二,参保人身体健康时,缴交的保险费可以用来济助其他参保病人;第三,解除参保人的后顾之忧。为鼓励城镇居民参加保险,符合参保条件的城镇居民按其参保时间划分,设定不同的医疗待遇起付期,医疗待遇起付期为三个月,未成年居民医疗待遇无起付期;六个月后参保者(含未成年居民,下同),医疗待遇起付期为一年;一年后参保者,医疗待遇起付期延长至二年;低保居民医疗待遇无起付期。

68. 哪些情形应当认定为工伤?

按照国务院《工伤保险条例》第十四条的规定,职工有下列情形之一的,应当认定为工伤:

(1)在工作时间和工作场所内,因工作原因受到事故伤害的;

(2)工作时间前后在工作场所内,从事与工作有关的预备性或者收尾性工作受到事故伤害的；

(3)在工作时间和工作场所内,因履行工作职责受到暴力等意外伤害的；

(4)患职业病的；

(5)因工外出期间,由于工作原因受到伤害或者发生事故下落不明的；

(6)在上下班途中,受到非本人主要责任的交通事故或者城市轨道交通、客运轮渡、火车事故伤害的；

(7)法律、行政法规规定应当认定为工伤的其他情形。

但是,职工因下列情形之一导致本人在工作中伤亡的,不认定为工伤：

(1)故意犯罪；

(2)醉酒或者吸毒；

(3)自残或者自杀。

≫案例分析≫

案情回放：王某系一家公司的员工。2009年2月王某与该公司签订了自2009年2月16日至2012年2月15日的劳动合同。2009年3月4日,王某在去广州出差时所乘坐的大巴车发生了交通事故,王某不幸身亡。王某的亲属以工伤事故为由,向公司提出了工伤补偿要求。王某的死亡系交通事故所致,是否属于工伤范畴？

法理分析：依据国务院《工伤保险条例》第十四条规定,"职工有下列情形之一的,应当认定为工伤：……因工外出期间,由于工作原因受到伤害或者发生事故下落不明的"。王某死亡虽然系交通事故所致,但其发生是在出差的路上,即属于因工外出期间和工作原因,因此属于工伤范畴。

69. 如何申请工伤鉴定？

按照《工伤保险条例》第十七条至第二十条的规定,工伤认定基本程序和内容如下：

(1)单位申请。职工发生事故伤害或者按照《职业病防治法》规定被诊断、鉴定为职业病,所在单位应当自事故伤害发生之日或者被诊断、鉴定为职业病之日起30日内,向统筹地区社会保险行政部门提出工伤认定申请。遇有特殊情况,经报社会保险行政部门同意,申请时限可以适当延长。

(2)自行申请。用人单位未按规定提出工伤认定申请的,工伤职工或者其近亲属、工会组织在事故伤害发生之日或者被诊断、鉴定为职业病之日起1年内,可以直接向用人单位所在地统筹地区社会保险行政部门提出工伤认定申请。用人单位未在规定的时限内提交工伤认定申请,在此期间发生符合《工伤保险条例》规定的工伤待遇等有关费用由该用人单位负担。

(3)提出工伤认定申请应当提交下列材料:①工伤认定申请表;②与用人单位存在劳动关系(包括事实劳动关系)的证明材料;③医疗诊断证明或者职业病诊断证明书或者职业病诊断鉴定书。工伤认定申请表应当包括事故发生的时间、地点、原因以及职工伤害程度等基本情况。

(4)工伤认定申请的受理和决定。社会保险行政部门受理工伤认定申请后,根据审核需要可以对事故伤害进行调查核实,用人单位、职工、工会组织、医疗机构以及有关部门应当予以协助。职工或者其近亲属认为是工伤,用人单位不认为是工伤的,由用人单位承担举证责任。

社会保险行政部门应当自受理工伤认定申请之日起60日内作出工伤认定的决定,并书面通知申请工伤认定的职工或者其近亲属和该职工所在单位。

70. 工伤保险待遇有哪些?

按照《工伤保险条例》第五章的规定,职工因工作遭受事故伤害或者患职业病进行治疗,治疗期间所享受的工伤医疗待遇包括为以下几方面:

(1)工伤的治疗

职工治疗工伤应当在签订服务协议的医疗机构就医,情况紧急时可以先到就近的医疗机构急救。治疗工伤所需费用符合工伤保险诊疗项目目录、工伤保险药品目录、工伤保险住院服务标准的,从工伤保险基金支付。职工住院治疗工伤的伙食补助费,以及经医疗机构出具证明,报经办机构同意,工伤职工到统筹地区以外就医所需的交通、食宿费用从工伤保险基金支付。工伤职工到签订服务协议的医疗机构进行工伤康复的费用,符合规定的从工伤保险基金支付。工伤职工治疗非工伤引发的疾病,不享受工伤医疗待遇,按照基本医疗保险办法处理。

(2)工伤医疗的停工留薪期

职工因工作遭受事故伤害或者患职业病需要暂停工作接受工伤医疗的,在停工留薪期内,原工资福利待遇不变,由所在单位按月支付。停工留薪期一般不超过12个月。伤情严重或者情况特殊,经设区的市级劳动能力鉴定委员会确认,可以适当延长,但延长不得超过12个月。工伤职工评定伤残等级后,停发原待遇,按照有关规定享受伤残待遇。工伤职工在停工留薪期满后仍需治疗的,继续享受工伤医疗待遇。

(3)工伤职工的护理

生活不能自理的工伤职工在停工留薪期需要护理的,由所在单位负责。工伤职工已经评定伤残等级并经劳动能力鉴定委员会确认需要生活护理的,从工伤保险基金按月支付生活护理费。生活护理费按照生活完全不能自理、生活大部分不能自理或者生活部分不能自理3个不同等级支付,其标准分别为统筹地区上年度职工月平均工资的50%、40%或者30%。

(4)职工因工致残的待遇

职工因工致残被鉴定为一级至四级伤残的,保留劳动关系,退出工作岗位,从工伤保险基金按伤残等级支付一次性伤残补助金;从工伤保险基金按月支付伤残津贴,伤残津贴实际金额低于当地最低工资标准的,由工伤保险基金补足差额。工伤职工达到退休年龄并办理退休手续后,停发伤残津贴,按照国家有关规定享受基本养老保险待遇。基本养老保险待遇低于伤残津贴的,由工伤保险基金补足差额。

职工因工致残被鉴定为五级、六级伤残的,从工伤保险基金按伤残等级支付一次性伤残补助金;保留与用人单位的劳动关系,由用人单位安排适当工作,难以安排工作的由用人单位按月发给伤残津贴,并由用人单位按照规定为其缴纳应缴纳的各项社会保险费。经工伤职工本人提出,该职工可以与用人单位解除或者终止劳动关系,由工伤保险基金支付一次性工伤医疗补助金,由用人单位支付一次性伤残就业补助金。

职工因工致残被鉴定为七级至十级伤残的,从工伤保险基金按伤残等级支付一次性伤残补助金,劳动、聘用合同期满终止,或者职工本人提出解除劳动、聘用合同的,由工伤保险基金支付一次性工伤医疗补助金,由用人单位支付一次性伤残就业补助金。

(5)其他规定

职工因工外出期间发生事故或者在抢险救灾中下落不明的,从事故发生当月起3个月内照发工资,从第4个月起停发工资,由工伤保险基金向其供养亲属按月支付供养亲属抚恤金。生活有困难的,可以预支一次性工亡补助金的50%。

职工被派遣出境工作,依据前往国家或者地区的法律应当参加当地工伤保险的,参加当地工伤保险,其国内工伤保险关系中止;不能参加当地工伤保险的,其国内工伤保险关系不中止。

职工再次发生工伤,根据规定应当享受伤残津贴的,按照新认定的伤残等级享受伤残津贴待遇。

职工因工死亡,其近亲属按照规定从工伤保险基金领取丧葬补助金、供养亲属抚恤金和一次性工亡补助金。

71. 工伤发生的费用如何支付?

按照《社会保险法》第三十八条、第三十九条的规定,工伤发生费用的支付应当遵循以下几项规范:

(1)从工伤保险基金中支付的费用。因工伤发生的下列费用,按照国家规定从工伤保险基金中支付:①治疗工伤的医疗费用和康复费用;②住院伙食补助费;③到统筹地区以外就医的交通食宿费;④安装配置伤残辅助器具所需费用;⑤生活不能自理的,经劳动能力鉴定委员会确认的生活护理费;⑥一次性伤残补助金和一至四级伤残职工按月领取的伤残津贴;⑦终止或者解除劳动、聘用合同时,应当享受的一次性工伤医疗补助金;⑧因工死亡的,其近亲属领取的丧葬补助金、供养亲属抚恤金和一次性工亡补助金;⑨劳动能力鉴定费。

(2)由用人单位支付的费用。因工伤发生的下列费用,按照国家规定由用人单位支付:①治疗工伤期间的工资福利;②五级、六级伤残职工按月领取的伤残津贴;③终止或者解除劳动合同时,应当享受的一次性伤残就业补助金。如果用人单位拒绝支付,职工可通过劳动仲裁、诉讼等途径维权。

(3)先行支付的规定。职工所在用人单位未依法缴纳工伤保险费,发生工伤事故的,由用人单位支付工伤保险待遇。用人单位不支付的,从工伤保险基金中先行支付。从工伤保险基金中先行支付的工伤保险待遇应当由用人单位偿还。用人单位不偿还的,社会保险经办机构可以依照《社会保险法》第六十三条的规定追偿。

由于第三人的原因造成工伤,第三人不支付工伤医疗费用或者无法确定第三人的,由工伤保险基金先行支付。工伤保险基金先行支付后,有权向第三人追偿。

(4)停止享受工伤保险待遇的规定。工伤职工有下列情形之一的,停止享受工伤保险待遇:①丧失享受待遇条件的;②拒不接受劳动能力鉴定的;③拒绝治疗的。

72. 领取失业保险金应具备哪些条件?

《社会保险法》第四十五条、第四十六条、第五十一条的规定,失业人员符合下列条件的,从失业保险基金中领取失业保险金:(1)失业前用人单位和本人已经缴纳失业保险费满1年的;(2)非因本人意愿中断就业的;(3)已经进行失业登记,并有求职要求的。

失业人员失业前用人单位和本人累计缴费满1年不足5年的,领取失业保险金的期限长为12个月;累计缴费满5年不足10年的,领取失业保险金的期限最长为18个月;累计缴费10年以上的,领取失业保险金的期限最长为24个月。重新就业后,再次失业的,缴费时间重新计算,领取失业保险金的期限与前次失业应当领取而尚未领取的失业保险金的期限合并计算。最长不超过24个月。

失业人员在领取失业保险金期间有下列情形之一的,停止领取失业保险金。并同时停止享受其他失业保险待遇:(1)重新就业的;(2)应征服兵役的;(3)移居境外的;(4)享受基本养老保险待遇的;(5)无正当理由,拒不接受当地人民政府指定部门或者机构介绍的适当工作或者提供的培训的。

73. 哪些属于劳动争议的范围?

按照《劳动争议调解仲裁法》、《企业劳动争议处理条例》和《最高人民法院关于审理劳动争议案件适用法律若干问题的解释》的规定,劳动争议的范围主要包括:

(1)因确认劳动关系发生的争议;

(2)因订立、履行、变更、解除和终止劳动合同发生的争议;

(3)因除名、辞退职工和职工辞职、自动离职发生的争议;

(4)因工作时间、休息休假、工资、社会保险、福利、培训以及劳动保护发生的争议;

(5)因劳动报酬、工伤医疗费、经济补偿或者赔偿金等发生的争议;

(6)劳动者退休后,与尚未参加社会保险统筹的原用人单位因追索养老金、医疗费、工伤保险待遇和其他社会保险而发生的争议;

(7)法律、法规规定的其他劳动争议。

74. 劳动争议有哪些解决方式？

按照《劳动法》规定，用人单位与劳动者发生劳动争议，当事人可以依法申请调解、仲裁、提起诉讼，也可以协商解决。调解原则适用于仲裁和诉讼程序。

(1)调解。劳动争议发生后，当事人可以向本单位劳动争议调解委员会申请调解。在用人单位内，可以设立劳动争议调解委员会。劳动争议调解委员会由职工代表、用人单位代表和工会代表组成。劳动争议调解委员会主任由工会代表担任。劳动争议经调解达成协议的，当事人应当履行。

(2)仲裁。对于调解不成，当事人一方要求仲裁的，可以向劳动争议仲裁委员会申请仲裁。当事人一方也可以直接向劳动争议仲裁委员会申请仲裁。劳动争议仲裁委员会由劳动行政部门代表、同级工会代表、用人单位方面的代表组成。劳动争议仲裁委员会主任由劳动行政部门代表担任。提出仲裁要求的一方应当自劳动争议发生之日起60日内向劳动争议仲裁委员会提出书面申请。仲裁裁决一般应在收到仲裁申请的60日内作出。对仲裁裁决无异议的，当事人必须履行。

(3)诉讼。劳动争议当事人对仲裁裁决不服的，可以自收到仲裁裁决书之日起15日内向人民法院提起诉讼。一方当事人在法定期限内不起诉又不履行仲裁裁决的，另一方当事人可以申请人民法院强制执行。

≫法条链接≫

《劳动法》第七十七条：用人单位与劳动者发生劳动争议，当事人可以依法申请调解、仲裁、提起诉讼，也可以协商解决。

调解原则适用于仲裁和诉讼程序。

《劳动法》第七十八条：解决劳动争议，应当根据合法、公正、及时处理的原则，依法维护劳动争议当事人的合法权益。

环境保护法律制度

75. 环境保护法有哪些基本原则?

环境保护法的基本原则是指为环保法所遵循、确认和体现并贯穿于整个环保法之中,具有普遍指导意义的环境保护基本方针、政策,是对环境保护实行法律调整的基本准则,是环保法本质的集中体现。环保法的基本原则有:

(1)环境保护与社会经济协调发展的原则。该原则是指正确处理环境、社会、经济发展之间的相互依存、相互促进、相互制约的关系,在发展中保护,在保护中发展,坚持经济建设、城乡建设、环境建设同步规划、同步实施、同步发展,实现经济、社会、环境效益的统一。

(2)预防为主、防治结合、综合治理的原则。该原则是指预先采取防范措施,防止环境问题及环境损害的发生;在预防为主的同时,对已经形成的环境污染和破坏进行积极治理;用较小的投入取得较大的效益而采取多种方式、多种途径相结合的办法,对环境污染和破坏进行整治,以提高治理效果。如合理规划、调整工业布局、加强企业管理、开发综合利用等。

(3)污染者治理、开发者保护的原则。该原则也称"谁污染谁治理,谁开发谁保护"的原则,是明确规定污染和破坏环境与资源者承担其治理和保护义务及其责任的根本准则。

(4)政府对环境质量负责的原则。地方各级人民政府对本辖区环境质量负有最高的行政管理职责,有责任采取有效措施,改善环境质量,以保障公民人身权利及国家、集体和个人的财产不受环境污染和破坏的损害。

(5)依靠群众保护环境的原则。该原则也称环境保护的民主原则,是指人民群众都有权利和义务参与环境保护和环境管理,进行群众性环境监督的原则。

76. 什么是排污申报登记制度，排污申报的内容是什么？

排污申报登记制度是指向环境排放污染物的企业、事业单位或个人，依法向所在地的环境保护行政主管部门申报登记拥有的污染物排放设施、处理设施和在正常作业条件下排放污染物的种类、数量和浓度，并提供防治污染的有关技术资料，以及在排放污染物有重大改变时及时申报的制度。实施排污申报登记制度的目的是使环境保护行政主管部门及时准确地掌握有关污染物排放和污染防治情况的准确信息，为进行其他方面的环境管理提供依据。

排污申报是以本年度污染物实际情况和下一年度生产计划所需排放污染的情况为依据，申报下一年度正常作业条件下的排放污染物的种类、数量、浓度等情况，并提供与污染物排放有关的资料。排污申报的主要内容是：排污者基本情况、主要产品产量及主要原辅材料年耗量、主要产品生产装置按设计能力的排污量、能源消耗、"三废"综合利用情况；用水情况、排污许可证允许排污量、废水及污染物年排放情况、废水处理设施状况、废气及其污染物年排放情况、工业废气、生产性粉尘排放情况。炉、窑、灶污染物排放情况、废气除尘、脱硫及净化装置情况；边界噪声超标情况；固体废物产生及去向情况、固体废物综合利用或处理设施情况、固体废物产生及处置排放情况；污染物治理情况、生产工艺等内容。

排污单位和个体工商户在每年 12 月 15 日前进行排污申报；新、扩、改建项目，应当在项目试生产前 3 个月内进行排污申报；建筑施工过程中使用机械设备，可能产生环境噪声污染的施工单位，应当在工程开工前 15 日内进行排污申报。

变更排污申报时间要求：排污者排放污染物种类、数量、浓度、排污去向、排放地点、排放方式、噪声源种类、数量和噪声强度、噪声污染防治设施或固体废物的贮存、利用或处理场所等需作重大改变或者已发生紧急重大改变的，排污者必须分别在变更前 15 日内或改变后 3 日内履行变更申报手续。

排污申报的具体形式是排污者通过填报《全国排放污染物申报登记报表》(试行)、《第三产业排污申报登记简表》(试行)、《畜禽养殖场排污申报登记简表》(试行)、《建筑施工场所排污申报登记简表》(试行)、《排污变更申报登记表》(试行)等方式进行。

≫ **法条链接** ≫

《环境保护法》第二十七条：排放污染物的企业事业单位，必须依照国务院环境保护行政主管部门的规定申报登记。

《环境保护法》第二十八条：排放污染物超过国家或者地方规定的污染物排放标准的企业事业单位，依照国家规定缴纳超标准排污费，并负责治理。水污染防治法另有规定的，依照水污染防治法的规定执行。

征收的超标准排污费必须用于污染的防治，不得挪作他用，具体使用办法由国务院规定。

77. 建筑施工中的环境噪声污染是否应进行排污申报登记？

按照《环境噪声污染防治法》第二十九条规定，在城市市区范围内，建筑施工过程中使用机械设备，可能产生环境噪声污染的，施工单位必须在开工前十五日内向工程所在地县级以上地方人民政府环境保护行政主管部门申报该工程的项目名称、施工场所和期限、可能产生的环境噪声值以及采取的环境噪声污染防治措施的情况。

《排放污染物申报登记管理规定》第四条规定，排污单位必须按所在地环境保护行政主管部门指定的时间，填报《排污申报登记表》，并按要求提供必要的资料。

建筑施工单位未在开工之前15日内向工程所在地环境保护行政主管部门履行环境噪声申报义务的，环境保护行政主管部门可视为拒报，并依据《环境噪声污染防治法》第四十九条的规定给予处罚。

>> **法条链接** >>

《环境噪声污染防治法》第四十九条：违反本法规定，拒报或者谎报规定的环境噪声排放申报事项的，县级以上地方人民政府环境保护行政主管部门可以根据不同情节，给予警告或者处以罚款。

78. 《建设项目环境保护管理条例》适用范围有哪些？

按照《环境保护法》和《建设项目环境保护管理条例》的规定，在中华人民共和国领域和中华人民共和国管辖的其他海域内从事对环境有影响的一切基本建设项目和技术改造项目以及区域开发建设项目，包括乡镇、街道、个体生产经营者的建设项目，都必须执行环境影响报告书(表)的审批制度和防治污染及其他公害的措施与主体工程同时设计、同时施工、同时投产使用的"三同时"制度。据此，一切对环境有影响的建设项目，不论其投资规模和是否有土建，也不论其所有制性质，均应遵守《建设项目环境保护管理条例》的规定。

≫**法条链接**≫

《环境保护法》第十三条：建设污染环境项目，必须遵守国家有关建设项目环境保护管理的规定。

建设项目的环境影响报告书，必须对建设项目产生的污染和对环境的影响作出评价，规定防治措施，经项目主管部门预审并依照规定的程序报环境保护行政主管部门批准。环境影响报告书经批准后，计划部门方可批准建设项目设计书。

79. 什么是环境影响评价制度，环境影响评价分为哪几类？

所谓"环境影响评价"，是指对规划和建设项目实施后可能造成的环境影响进行分析、预测和评估，提出预防或者减轻不良环境影响的对策和措施，进行跟踪监测的方法和制度。

根据《环境影响评价法》的规定，我国根据建设项目对环境的影响程度，对建设项目的环境影响评价实行分类管理，建设单位应当依法组织编制相应的环境影响评价文件：

(1)可能造成重大环境影响的，应当编制环境影响报告书，对产生的环境影响进行全面评价。其中，根据《环境影响评价法》的规定，建设项目的环境影响报告书应当包括下列内容：①建设项目概况；②建设项目周围环境现状；③建设项目对环境可能造成影响的分析、预测和评估；④建设项目环境保护措施及其技术、经济论证；⑤建设项目对环境影响的经济损益分析；⑥对建设项目环境监测的建议；⑦环境影响评价的结论。

涉及水土保持的建设项目，还必须经由水行政主管部门审查同意的水土保持方案。

(2)可能造成轻度环境影响的，应当编制环境影响报告表，对产生的环境影响进行分析或者专项评价。

(3)对环境影响很小、不需要进行环境影响评价的，应当填报环境影响登记表。

≫**法条链接**≫

《环境影响评价法》第二条规定：环境影响评价是指对规划和建设项目实施后可能造成的环境影响进行分析、预测和评估，提出预防或者减轻不良环境影响的对策和措施，进行跟踪监测的方法和制度。

80. 什么是"三同时"制度?

"三同时"制度是建设项目环境管理的一项基本制度,是我国以预防为主的环保政策的重要体现。即建设项目中环境保护设施必须与主体工程同步设计、同时施工、同时投产使用。"三同时"制度的适用范围包括:新建、改建、扩建项目、技术改造项目、可能对环境造成污染和破坏的工程项目。

1973年国务院下发的《关于保护和改善环境的若干规定》中首次正式提出:一切新建、扩建和改建的企业必须执行"三同时"制度;1976年中共中央批转的《关于加强环境保护工作的报告》中重申了这项制度;1979年的《环境保护法(试行)》、1989年的《环境保护法》、2002年的《环境影响评价法》以及其他单项环保法律及国务院《建设项目环境保护条例》均规定了建设项目必须执行"三同时"制度。

≫法条链接≫

《环境影响评价法》第二十六条:建设项目建设过程中,建设单位应当同时实施环境影响报告书、环境影响报告表以及环境影响评价文件审批部门审批意见中提出的环境保护对策措施。

81. 建筑施工在夜间需连续作业应符合什么要求?

建筑施工中所说的夜间施工是指22时至次日6时期间的施工。根据《环境噪声污染防治法》第三十条的规定,在城市市区噪声敏感建筑物集中区域内,禁止夜间进行产生环境噪声污染的建筑施工作业,但抢修、抢险作业和因生产工艺要求或者特殊需要必须连续作业的除外。因特殊需要必须连续作业的,必须有县级以上人民政府或者有关主管部门的证明。

在是否必须连续作业的认定上,建筑施工作业是否属于必须夜间连续作业,应由施工单位提出,报环保部门认定。建筑施工是否属于必须夜间连续作业的特殊需要,以县级以上人民政府或者有关主管部门出具的证明作为判断依据。有权出具因特殊需要必须连续作业证明的有关主管部门,是指县级以上人民政府明确授权的主管部门。

≫案例分析≫

案情回放:2005年4月19日夜23时,某市环境保护行政主管部门接到居民投诉,称某项目工地有夜间施工噪声扰民情况。执法人员立刻赶赴施工现场,并在施工场界进行了噪声测量。经现场勘查:施工噪声源主要是商品混凝土运输车、混凝土输送泵和施工电梯等设备的施工作业噪声,施工场界噪声经测试为 72.4 分贝。通过调查,执法人员核实了此次夜间施工作业既不属于抢修、抢险作业,也不属于因生产工艺要求必须进行的连续作业,并无有关主管部门出具的因特殊需要必须连续作业的证明。

问题:施工单位的夜间施工作业行为是否合法?

法理分析:在本案中,施工单位的夜间施工作业行为构成了环境噪声污染违法行为。《环境噪声污染防治法》第三十条规定:"在城市市区噪声敏感建筑物集中区域内,禁止夜间进行产生环境噪声污染的建筑施工作业。但抢修、抢险作业和因生产工艺上要求或者特殊需要必须连续作业的除外。因特殊需要必须连续作业的,必须有县级以上人民政府或者其有关主管部门的证明。以上规定的夜间作业,必须公告附近居民。"经执法人员核实,该施工单位夜间作业既不属于抢修、抢险作业,也不属于因生产工艺上要求必须进行的连续作业,并没有有关主管部门出具的因特殊需要必须连续作业的证明。

82. 排污单位法定的环境保护义务有哪些?

按照《环境保护法》第二十四条至第三十一条的规定,排污单位保护环境的义务归纳起来主要有以下几条:

(1)执行环境管理制度的义务;
(2)采用清洁生产工艺的义务;
(3)治理污染的义务;
(4)禁止引进不符合环保规定要求的技术和设备;
(5)不得转移、转嫁污染源;
(6)执行环保技术政策的义务;
(7)赔偿污染造成的损害的义务。

83. 哪些行为可以认定为"不正常使用"污染物处理设施?

根据 2003 年国家环保总局《关于"不正常使用"污染物处理设施违法认定和处罚的意见》,排污单位有下列行为之一的,环境保护行政主管部门可以认定为"不正常使用"污染物处理设施,并给予行政处罚:

(1)将部分或全部污水或者其他污染物不经过处理设施,直接排入环境;

(2)通过埋设暗管或者其他隐蔽排放的方式,将污水或者其他污染物不经过处理而排入环境;

(3)非紧急情况下开启污染物处理设施的应急排放阀门,将部分或全部污水或者其他污染物直接排入环境;

(4)将未经处理的污水或者其他污染物从污染物处理设施的中间工序引出直接排入环境;

(5)将部分污染物处理设施短期或者长期停止运行;

(6)违反操作规程使用污染物处理设施,致使处理设施不能正常发挥处理作用;

(7)污染物处理设施发生故障后,排污单位不及时或者不按规程进行检查和维修,致使处理设施不能正常发挥处理作用;

(8)违反污染物处理设施正常运行所需的条件,致使处理设施不能正常运行的其他情形。

排污单位明知上述行为可能导致污染物处理设施不能正常发挥处理作用的结果,并且希望或者放任该结果的发生的,环境保护行政主管部门对该行为可以认定为"故意"不正常使用污染物处理设施。

84. 污染防治设施方面的违法行为有哪些?

根据《环境保护法》第二十六条、第三十六条、第三十七条以及其他相关法律、法规的规定,污染防治设施方面的违法行为可分为八种:

(1)限期完善的污染防治设施,逾期未完成且排放污染物没有达到要求;

(2)设施处理量低于应处理量的;

(3)拒报或谎报处理设施情况的;

(4)处理产生的二次污染物未妥善处置的;

(5)擅自拆除或闲置处理设施,污染物排放超标的;

(6)拒绝环境保护部门现场检查或弄虚作假的;

(7)设施停运,造成污染和危害,且在24小时内未报当地环境保护行政主管部门的;

(8)不按规定使用污染防治设施的。

85. 施工现场环境保护制度的具体内容是什么？

施工现场大气污染的防治，重点是防治扬尘污染。对于扬尘控制，按照建设部《绿色施工导则》中规定，具体内容如下：

(1)运送土方、垃圾、设备及建筑材料等，不污损场外道路。运输容易散落、飞扬、流漏的物料的车辆，必须采取措施封闭严密，保证车辆清洁。施工现场出口应设置洗车槽。

(2)土方作业阶段，采取洒水、覆盖等措施，达到作业区目测扬尘高度小于1.5米，不扩散到场区外。

(3)结构施工、安装装饰装修阶段，作业区目测扬尘高度小于0.5米。对易产生扬尘的堆放材料应采取覆盖措施；对粉末状材料应封闭存放；场区内可能引起扬尘的材料及建筑垃圾搬运应有降尘措施，如覆盖、洒水等；浇筑混凝土前清理灰尘和垃圾时尽量使用吸尘器，避免使用吹风器等易产生扬尘的设备；机械剔凿作业时可用局部遮挡、掩盖、水淋等防护措施；高层或多层建筑清理垃圾应搭设封闭性临时专用道或采用容器吊运。

(4)施工现场非作业区达到目测无扬尘的要求。对现场易飞扬物质采取有效措施，如洒水、地面硬化、围挡、密网覆盖、封闭等，防止扬尘产生。

(5)构筑物机械拆除前，做好扬尘控制计划。可采取清理积尘、拆除体洒水、设置隔挡措施。

(6)构筑物爆破拆除前，做好扬尘控制计划。可采用清理积尘、淋湿地面、预湿墙体、屋面敷水袋、楼面蓄水、建筑外设高压喷雾状水系统、搭设防尘排栅和直升机投水弹等综合降尘。选择风力小的天气进行爆破作业。

(7)在场界四周隔挡高度位置测得的大气总悬浮颗粒物(TSP)月平均浓度与城市背景值的差值不大于0.08毫克/立方米。

86. 水污染防治应当遵循哪些原则？

按照《水污染防治法》的规定，水污染防治的原则有以下两项：

(1)预防为主、防治结合、综合治理的原则：①预防为主的原则是指将预防放在防治水污染的主要和优先位置，采取各种预防措施，防止水污染的发生。预防为主是由环境污染的一系列特点决定的；②防治结合的原则是指预防与治理相结合，既要对污染采取事先预防措施，也要对产生的污染积极予以治理；③水污染防治必须进行综合治理，包括综合运用法律、经济、技术和必要的行政手段；④

建立严格的水污染防治法律制度，包括水污染防治规划制度、建设项目环境影响评价和"三同时"制度、重点水污染物排放总量控制制度和水污染物排污许可制度、水污染物排放申报制度、水环境质量和水污染物排放监测制度、城镇污水集中处理以及饮用水水源保护等法律制度。

（2）水污染防治还应当遵循优先保护饮用水水源，严格控制工业污染、城镇生活污染，防治农业面源污染，积极推进生态治理工程建设的原则。包括：①优先保护饮用水水源；②严格控制工业污染、城镇生活污染；③防治农业面源污染；④积极推进生态治理工程建设。

≫ **法条链接** ≫

《水污染防治法》第三条：水污染防治应当坚持预防为主、防治结合、综合治理的原则，优先保护饮用水水源，严格控制工业污染、城镇生活污染，防治农业面源污染，积极推进生态治理工程建设，预防、控制和减少水环境污染和生态破坏。

87. 什么是排污许可制度？

排污许可制度是指以污染物排放总量控制为基础，由政府主管部门对企业排污的种类、数量、性质、去向、方式等实行审查许可的制度。排污单位持有排污许可证方有权排污，同时必须按照许可证规定的范围和要求排污。排污许可制度是国家为加强环境资源管理而采用的一种行政管理制度。实施排污许可制度有利于落实污染物排放总量控制制度，加强污染物排放监管；有利于提高环境管理水平，增强环境执法透明度，推进环境保护的科学化管理。

按照《水污染防治法》的规定，直接或者间接向水体排放工业废水和医疗污水以及其他按照规定应当取得排污许可证方可排放的废水、污水的企业事业单位，应当取得排污许可证；城镇污水集中处理设施的运营单位，也应当取得排污许可证。禁止企业事业单位无排污许可证或者违反排污许可证的规定向水体排放废水、污水。

≫ **法条链接** ≫

《水污染防治法》第二十条：国家实行排污许可制度。

直接或者间接向水体排放工业废水和医疗污水以及其他按照规定应当取得排污许可证方可排放的废水、污水的企业事业单位，应当取得排污许可证；城镇污水集中处理设施的运营单位，也应当取得排污许可证。排污许可的具体办法和实施步骤由国务院规定。

禁止企业事业单位无排污许可证或者违反排污许可证的规定向水体排放前款规定的废水、污水。

88. 设置排污口应遵守哪些法律规定?

向水体排放污染物,必须合理设置排污口,否则会对用水安全等造成严重影响。为此,按照相关环境法律规定,向水体排放污染物的企业事业单位和个体工商户,应当按照法律、行政法规和国务院环境保护主管部门的规定设置排污口。具体内容概括如下:

(1)建设单位在江河、湖泊新建、改建、扩建排污口的,应当取得水行政主管部门或者流域管理机构同意;涉及通航、渔业水域的,环境保护主管部门在审批环境影响评价文件时,应当征求交通、渔业主管部门的意见。

(2)在饮用水水源保护区内,禁止设置排污口。

《水污染防治法》第六十五条规定,在风景名胜区水体、重要渔业水体和其他具有特殊经济文化价值的水体的保护区内,不得新建排污口。在保护区附近新建排污口,应当保证保护区水体不受污染。

(3)禁止在饮用水水源保护区内设置排污口。国务院颁布的《水污染防治法实施细则》规定,总量控制实施方案确定的削减污染物排放量的单位,必须按照国务院环境保护部门的规定设置排污口,并安装总量控制的监测设备。

(4)在江河、湖泊新建、改建或者扩大排污口,应当经过有管辖权的水行政主管部门或者流域管理机构同意,由环境保护行政主管部门负责对该建设项目的环境影响报告书进行审批。

(5)向河道、湖泊排污的排污口的设置和扩大,排污单位在向环境保护部门申报之前,应当征得河道主管机关的同意。

≫**法条链接**≫

《水污染防治法》第二十二条:向水体排放污染物的企业事业单位和个体工商户,应当按照法律、行政法规和国务院环境保护主管部门的规定设置排污口;在江河、湖泊设置排污口的,还应当遵守国务院水行政主管部门的规定。

禁止私设暗管或者采取其他规避监管的方式排放水污染物。

89. 企业事业单位和个体工商户可以直接向水体排放污染物吗?

可以,但需要缴纳排污费。所谓"排污费",是指直接向环境排放污染物的单位和个体工商户应当按规定缴纳排污费。排污费包括污水排污费、废气排污费、固体废物及危险废物排污费以及噪声超标排污费等种类。

直接向水体排放污染物的企业事业单位和个体工商户,缴纳排污费的多少取决于其水污染物排放的种类和数量的多少。不同的污染物类型,适用不同的收费标准:污染物排放种类多的,数量大的,缴纳排污费就多。如果排放水污染物超过国家或者地方规定的水污染物排放标准和重点水污染物排放总量控制指标的,还要依法规受到处罚。

排污费应当用于污染的防治,不得挪作他用。根据国务院《排污费征收使用管理条例》的规定,排污费必须纳入财政预算,列入环境保护专项资金进行管理,主要用于下列项目的拨款补助或者贷款贴息:(1)重点污染源防治;(2)区域性污染防治;(3)污染防治新技术、新工艺的开发、示范和应用;(4)国务院规定的其他污染防治项目。

> ≫法条链接≫
>
> 《水污染防治法》第二十四条:直接向水体排放污染物的企业事业单位和个体工商户,应当按照排放水污染物的种类、数量和排污费征收标准缴纳排污费。
>
> 排污费应当用于污染的防治,不得挪作他用。

90. 法律禁止向水体排放哪些废液?

由于向水体排放油类、酸液、碱液或者剧毒废液会导致水体环境的破坏,对水体中的生物和人体产生危害,因此,《水污染防治法》明确禁止向水体排放油类、酸液、碱液或者剧毒废液。对废弃的油类、酸液、碱液或者剧毒废液应当按照有关法律、法规的规定、标准或规程进行无害化处置。

除禁止向水体排放油类、酸液、碱液或者剧毒废液外,对装贮过油类或有毒污染物的车辆和容器,也不得在水体中清洗。装贮过油类或有毒污染物的车辆和容器,因油类或有毒污染物会附着在车辆和容器上,在水体中清洗会导致油类或有毒污染物直接排入水体,破坏水体环境,对水体中的生物和人体产生危害,所以,《水污染防治法》严禁装贮过油类或者有毒污染物的车辆和容器在水体中清洗。

≫**法条链接**≫

《水污染防治法》第二十九条：禁止向水体排放油类、酸液、碱液或者剧毒废液。禁止在水体清洗装贮过油类或者有毒污染物的车辆和容器。

91. 能否向水体排放放射性固体废物和放射性废水？

放射性固体废物是指含有放射性核素或者被放射性核素污染，其浓度大于或者比活度大于国家确定的清洁解控水平，预期不再使用的固体废物。因放射性固体废物中的放射性物质在水中容易被溶解或加速释出，从而污染水体，危害水生生物和人体健康。因此，《水污染防治法》规定，无论是高、中水平放射性固体废物，还是低水平放射性固体废物，均应按照《放射性污染防治法》和相关法规的规定实行处置，严禁向水体中倾倒。

≫**法条链接**≫

《水污染防治法》第三十条：禁止向水体排放、倾倒放射性固体废物或者含有高放射性和中放射性物质的废水。

向水体排放含低放射性物质的废水，应当符合国家有关放射性污染防治的规定和标准。

92. 能否向水体排放含热废水？

可以，但应当受到一定的限制。所谓"含热废水"，是指火力发电厂、核电站、有色金属冶炼、石油化工等工业排放的高温冷却水、冲灰水等，引起受纳水体水温升高的废水。向水体排放未经处理的含热废水，会造成排放地点周围水域的水温升高，破坏该水域的原有生态环境，影响水域内水生生物的生长，甚至造成水生生物的死亡。如果排放的地点是鱼虾类的产卵场、索饵场、越冬场、洄游通道或者鱼虾贝藻类的养殖场等对水温较为敏感的渔业水域，还会给渔业养殖造成较大的经济损失。

因此，《水污染防治法》规定，向水体排放含热废水必须采取相关的措施，如采取废水循环利用、搁置降温等措施后，方可向水体排放。同时，向水体排放含热废水，还应保证排放后受纳水体的水温符合水环境质量标准。

≫**法条链接**≫

《水污染防治法》第三十一条：向水体排放含热废水，应当采取措施，保证水体的水温符合水环境质量标准。

93. 能否向水体排放含病原体的污水？

可以，但是应当经过消毒处理并达到国家规定的标准方可排放。"病原体"是指传染病原体，包括致病菌、病虫卵和病毒。一般来说，排放含病原体污水的通常是从事疾病诊断治疗活动的医院、卫生院、疗养院、门诊部、卫生急救站等医疗机构或从事病理研究的病理实验室、解剖室等研究机构。这些机构产生的含病原体的污水，如不经处理就排放，易导致传染病的快速扩散，危害人体健康。为此，法律规定，含病原体的污水必须经过消毒处理，符合国家有关标准后方可排放。

94. 能否向水体排放、倾倒工业废渣、城镇垃圾和其他废弃物？

为防止工业废渣、城镇垃圾等固体废弃物中的有毒有害物质污染水体，《水污染防治法》规定，禁止向水体排放、倾倒工业废渣、城镇垃圾和其他废弃物。对于工业废渣、城镇垃圾等固体废弃物的处置，有关法律、法规已有相关规定，如《固体废物污染环境防治法》规定，企业事业单位应当根据经济、技术条件对其产生的工业固体废物加以利用；对暂时不能加以利用的，必须按照国务院环境保护行政主管部门的规定，建设贮存设施、场所，安全分类存放，或者采取无害化处置措施；对城市生活垃圾应当按照环境卫生行政主管部门的规定，在指定的地点放置，不得随意倾倒、抛洒或堆放；清扫、收集、运输、处置城市生活垃圾，应当遵守国家有关环境保护和环境卫生管理的规定，防止污染环境等。工业废渣、城镇垃圾和其他废弃物必须严格按照有关法律、法规和标准的规定进行处置，禁止向水体排放。

>> **法条链接** >>

《水污染防治法》第三十一条：禁止向水体排放、倾倒工业废渣、城镇垃圾和其他废弃物。

95. 法律禁止在哪些区域堆放、存贮固体废弃物和其他污染物？

为了与《防洪法》的有关规定相衔接，《水污染防治法》规定，禁止在江河、湖泊、运河、渠道、水库最高水位线以下的滩地和岸坡堆放、存贮固体废弃物和其他污染物。

禁止在江河、湖泊、运河、渠道、水库最高水位线以下的滩地和岸坡堆放、存贮固体废弃物和其他污染物，其原因在于：在汛期或雨季水位线上升后，一是可能将这些堆放、存贮在最高水位线以下的固体废弃物和其他污染物冲入江河、湖泊、运河、渠道、水库中,污染水体,破坏原有水域的环境和生态功能,危害人体健康;二是会对河道行洪造成阻碍,危害堤防安全。

≫**法条链接**≫

《防洪法》第二十二条:禁止在河道、湖泊管理范围内建设妨碍行洪的建筑物、构筑物,倾倒垃圾、渣土,从事影响河势稳定、危害河岸堤防安全和其他妨碍河道行洪的活动。

《水污染防治法》第三十四条:禁止在江河、湖泊、运河、渠道、水库最高水位线以下的滩地和岸坡堆放、存贮固体废弃物和其他污染物。

96. 开采地下水时应如何保护水质?

由于地下水水质的好坏,与城乡居民的生活、生产息息相关。因此,法律规定在开采地下水的同时,应注重对地下水水质的保护。

依照《水污染防治法》规定,多层地下水的含水层水质差异大的,应当分层开采。所谓"多层地下水",是指处于不同地质层中的地下水。按照《地下水质量标准》的规定,地下水质量划分为五类:Ⅰ类和Ⅱ类地下水,水质优良,可适用于各种用途;Ⅲ类主要适用于集中式生活饮用水水源及工业、农业用水;Ⅳ类以农业和工业用水要求为依据,除适用于农业和部分工业用水外,适当处理后可作生活饮用水;Ⅴ类,不宜饮用,其他用水可根据使用目的选用。多层地下水的含水层水质差异大的,如某一地质层中的地下水水质是可作为生活饮用水的Ⅲ类水质,而另一地质层中的地下水水质为不适宜饮用的Ⅳ类水质的,则应当分层进行开采,不得混合开采,防止水质较差的地下水污染水质较好的地下水。

≫**法条链接**≫

《水污染防治法》第三十七条:多层地下水的含水层水质差异大的,应当分层开采;对已受污染的潜水和承压水,不得混合开采。

97. 《水污染防治法》对农业和农村污染防治有哪些规定?

按照《水污染防治法》第四十九条至第五十一条的规定,对农业和农村水污染防治主要体现在:

(1)国家支持畜禽养殖场、养殖小区建设畜禽粪便、废水的综合利用或者无害化处理设施。畜禽养殖场、养殖小区应当保证其畜禽粪便、废水的综合利用或者无害化处理设施正常运转,保证污水达标排放,防止污染水环境。

(2)从事水产养殖应当保护水域生态环境,科学确定养殖密度,合理投饵和使用药物,防止污染水环境。

(3)向农田灌溉渠道排放工业废水和城镇污水,应当保证其下游最近的灌溉取水点的水质符合农田灌溉水质标准。

利用工业废水和城镇污水进行灌溉,应当防止污染土壤、地下水和农产品。

98. 法律对城镇污水处理方式是如何规定的?

按照《水污染防治法》第四十四条的规定,城镇污水应当集中处理。为保证做到这一点,法律同时规定了具体的保障措施,内容如下:

(1)县级以上地方人民政府应当通过财政预算和其他渠道筹集资金,统筹安排建设城镇污水集中处理设施及配套管网,提高本行政区域城镇污水的收集率和处理率。

(2)国务院建设主管部门应当会同国务院经济综合宏观调控、环境保护主管部门,根据城乡规划和水污染防治规划,组织编制全国城镇污水处理设施建设规划。县级以上地方人民政府组织建设、经济综合宏观调控、环境保护、水行政等部门编制本行政区域的城镇污水处理设施建设规划。县级以上地方人民政府建设主管部门应当按照城镇污水处理设施建设规划,组织建设城镇污水集中处理设施及配套管网,并加强对城镇污水集中处理设施运营的监督管理。

(3)城镇污水集中处理设施的运营单位按照国家规定向排污者提供污水处理的有偿服务,收取污水处理费用,保证污水集中处理设施的正常运行。向城镇污水集中处理设施排放污水、缴纳污水处理费用的,不再缴纳排污费。收取的污水处理费用应当用于城镇污水集中处理设施的建设和运行,不得挪作他用。

(4)城镇污水集中处理设施的污水处理收费、管理以及使用的具体办法,由国务院规定。

99. 对于防止农药对水体造成污染,法律是如何规定的?

为了防止农药对水体造成污染,《水污染防治法》规定,使用农药,应当符合国家有关农药安全使用的规定和标准。同时,运输、存贮农药和处置过期失效农药,也应当防止造成水污染。对此,国务院专门制定了《农药管理条例》,对农药的使用、管理等问题作出了具体规定。根据规定,使用农药应当符合下列规定和标准：

(1)防治农作物的病、虫、草害,应切实执行"预防为主,综合防治"的方针,积极采用各种有效的非化学防治手段,尽量减少农药的使用次数和用量。

(2)使用农药应当遵守农药防毒规程,正确配药、施药,做好废弃物处理和安全防护工作,防止农药污染环境和农药中毒事故。

(3)使用农药应当遵守国家有关农药安全、合理使用的规定,按照规定的用药量、用药次数、用药方法和安全间隔期施药,防止污染农副产品。

(4)使用农药要切实做到安全合理,充分发挥农药的有益效能,减少其副作用,达到经济、安全、有效的目的。

(5)剧毒、高毒农药不得用于防治卫生害虫,不得用于蔬菜、瓜果、茶叶和中草药材。

(6)各地应根据本地区农业病、虫、草、鼠害发生情况,制定农药轮换使用规划,有计划地轮换使用农药,减缓病、虫、草、鼠的抗药性,提高防治效果。

(7)施过农药的水田,要加强管理,防止农田水流散污染水源。

(8)农药使用后,施药器械不准在天然水域中清洗,防止污染水源。清洗器械的污水不能随便泼洒,应选择安全地点妥善处理,盛装过农药的器具,严禁用于盛放农产品和其他食品。

>>法条链接>>

《水污染防治法》第四十七条：使用农药,应当符合国家有关农药安全使用的规定和标准。运输、存贮农药和处置过期失效农药,应当加强管理,防止造成水污染。

100. 为什么要防止畜禽养殖场、养殖小区污染水环境？

随着农村畜牧业的规模发展,对于畜禽养殖场、养殖小区产生的畜禽粪便、废水含有大量的水分和有机物以及含有较多的致病菌和寄生虫卵,如果处理不善,不仅会污染水体、土壤和大气,还会传播疾病,危害人体健康。据有关资料显示,畜禽粪便中化学耗氧量的排放量已经超过我国工业废水和生活污水的排放量之和。目前我国多数畜禽养殖场的粪便处理利用水平很低,不少是直接堆放或排放,严重污染地表水和地下水,畜禽粪便的大量排放已经对部分地区的环境造成了严重影响。在一些地区,畜禽粪便对水体的污染甚至已经超过了工业污染源。因此,《水污染防治法》规定了支持建设畜禽粪便、废水综合利用或无害化处理设施，防治污染水环境。

畜禽养殖场、养殖小区不仅要建设畜禽粪便、废水的综合利用或无害化处理设施，还应当保持正常运转，保证排出的污水符合有关排放标准，这样才能达到保护环境的目的。对此，国家环保主管部门颁布的《畜禽养殖污染防治管理办法》、《畜禽养殖业污染物排放标准》、《畜禽养殖业污染防治技术规范》等，对防止畜禽粪便、废水污染环境作出了具体规定。

≫**法条链接**≫

《水污染防治法》第四十九条：国家支持畜禽养殖场、养殖小区建设畜禽粪便、废水的综合利用或者无害化处理设施。

畜禽养殖场、养殖小区应当保证其畜禽粪便、废水的综合利用或者无害化处理设施正常运转，保证污水达标排放，防止污染水环境。

101. 什么是饮用水水源保护区，法律对其是如何规定的？

饮用水水源保护区是指国家为防止饮用水水源地污染、保证水源地环境质量而划定，并要求加以特殊保护的一定面积的水域和陆域。根据《水污染防治法》的规定，饮用水水源保护区分为一级和二级保护区，必要时还可以在饮用水水源保护区外围划定一定的区域作为准保护区。不同级别的饮用水水源保护区，应采取不同的保护管理措施。在一级保护区内禁止从事网箱养殖、旅游、游泳、垂钓或者其他可能污染饮用水水体的活动；在二级保护区内从事网箱养殖、旅游等活动的，应当按规定采取措施，防止污染水体；在准保护区内禁止新建、扩建对水体污染严重的建设项目，改建项目的，不得增加排污量等。

≫**法条链接**≫

《水污染防治法》第五十六条：国家建立饮用水水源保护区制度。饮用水水源保护区分为一级保护区和二级保护区；必要时，可以在饮用水水源保护区外围划定一定的区域作为准保护区。

102. 法律对在饮用水水源保护区内设置排污口是如何规定的？

由于对饮用水水源保护区的保护事关城乡居民的身体健康。因此，《水污染防治法》规定，在饮用水水源保护区内禁止设置排污口，这一规定是保证保护区水体不受污染的关键。对禁止在饮用水水源保护区内设置排污口的法律规定，法律规定了严格的处罚措施。例如，在饮用水水源保护区内设置排污口的，不仅要被强制拆除,而且还要受到高达十万元以上五十万元以下的罚款;如果逾期不自行拆除的,罚款更是高达五十万元以上一百万元以下。

≫法条链接≫

《水污染防治法》第五十七条:在饮用水水源保护区内,禁止设置排污口。

《水污染防治法》第七十五条:在饮用水水源保护区内设置排污口的,由县级以上地方人民政府责令限期拆除,处十万元以上五十万元以下的罚款;逾期不拆除的,强制拆除,所需费用由违法者承担,处五十万元以上一百万元以下的罚款,并可以责令停产整顿。

除前款规定外,违反法律、行政法规和国务院环境保护主管部门的规定设置排污口或者私设暗管的,由县级以上地方人民政府环境保护主管部门责令限期拆除,处二万元以上十万元以下的罚款;逾期不拆除的,强制拆除,所需费用由违法者承担,处十万元以上五十万元以下的罚款;私设暗管或者有其他严重情节的,县级以上地方人民政府环境保护主管部门可以提请县级以上地方人民政府责令停产整顿。

103. 在饮用水水源一级保护区不得从事哪些活动?

按照《水污染防治法》第五十八条的规定,在饮用水水源一级保护区不得从事的活动有:

(1)禁止在饮用水水源一级保护区内新建、改建、扩建与供水设施和保护水源无关的建设项目;已建成的与供水设施和保护水源无关的建设项目,由县级以上人民政府责令拆除或者关闭。

(2)禁止在饮用水水源一级保护区内从事网箱养殖、旅游、游泳、垂钓或者其他可能污染饮用水水体的活动。

104. 在饮用水水源二级保护区不得或者限制从事哪些活动?

按照《水污染防治法》第五十九条的规定,在饮用水水源二级保护区不得或者限制从事的活动有:

(1)禁止在饮用水水源二级保护区内新建、改建、扩建排放污染物的建设项目;已建成的排放污染物的建设项目,由县级以上人民政府责令拆除或者关闭。

(2)在饮用水水源二级保护区内从事网箱养殖、旅游等活动的,应当按照规定采取措施,防止污染饮用水水体。

105. 在哪些水体不得新建排污口?

按照《水污染防治法》第六十五条的规定,在风景名胜区水体、重要渔业水体和其他具有特殊经济文化价值的水体的保护区内,不得新建排污口。在保护区附近新建排污口,应当保证保护区水体不受污染。其原因主要在于:风景名胜区水体、重要渔业水体和其他有特殊经济文化价值的水体是需要特别保护的水体,在这些水体建设排污口,必然会对水体造成污染,破坏风景名胜区的自然景观,危害渔业生产,还可能会影响人体健康。

消费者权益保护法律制度

106. 经营者和消费者进行交易，应当遵循哪些基本原则？

按照《消费者权益保护法》的规定，经营者与消费者进行交易应当遵循自愿原则、平等原则、公平原则、诚实信用的原则。

(1)自愿原则。其内容包括：①消费者有权自主决定是否与经营者进行交易，经营者不得强卖或强行服务；②消费者有权自主选择商品和服务，包括自主选择经营者，自主选择商品品种或服务方式，自主决定购买或者不购买任何一种商品、接受或者不接受任何一项服务；③经营者与消费者之间的交易关系以双方的真实意思表示一致为基础，任何以欺骗、胁迫、强制手段进行交易的行为均与此原则相悖。

(2)平等原则。其内容有：①经营者与消费者法律地位平等，不存在从属关系；②经营者与消费者的交易是一种民事活动，要符合民事法律的规定，不得恃强凌弱。

(3)公平原则。其内容包括：①经营者与消费者进行交易，在享有权利和承担义务上不能显失公平，更不能一方只享受权利，而另一方只承担义务；②消费者有权获得质量保障、价格合理、计量正确等公平交易的条件；③在消费者因购买、使用商品或者接受服务受到人身、财产损害时，有权获得赔偿。

(4)诚实信用原则。其内容包括：①经营者在提供商品和服务过程中和在其之后，都要讲诚实、守信用，不欺诈，不采取违法手段牟取利益，遵守公认的社会商业道德；②经营者与消费者在交易过程中应当恪守诺言，信守合同，严格依法履行义务。

≫**法条链接**≫

《消费者权益保护法》第四条：经营者与消费者进行交易，应当遵循自愿、平等、公平、诚实信用的原则。

107. 消费者享有哪些权利？

按照《消费者权益保护法》第七条至第十五条的规定，消费者享有以下几项权利：

(1)安全权，即消费者在购买、使用商品和接受服务时享有人身、财产安全不受损害的权利。安全权包括两方面内容：一是人身安全权，二是财产安全权。人身安全权在这里是指生命健康权不受损害，即享有保持身体各器官及其机能的完整以及生命不受危害的权利。财产安全权，是指消费者购买、使用的商品或接受的服务本身的安全，并包括除购买、使用的商品或接受服务之外的其他财产的安全。

(2)知情权，即消费者享有知悉其购买、使用的商品或者接受的服务的真实情况的权利。所谓"知悉"，一是消费者在不明了的情况下有权主动询问，了解其购买、使用商品的真实情况；二是向消费者提供的商品或服务应当真实记载或说明有关商品或服务的情况。

(3)自主选择权，即消费者享有自主选择商品或者接受服务的权利。其主要内容有：①有权自主选择经营者；②有权自主选择商品品种或服务方式；③有权自主决定是否购买或接受服务；④自主选择商品或服务时，有权进行比较、鉴别和挑选。

(4)公平交易权，即消费者享有公平交易的权利。公平交易权主要表现在：一是有权获得公平交易条件。如有权获得质量保障、价格合理、计量正确等交易条件；二是有权拒绝经营者的强制交易行为，如强迫消费者购物或接受服务、强迫搭售等。

(5)求偿权，即消费者享有依法获得赔偿的权利。享有求偿权的主体，是指因购买、使用商品或者接受服务的受害者。具体包括：①购买者，即购买商品为己所用的消费者；②商品的使用者，即不是直接购买商品为己所用的消费者；③接受服务者；④第三人，即在别人购买、使用商品或接受服务的过程中受到人身或财产损害的其他消费者。

(6)结社权，即消费者享有依法成立维护自身合法权益的社会团体的权利。目前消费者社会团体主要是中国消费者协会和地方各级消费者协会（或消费者委员会）。消费者依法成立的各级消费者协会，使消费者通过有组织的活动，在维护自身合法权益方面正发挥着越来越大的作用。

(7)获得有关知识权，即消费者享有获得有关消费和消费者权益保护方面的知识的权利。

(8)人格尊严受尊重权,即消费者在购买、使用商品和接受服务时,享有其人格尊严、民族风俗习惯得到尊重的权利。

(9)监督权,即消费者享有对商品和服务以及保护消费者权益工作进行监督的权利。具体内容包括:①有权检举、控告侵害消费者权益的行为;②有权检举、控告消费者权益的保护者的违法失职行为;③有权对保护消费者权益的工作提出批评、建议。

≫案例分析≫

案情回放: 王某是一名公共汽车司机。几天前,王某行车到一个十字路口,前方正好是绿灯,王某就跟着前面的车往前开。这时,刘某突然骑自行车闯红灯横插过来,王某紧急刹车,刘某未及下车摔倒在地,但没有受伤,而汽车上一位靠过道坐的老同志张某一下栽倒在地,站立不起。经医院检查,张某膝盖骨折。现在,张某让王某的公交公司赔偿损失,王某认为赔得冤枉。请问,这损失应当由谁来赔?

法理分析: 根据《消费者权益保护法》的规定,消费者在接受服务时,其合法权益受到损害的,可以向服务者要求赔偿,即消费者享有消费过程中的安全权。张某乘坐汽车便与公共汽车之间建立了运输服务合同,在接受运输服务时,公共汽车有义务安全、准时地将他送到约定地点。在运输途中非因乘客过错造成乘客伤害的,作为服务者应当承担赔偿责任。因此,公共汽车公司应当赔偿张某的损失。

司机王某紧急刹车导致张某摔伤的直接原因是刘某违反交通规则闯红灯的过错行为所致,应该说,王某对事故的发生没有任何过错。根据《民法通则》第一百零六条规定:"公民、法人由于过错侵害国家的、集体的财产,侵害他人财产、人身的,应当承担民事责任。"刘某对摔伤张某有过错,应当负担张某因此所遭受的损失。所以,公共汽车公司在赔偿了张某的损失后,有权向刘某索赔向张某已经支付的全部费用。

108. 消费者合法权益受到损害的,可以向谁要求赔偿?

按照《消费者权益保护法》第四十条至第四十五条的规定,消费者合法权益受侵害的赔偿主体在不同的情形下有所不同,具体表现为:

(1)消费者在购买、使用商品时,其合法权益受到损害的,可以向销售者要求赔偿；

（2）消费者或者其他受害人因商品缺陷造成人身、财产损害的，可以向销售者要求赔偿，也可以向生产者要求赔偿；

（3）消费者在接受服务时，其合法权益受到损害的，可以向服务者要求赔偿；

（4）消费者在购买、使用商品或者接受服务时，其合法权益受到损害，因原企业分立、合并的，可以向变更后承受其权利义务的企业要求赔偿；

（5）使用他人营业执照的违法经营者提供商品或者服务，损害消费者合法权益的，消费者可以向其要求赔偿，也可以向营业执照的持有人要求赔偿；

（6）消费者在展销会、租赁柜台购买商品或者接受服务，其合法权益受到损害的，可以向销售者或者服务者要求赔偿。展销会结束或者柜台租赁期满后，也可以向展销会的举办者、柜台的出租者要求赔偿。展销会的举办者、柜台的出租者赔偿后，有权向销售者或者服务者追偿；

（7）消费者因经营者利用虚假广告提供商品或者服务，其合法权益受到损害的，可以向经营者要求赔偿。广告的经营者发布虚假广告的，消费者可以请求行政主管部门予以惩处。广告的经营者不得提供经营者的真实名称、地址的，应当承担赔偿责任。

≫ 案例分析 ≫

案情回放：王某到一朋友家赴宴，在开启啤酒时，啤酒瓶突然爆炸，将王某左眼炸伤，王某当即被送到县医院治疗，花去医疗费1万余元。为此，王某找商家索赔。商家认为酒瓶爆炸多半属于厂家质量问题，并以王某没有申请鉴定、啤酒瓶爆炸原因不明为由，拒绝赔偿。请问，未作酒瓶爆炸原因鉴定，商家可以拒绝受害消费者的索赔吗？

法理分析：该啤酒商家的做法是错误的，王某有权向其索赔。按照《消费者权益保护法》第十一条规定："消费者因购买、使用商品或者接受服务受到人身、财产损害的，享有依法获得赔偿的权利。"可见，消费者获得赔偿的权利并不以申请损害原因鉴定为条件，只要消费者基于"购买、使用商品"或"接受服务"受到损害，均有权获得赔偿。至于该啤酒瓶爆炸是厂家责任还是商家责任，对王某的索赔权行使并无影响。

另外，按照《消费者权益保护法》第四十条第二款规定："消费者或者其他受害人因商品缺陷造成人身、财产损害的，可以向销售者要求赔偿，也可以向生产者要求赔偿。属于生产者责任的，销售者赔偿后，有权向生产者追偿。"本条款规定了消费者享有赔偿请求选择权。因此，王某作为受害者选择要求啤酒销售者赔偿，该销售者不得以任何理由拒绝。

当然，如果经鉴定确认该事故系啤酒瓶质量不合格所致，在啤酒销售者赔偿后，其有权依法向生产厂家追偿。

109. 经营者在哪些情形下应当承担侵犯消费者权益的民事责任？

按照《消费者权益保护法》第四十八条的规定，经营者提供商品或者服务有下列情形之一的，除本法另有规定外，应当依照其他有关法律、法规的规定，承担民事责任：

(1) 商品或者服务存在缺陷的；
(2) 不具备商品应当具备的使用性能而出售时未作说明的；
(3) 不符合在商品或者其包装上注明采用的商品标准的；
(4) 不符合商品说明、实物样品等方式表明的质量状况的；
(5) 生产国家明令淘汰的商品或者销售失效、变质的商品的；
(6) 销售的商品数量不足的；
(7) 服务的内容和费用违反约定的；
(8) 对消费者提出的修理、重作、更换、退货、补足商品数量、退还货款和服务费用或者赔偿损失的要求，故意拖延或者无理拒绝的；
(9) 法律、法规规定的其他损害消费者权益的情形。

经营者对消费者未尽到安全保障义务，造成消费者损害的，应当承担侵权责任。

110. 经营者依法应当承担哪些义务？

按照《消费者权益保护法》第十六条至第十二九条的规定，经营者的义务主要有：

(1) 依照法律、法规的规定和与消费者的约定履行义务；
(2) 接受消费者的监督；
(3) 保证商品和服务安全的义务；
(4) 提供有关商品或者服务的真实信息的义务；
(5) 标明其真实名称和标记的义务；
(6) 出具购货凭证或者服务单据的义务；

(7)保证商品和服务质量的义务;

(8)履行"三包"或者其他责任的义务;

(9)不得以格式合同等方式排除或限制消费者权利的义务;

(10)不得侵犯消费者人格权的义务;

(11)采用网络、电视、电话、邮购等方式提供商品或者服务的,应当向消费者提供经营地址、联系方式、商品或者服务的数量和质量、价款或者费用、履行期限和方式、安全注意事项和风险警示、售后服务、民事责任等信息;

(12)对收集的消费者个人信息必须严格保密,不得泄露、出售或者非法向他人提供。

≫ **案例分析** ≫

案情回放:王某于2008年10月20日到某干洗店干洗一件价值800余元的西服,并支付干洗费15元,取衣服时却被告知西服丢失。为此,王某要求该店按价赔偿800元。该店负责人朱某告诉王某说"凡损坏或丢失顾客衣物,顾客可按洗衣费5倍领取赔偿",并说这是洗衣业的"行规"。请问,该洗衣"行规"是否合法?

法理分析:"行规"违法,不受法律保护。原因在于以下几点:

(1)该"行规"属违法声明,因而无效。《消费者权益保护法》第二十六条规定:"经营者不得以格式合同、通知、声明、店堂告示等方式作出对消费者不公平、不合理的规定,或者减轻、免除其损害消费者合法权益应当承担的民事责任。格式合同、通知、声明、店堂告示等含有前款所列内容的,其内容无效。""按洗衣费5倍领取赔偿"的"行规"显属减轻洗衣经营者损害消费者合法权益应当承担的民事责任,是违法声明,因而无效。

(2)干洗店丢失衣服应负保管不慎的过错责任。去干洗衣服,就与干洗店形成一种服务合同关系,干洗店收取干洗费后合同即告成立,干洗店便负有提供及时、保质的干洗服务,及在干洗期间对衣服进行妥善保管的义务。西服被丢失,其责任在于该干洗店保管不慎所致。《消费者权益保护法》第五十二条规定:"经营者提供商品或者服务,造成消费者财产损害的,应当按照消费者的要求,以修理、重做……退还货款和服务费用或者赔偿损失等方式承担民事责任。"

111. 消费者协会是什么性质的组织,它有哪些职能?

按照《消费者权益保护法》第三十七条的规定,消费者协会是依法成立的对商品和服务进行社会监督的保护消费者合法权益的社会团体,其职能有以下八个方面：

（1）向消费者提供消费信息和咨询服务，提高消费者维护自身合法权益的能力，引导文明、健康、节约资源和保护环境的消费方式；

（2）参与制定有关消费者权益的法律、法规、规章和强制性标准；

（3）参与有关行政部门对商品和服务的监督、检查；

（4）就有关消费者合法权益的问题，向有关部门反映、查询，提出建议；

（5）受理消费者的投诉，并对投诉事项进行调查、调解；

（6）投诉事项涉及商品和服务质量问题的，可以委托具备资格的鉴定人鉴定，鉴定人应当告知鉴定意见；

（7）就损害消费者合法权益的行为，支持受损害的消费者提起诉讼或者依照本法提起诉讼；

（8）对损害消费者合法权益的行为，通过大众传播媒介予以揭露、批评。

112. 什么是"三包"，"三包"的期限如何计算？

三包是零售商业企业对所售商品实行"包修、包换、包退"的简称。根据国家经贸委、国家技术监督局、国家工商局、财政部1995年联合制定的部门规章《部分商品修理更换退货责任规定》的规定，经营者按照国家、省有关规定或者与消费者的约定对商品承担包修、包换、包退（以下简称"三包"）责任的，应当出具"三包"凭证并履行承诺。"三包"凭证应当注明消费者的权利和经营者的义务，并指定具备条件的维修单位。

按照《部分商品修理更换退货责任规定》"三包"期限的计算和责任承担方式如下：

（1）"三包"有效期自开具发票之日起计算，扣除因修理占用和无零配件待修的时间。三包有效期内消费者凭发票及"三包"凭证办理修理、换货、退货。

（2）产品自售出之日起7日内，发生性能故障，消费者可以选择退货、换货或修理。退货时销售者应当按发票价格一次退清货款，然后依法向生产者、供货者追偿或者按购销合同办理。

（3）产品自售出之日15日内，发生性能故障，消费者可选择换货或者修理。换货时，销售者应当免费为消费者调换同型号同规格的产品，然后依法向生产者、供货者追偿或者购销合同办理。

（4）在"三包"有效期内，修理两次，仍不能正常使用的产品，凭修理者提供的修理记录和证明,由销售者负责为消费者免费调换同型号同规格的产品或者按《部分商品修理更换退货责任规定》的规定退货,然后依法向生产者、供货者追偿或者购销合同办理。

113. 商品实行"三包"所产生的费用如何处理?

按照《部分商品修理更换退货责任规定》的规定,商品实行"三包"所产生的费用应按以下方式处理:

(1)经营者按照"三包"规定承担退货责任的,应当按照商品的发票价格一次退清货款,不得违反国家规定收取折旧费。

(2)经营者按照"三包"规定承担更换责任的,应当免费为消费者调换同型号、同规格的商品。无同型号、同规格的商品的,经营者应当根据消费者的要求予以退货,并不得收取任何费用。

(3)经营者按照"三包"规定承担修理责任的,应当自收到修理的商品之日起20日内修复,并不得收取任何费用;到期未能修复商品的,经营者应当按照消费者的要求更换同型号、同规格的商品;在保修期内两次修理仍不能正常使用的,经营者应当负责更换或者退货。

(4)在"三包"有效期内,符合换货条件的,销售者因无同型号同规格产品,消费者不愿调换其他型号、规格产品而要求退货的,销售者应当予以退货;有同型号同规格产品,消费者不愿调换而要求退货的,销售者应当予以退货,对已使用过的商品收取折旧费。

114. 消费者和经营者发生消费者权益争议的,如何解决?

按照《消费者权益保护法》第三十九条的规定,消费者和经营者发生消费者权益争议的,可以通过下列途径解决:

(1)与经营者协商和解;

(2)请求消费者协会或者依法成立的其他调解组织调解;

(3)向有关行政部门投诉;

(4)根据与经营者达成的仲裁协议提请仲裁机构仲裁;

(5)向人民法院提起诉讼。

> **案例分析**

案情回放：村民王某和一朋友到某县江南村酒店消费，结账时，按账单王某只需付260元，但服务员却要收王某300元，并称该茶楼有规定，此处最低消费为300元。双方争执不下，最终王某只好按"最低消费"付款。请问：该酒店设定"最低消费"合法吗？

法理分析：现实中，确实存在一些饭店、茶楼等场所都规定了顾客的最低消费额。顾客在这些地方消费，无论是否愿意，或是消费了多少，最少都要支付经营者规定的最低消费金额，超出的部分则按实际价格计算。这是一种损害消费者合法权益的行为。根据《消费者权益保护法》第九条规定："消费者有自主选择商品或服务的权利。"另外，按照《餐饮修理业价格行为规则》第四条规定："经营者应当以提供服务的成本费为基础，加法定税金和合理利润，依据市场供求和竞争情况制定价格。"由此可见，经营者"最低消费"的规定，侵犯了消费者自主选择权和公平交易的权利，是经营者强迫消费者接受其规定的价格的行为，应认定是一种违法行为。因此，江南村酒店设定"最低消费"是于法无据的。王某可以向消费者协会投诉。

115. 虚假广告给消费者造成损害的法律责任由谁承担？

根据《消费者权益保护法》第四十五条的规定，消费者因经营者利用虚假广告或者其他虚假宣传方式提供商品或者服务，其合法权益受到损害的，可以向经营者要求赔偿。广告经营者、发布者发布虚假广告的，消费者可以请求行政主管部门予以惩处。广告经营者、发布者不能提供经营者的真实名称、地址和有效联系方式的，应当承担赔偿责任。

广告经营者、发布者设计、制作、发布关系消费者生命健康商品或者服务的虚假广告，造成消费者损害的，应当与提供该商品或者服务的经营者承担连带责任。

社会团体或者其他组织、个人在关系消费者生命健康商品或者服务的虚假广告或者其他虚假宣传中向消费者推荐商品或者服务，造成消费者损害的，应当与提供该商品或者服务的经营者承担连带责任。

116. 消费者协会对消费者的哪些投诉可以不予受理？

按照中国消费者协会2006年制定的《消费者协会受理消费者投诉工作导

则》第十七条的规定,消费者协会对下列情况投诉可以不予受理:

(1)不是为生活消费需要购买、使用商品或者接受服务的;

(2)没有明确的诉求或者没有真实准确的被投诉方的;

(3)经营者之间因购销活动产生纠纷的;

(4)因投资、经营、技术转让、再生产等以营利为目的活动引发争议的;

(5)公民个人之间私下交易或通过非法渠道购买商品或者接受服务的;

(6)消费者对投诉商品或者服务的瑕疵在购买或者接受之前已经知道的;

(7)消费者不能提供必要证据的;

(8)消费者未按产品使用说明安装、使用、保管、自行拆动而导致产品损坏或人身、财产损害的;

(9)争议双方曾在消费者协会调解下达成调解协议并已履行,且无新情况、新理由、新证据的;

(10)法院、仲裁机构或有关行政部门已经受理的;

(11)法律、法规或政策明确规定应由指定部门处理的;

(12)消费者知道或者应该知道自己的权益受到侵害超过六个月的;

(13)因不可抗力造成损害的;

(14)其他不符合有关法律、法规规定的。

117. 《安徽省消费者权益保护条例》对旅游消费服务是如何规定的?

按照《安徽省消费者权益保护条例》第三十条的规定,从事旅游服务的经营者,应当与旅游者订立书面合同,明确旅游线路和景点、价格、日程安排、食宿标准、交通工具、违约责任等事项。安排旅游购物的,应当按照有关规定在合同中明示购物地点、次数、时间。经营可能危及旅游者人身、财产安全的旅游项目,应当具备保障旅游者人身、财产安全的技术条件、服务设备和必要的救护设施,并向旅游者作出真实的说明和明确的警示。经营者擅自增加游览景点或者提高食宿、交通工具标准的,由经营者承担由此增加的费用;擅自减少游览景点或者降低食宿、交通工具标准的,应当退还相应费用并承担违约责任。导游人员进行导游活动,不得欺骗、胁迫或者与经营者串通欺骗、胁迫消费者消费。

118. 《安徽省消费者权益保护条例》对从事洗染服务是如何规定的？

按照《安徽省消费者权益保护条例》第三十三条的规定，从事洗染服务的经营者，应当与消费者共同确认洗染前衣物状况，向消费者介绍衣物洗染效果，并在服务单据中注明。经营者未按照约定提供服务，造成衣物损坏、串色、染色、遗失等后果的，应当退还收取的费用，并承担赔偿责任。

119. 《安徽省消费者权益保护条例》对从事美容、美发服务是如何规定的？

按照《安徽省消费者权益保护条例》第三十六条的规定，从事美容、美发服务的经营者和从事整容、整形服务的医疗机构应当明码标价、合理收费，不得价外加价，不得使用伪劣用品。达不到约定效果的，经营者应当按照消费者的要求给予重做或者退还已收取的费用；给消费者造成人身伤害的，应当承担赔偿责任。非医疗机构不得从事整容、整形项目。

120. 《安徽省消费者权益保护条例》对从事修理、加工服务是如何规定的？

按照《安徽省消费者权益保护条例》第三十七条的规定，从事修理、加工服务的经营者，应当事先告知消费者修理、加工所需要的零部件、材料、期限、价格等真实情况，并开出修理或加工清单，经消费者同意后，再作修理、加工。经营者不得偷换零部件或者更换不需要更换的零部件，不得虚列修理项目或者谎称更换零部件。经营者对修理的部位应当予以包修，包修期不得少于30日；经营者承诺包修期多于30日的，从其承诺。包修期自商品修复交付消费者之日起计算。

121. 《安徽省消费者权益保护条例》对商品房销售服务是如何规定的？

按照《安徽省消费者权益保护条例》第三十八条的规定，从事商品房销售的经营者应当在合同中明确列明商品房的地址、建筑结构、建筑面积、装饰标准、计价方式、付款方式、配套设施、产权办理等内容，保证商品房质量达到国家规定的标准。

从事商品房销售的经营者应当按照国家规定对商品房实行质量保修。在正常使用情况下,应当进行防水处理的屋面防水工程、卫生间、下水道、房间、外墙面的防渗漏保修期不得低于5年。除当事人另有约定外,商品房的保修期自商品房交付消费者之日起计算,保修期内的维修费用(含公共部位的维修费用)由经营者承担。

从事住宅装修的经营者,应当与消费者书面约定施工方案、期限、质量、价格、环保指标、质量保证方式、违约责任等内容;由经营者提供装修材料的,还应当书面约定材料的名称、规格、环保和安全指标、等级、价格等,材料应经消费者验收、认可。装修工程的保修期限不得低于2年,自竣工验收合格之日起计算。

从事物业管理的经营者,应当切实履行物业管理合同,接受业主和业主委员会监督,不得损害业主利益。未按合同约定提供服务的,业主大会有权解除合同。

122. 从事商品房销售服务的经营者有欺诈行为的,应如何处理?

按照《安徽省消费者权益保护条例》第三十八条的规定,从事商品房销售的经营者有下列欺诈行为之一的,应当退还消费者已付购房款及利息,赔偿损失,并承担已付购房款一倍的赔偿金:(一)商品房买卖合同订立后,未告知买受人将该房屋抵押或者出卖给第三人;(二)隐瞒没有取得商品房预售许可证明的事实或者提供虚假的商品房预售许可证明;(三)隐瞒所售房屋已经抵押或者出卖给第三人的事实;(四)隐瞒所售房屋属于拆迁补偿安置房屋的事实。

123.《安徽省消费者权益保护条例》规定的医疗机构及其医务人员义务是什么?

按照《安徽省消费者权益保护条例》第四十二条的规定,医疗机构及其医务人员应当依法维护患者在接受医疗服务中的知情权、隐私权,为患者查阅、复印处方笺、住院志、医嘱单、检验检查报告、手术以及麻醉记录单等资料提供方便。因实施保护性医疗措施不宜让患者知情或者患者因故无法行使知情权的,医疗机构应当保障患者亲属行使上述权利。未经患者或者其亲属同意,医疗机构不得公开患者病情。医疗机构应当科学用药,合理安排必要的医疗检查项目,并按照规定收取医疗费用,详列计价项目、收费清单,并出具收费凭证,不得将其用药量、检查项目与医务人员的利益挂钩,增加患者经济负担。违反规定多收取的费用,应当退还患者。医疗机构及其医务人员不得采购、使用假劣药品、医疗器械,不得生产、销售、使用无批准文号的自制药品与制剂;不得利用职务之便,索取、非法收受患者财物或者牟取其他不正当利益。

124. 《安徽省消费者权益保护条例》对从事非公益性或非学历培训教育服务是如何规定的?

按照《安徽省消费者权益保护条例》第四十三条的规定,从事非公益性或非学历培训教育服务的经营者,应当如实告知课程设置、师资状况、学费收取项目及标准等情况,不得有下列侵害受教育者合法权益的行为:

(1)不具备合法资格招收受教育者;
(2)以虚假的受教育者所取得的成绩,证明学校教育的成功;
(3)虚构与有关经营者达成培养协议,以保证毕业就业诱导受教育者;
(4)擅自提高收费标准或者增加收费项目;
(5)降低教学水平,安排不合格的教师从事教学活动,不提供相关的教学场所、教学设备和设施;
(6)以不正当手段迫使受教育者终止学业。

经营者有上述规定行为之一的,应当在受教育者提出退学退款要求之日起5日内,退还全部学费、培训费以及其他费用,并承担相应的赔偿责任。

价格法律制度

125. 什么是政府指导价和政府定价?

政府指导价是指由政府价格主管部门或者其他有关部门,依法按照定价权限和范围规定基准价及其浮动幅度,指导经营者制定的价格。其含义有四个主要方面:①政府指导价是一种法定的价格形式,具体到哪一些种类的商品和服务价格采用政府指导价,都依照法律或者依法制定的定价目录确定;②政府指导价属于政府的定价行为,法定的定价部门是政府价格主管部门或者其他有关部门;③定价的内容分为两个部分,政府价格主管部门或者其他有关部门只是按照定价权限和范围规定基准价及其浮动幅度,基准价是作为具体定价时计算基准的价格,浮动幅度是具体定价时可以上下浮动的范围;④经营者在政府部门确定的基准价及浮动幅度范围内,具体制定价格。

政府定价是指由政府价格主管部门或者其他有关部门,依法按照定价权限和范围制定的价格。对其理解要注意三点:①政府定价是一种法定的价格形式,是政府对价格实行直接管理,以政府的直接定价来体现国家的经济政策和实现对价格的调控;②政府定价的主体是政府价格主管部门或者其他有关部门;③政府部门按照定价权限和范围制定价格,具体的由有关法律以及依照价格法制定的定价目录执行。

≫法条链接≫

《价格法》第三条:国家实行并逐步完善宏观经济调控下主要由市场形成价格的机制。价格的制定应当符合价值规律,大多数商品和服务价格实行市场调节价,极少数商品和服务价格实行政府指导价或者政府定价。

《价格法》第十八条:下列商品和服务价格,政府在必要时可以实行政府指导价或者政府定价:

(一)与国民经济发展和人民生活关系重大的极少数商品价格;

（二）资源稀缺的少数商品价格；

（三）自然垄断经营的商品价格；

（四）重要的公用事业价格；

（五）重要的公益性服务价格。

126. 经营者定价应当遵循哪些法律原则？

按照《价格法》的规定，经营者在制定价格过程中，应遵循以下基本原则：

(1)公平的原则。所谓"公平原则"，是指在民事活动中以利益均衡作为价值判断标准，用来衡量民事主体之间的物质利益关系，确定民事主体的民事权利义务及其承担的民事责任等。遵循公平原则就要求经营者制定价格时，应依据社会公认的公平观念，在不损害他人和社会、国家利益的前提下合理定价，以谋求自己的利益，不允许靠损害他人利益和社会、国家利益发财致富，更不容许恃强凌弱、巧取豪夺、假冒伪劣、坑蒙拐骗，价格的制定应当符合价值规律，体现按质论价、同质同价、优质高价、劣质低价的原则，贯彻权利与义务的平衡、对等，不得显失公平。

(2)合法的原则。所谓"合法原则"，是指进行一切活动、解决一切问题都必须符合国家法律的要求，在法律允许的范围内进行，所有组织和个人都必须依照国家法律的规定行使权利、履行义务，不得违反法律的规定。禁止滥用定价权既是合法原则的题中应有之意，也是合法原则在民事法律中的具体体现。

(3)诚实信用的原则。所谓"诚实信用原则"，是指民事主体从事民事活动、行使民事权利和履行民事义务时，都应本着诚实、善意的态度，即讲究信誉、恪守信用、意思表示真实、行为合法等。按照诚实信用原则的要求，经营者在制定价格活动中要讲诚实信用，要注意维护国家利益和消费者的合法权益，价格的制定应当符合价值规律，讲究产品质量，坚持质价相符，计价真实准确，不得尔虞我诈、弄虚作假。

≫法条链接≫

《价格法》第七条：经营者定价，应当遵循公平、合法和诚实信用的原则。

127. 经营者定价的依据是什么？

按照《价格法》的规定，经营者定价时可以考虑的因素或者依据主要有两点：一是生产经营成本；二是市场供求状况。

生产经营成本对价格形成具有决定性影响,价格与成本是互为因果、相辅相成的关系,成本是构成价格的基础部分,是制定价格的最基本依据和最低经济界限。

在现实生活中,价格高低除了取决于商品的价值外,还受到市场供求的较大影响,需求大于供给,价格就趋于上升;反之,价格则趋于下降。因此,我们说经营者定价的基本依据是生产经营成本和市场供求状况。

≫**法条链接**≫

《价格法》第二条:经营者定价的基本依据是生产经营成本和市场供求状况。

128. 经营者进行价格活动时享有哪些权利?

按照《价格法》的规定,经营者在价格活动中主要享有以下权利:

(1)经营者享有自主制定属于市场调节价格的权利。所谓"市场调节价",是指由经营者自主制定,通过市场竞争形成的价格。价格法规定商品价格和服务价格,除极少数实行政府指导价或者政府定价外,实行市场调节价,由经营者依法自主制定。

(2)经营者享有在政府指导价规定的幅度内制定价格的权利。政府为了指导经营者制定商品价格和服务收费标准,一般允许经营者根据市场状况和自身商品或者服务特点,在政府规定的基准价基础上,有一定的上下灵活变动的范围,这个上下浮动的范围就是浮动幅度。基准价和浮动幅度具有强制性,经营者在上下浮动幅度内有灵活性。

(3)经营者享有制定属于政府指导价、政府定价产品范围内新产品试销价格的权利,特定产品除外。新产品是指经研究开发、初步技术鉴定或者实验室阶段试验成功,为验证、补充相关数据,确定、完善技术规范或者解决工业化、商品化规模生产关键技术而处于试验或试生产阶段的产品。

(4)经营者进行价格活动除享有上述依法制定价格的权利,同时还享有检举、控告侵犯其依法自主定价权利行为的权利,这是经营者定价自主权的重要法律保障。经营者依法享有的定价自主权,非依法律规定的特定需要,不受侵犯与干预,如果经营者依法自主定价的权利受到他人价格违法行为的不法侵犯,那么,他就有权检举、控告并请求法律保护。

>>**法条链接**>>

《价格法》第十一条:经营者进行价格活动,享有下列权利:

(一)自主制定属于市场调节的价格;

(二)在政府指导价规定的幅度内制定价格;

(三)制定属于政府指导价、政府定价产品范围内的新产品的试销价格,特定产品除外;

(四)检举、控告侵犯其依法自主定价权利的行为。

129. 经营者进行价格活动应当依法履行哪些义务?

按照《价格法》的规定,经营者进行价格活动应当履行以下几项义务:

(1)经营者进行价格活动,应当遵守法律、法规。价格法赋予了经营者广泛的权利和自由的同时,要求经营者必须遵守法律、法规,特别是有关价格的法律、法规,自觉规范自己的价格行为。

(2)经营者进行价格活动,应当执行依法制定的政府指导价、政府定价。要求经营者应当了解实行政府指导价和政府定价的商品和服务的具体范围,并在此基础上对经营中属于政府指导价、政府定价的商品和服务项目按照政府依法制定的价格认真执行,不得改变。否则,由价格主管部门责令改正,没收违法所得,可以并处违法所得五倍以下的罚款;没有违法所得的,可以处以罚款;情节严重的,责令停业整顿。

(3)经营者进行价格活动,应当执行法定的价格干预措施、紧急措施。经营者在价格活动中,对政府依法采取的价格干预措施、紧急措施必须遵照执行,拒不执行法定的价格干预措施、紧急措施是一种扰乱市场价格秩序、无视政府价格管理的违法行为,依法要承担相应的法律责任,由价格主管部门责令改正,没收违法所得,可以并处违法所得五倍以下的罚款;没有违法所得的,可以处以罚款;情节严重的,责令停业整顿。

>>**法条链接**>>

《价格法》第十二条:经营者进行价格活动,应当遵守法律、法规,执行依法制定的政府指导价、政府定价和法定的价格干预措施、紧急措施。

130. 哪些行为属于经营者的不正当价格行为?

按照《价格法》的规定,下列行为属于经营者的不正当价格行为:

(1)经营者相互串通,操纵市场价格。由于这种行为是采用了价格的形式,通过价格活动来实施的,所以将其归入不正当价格行为。相互串通通常至少是两人以上,或许是更多的,单独一个人的行为是不能作相互串通解释的。

(2)经营者低价倾销。对其理解应注意:①低价倾销不同于依法降价处理鲜活商品、季节性商品、积压商品等商品;②低价倾销是为了排挤竞争对手或者独占市场,或者说,经营者是出于排挤竞争对手或者独占市场的动机;③低价的标志是价格低于成本;④低价倾销的后果是扰乱正常的生产经营秩序,损害国家利益或者其他经营者的合法权益。

(3)经营者哄抬价格。将其定为一种不正当的价格行为,原因在于经营者恶意制造和利用消费者担心价格上涨的心理,造成市场上的紧张气氛,引诱消费者增加购买,然后兴风作浪,乘机抬价、囤积惜售,推动价格过高的上涨,从而牟取更多的利润。

(4)以虚假的或者使人误解的价格手段进行欺骗。即经营者在价格领域中,弄虚作假,诱骗他人在交易中上当,从而获取不正当利益的行为。《价格法》中所指的利用虚假的或者使人误解的价格手段,其表现形式很多,比如,虚列生产经营成本,抬高定价,蒙骗他人;先提高底价,然后声称优惠打折;名为处理商品,实际上是原价销售等等。

(5)价格歧视。价格歧视条件一是提供相同商品或者服务;二是一个经营者向两个以上具有同等交易条件的其他经营者供货时才能发生。

(6)变相提高或者压低价格。经营者在收购、销售商品或者提供服务的过程中,采取了抬高等级或者压低等级等不正当的手段,变相提高或者压低价格,损害了消费者、生产者或者其他有关当事人的合法权益。

(7)违反法律、法规牟取暴利的行为。国家计划委员会于1995年发布了《制止牟取暴利的暂行规定》,在其中规定了商品的价格和服务的收费标准(统称价格)应当符合下列要求:①某一商品或者服务的价格水平不超过同一地区、同一期间、同一档次、同种商品或者服务的市场平均价格的合理幅度;②某一商品或者服务的差价率不超过同一地区、同一期间、同一档次、同种商品或者服务的平均差价率的合理幅度;③某一商品或者服务的利润率不超过同一地区、同一期间、同一档次、同种商品或者服务的平均利润率的合理幅度。

(8)法律、行政法规禁止的其他不正当价格行为。

≫法条链接≫

《价格法》第十四条:经营者不得有下列不正当价格行为:

（一）相互串通，操纵市场价格，损害其他经营者或者消费者的合法权益；

（二）在依法降价处理鲜活商品、季节性商品、积压商品等商品外，为了排挤竞争对手或者独占市场，以低于成本的价格倾销，扰乱正常的生产经营秩序，损害国家利益或者其他经营者的合法权益；

（三）捏造、散布涨价信息，哄抬价格，推动商品价格过高上涨的；

（四）利用虚假的或者使人误解的价格手段，诱骗消费者或者其他经营者与其进行交易；

（五）提供相同商品或者服务，对具有同等交易条件的其他经营者实行价格歧视；

（六）采取抬高等级或者压低等级等手段收购、销售商品或者提供服务，变相提高或者压低价格；

（七）违反法律、法规的规定牟取暴利；

（八）法律、行政法规禁止的其他不正当价格行为。

≫案例分析≫

案情回放：某镇一服装店自称要转让，并在店门口张贴了"清仓大处理"、"大削价"等标语。因时值冬季，该店称，原价几千元的皮大衣全部降价到千元以下销售，且数量不多，欲购从速。不少消费者为此争相抢购，李某也花了800元钱购买了一件。但事后发现所购皮衣质量不好，便到有关商家及部门询问，原来其所购皮衣进价只需三四百元。李某为此到该服装店论理，但被告知概不退货。请问李某该怎么办？

法理分析：按照《价格法》第十四条的规定，经营者利用虚假的或者使人误解的价格手段，诱骗消费者或者其他经营者与其进行交易的，属于不正当价格行为。该服装店所谓"大削价"，实是弄虚作假，牟取不正当利益，诱骗并且损害消费者利益的行为，严重违反了法律规定。《价格法》第四十条规定，对经营者的这种行为，应当责令改正，没收违法所得，可以并处违法所得五倍以下的罚款；情节严重的，责令停业整顿，或者由工商行政管理机关吊销营业执照。因此，可以向当地价格部门反映情况，也可以向法院提起诉讼，要求服装店赔偿损失。

131. 哪些商品或者服务的定价需要举行听证会？

举行价格听证会，主要是为了论证有关政府指导价、政府定价的必要性、可行性，这里面具体包括政府指导价、政府定价是否合理、是否符合实际、是否符合国家利益和人民群众的利益等内容。按照《价格法》的规定，需要举行听证会的价格包括：①指政府指导价、政府定价范围内的公用事业价格、公益性服务价格、自然垄断经营的商品价格；②可以进行听证的价格范围不限于本条列举的三种价格，属于关系群众切身利益的，有必要更多地听取意见的政府指导价、政府定价，也可以列入听证的范围；③对群众切身利益没有直接影响的商品和服务价格，政府在制定价格时，可以不实行听证会制度。

听证会的主持单位应当是政府价格主管部门。不论按照定价目录的规定是由哪个部门负责管理的价格，举行听证会都应当由政府价格主管部门主持。这样可以更加公正的听取意见，防止有的部门将制定价格与自己的部门利益、局部利益相联系。

听证会的组成人员应当是包括消费者、经营者和有关方面的代表、专家等。即听证会征求意见的对象不仅包括政府有关部门，更应当包括利益将会受到政府定价影响的广大群众。由于公众是利益相关的当事人，必须保障他们享有提出意见的权利。

≫ **法条链接** ≫

* 《价格法》第二十三条：制定关系群众切身利益的公用事业价格、公益性服务价格、自然垄断经营的商品价格等政府指导价、政府定价，应当建立听证会制度，由政府价格主管部门主持，征求消费者、经营者和有关方面的意见，论证其必要性、可行性。

产品质量法律制度

132. 什么是《产品质量法》所称的产品?

按照《产品质量法》的规定,产品强调的是"用于销售的"产品。未经加工的天然形成的产品,如原矿、原煤、石油、天然气,以及初级农产品,如农、林、牧、渔等产品,不适用本法规定。另外,在工程施工活动中下列建筑材料、建筑构配件和设备不属于这里的产品。

(1) 施工单位自有的建筑材料、建筑构配件和设备。施工单位自有的建筑材料、建筑构配件和设备并非通过对方的"销售"得来,其用于施工项目的过程也并非属于销售行为,所以,此建筑材料、建筑构配件和设备不属于《产品质量法》调整范围。例如,施工单位自己制作供自己施工使用的模板。

(2) 施工过程中产生的阶段性产品。施工单位在施工生产过程中也经常生产预制板等建筑构配件,但是由于这些建筑构配件并不是"用于销售"的产品,而仅仅属于建设活动过程中的阶段性建筑产品,因此,其质量不由《产品质量法》规范。

>> **法条链接** >>

《产品质量法》第二条:在中华人民共和国境内从事产品生产、销售活动,必须遵守本法。

本法所称产品是指经过加工、制作,用于销售的产品。

建设工程不适用本法规定。

133. 生产者有哪些产品质量义务?

按照《产品质量法》第十四条至第二十条的规定,生产者的产品质量义务包括以下几项:

(1) 为产品质量负责的义务。生产者应当对其生产的产品质量负责。产品质量应当符合下列要求：①不存在危及人身、财产安全的不合理的危险，有保障人体健康和人身、财产安全的国家标准、行业标准的，应当符合该标准；②具备产品应当具备的使用性能，但是，对产品存在使用性能的瑕疵作出说明的除外；③符合在产品或者其包装上注明采用的产品标准，符合以产品说明、实物样品等方式表明的质量状况。

(2)确保标识规范的义务。"产品标识"是指用于识别产品及其质量、数量、特征、特性和使用方法所做的各种表示的统称。产品标识可以用文字、符号、数字、图案以及其他说明物等表示。产品或者其包装上的标识必须真实，并符合下列要求：①有产品质量检验合格证明；②有中文标明的产品名称、生产厂厂名和厂址；③根据产品的特点和使用要求，需要标明产品规格、等级、所含主要成分的名称和含量的，用中文相应予以标明；需要事先让消费者知晓的，应当在外包装上标明，或者预先向消费者提供有关资料；④限期使用的产品，应当在显著位置清晰地标明生产日期和安全使用期或者失效日期；⑤使用不当，容易造成产品本身损坏或者可能危及人身、财产安全的产品，应当有警示标志或者中文警示说明。

裸装的食品和其他根据产品的特点难以附加标识的裸装产品，可以不附加产品标识。

(3)确保包装质量合格的义务。易碎、易燃、易爆、有毒、有腐蚀性、有放射性等危险物品以及储运中不能倒置和其他有特殊要求的产品，其包装质量必须符合相应要求，依照国家有关规定作出警示标志或者中文警示说明，标明储运注意事项。

(4)其他禁止性义务。《产品质量法》规定了生产者不得有下列行为：①生产者不得生产国家明令淘汰的产品；②生产者不得伪造产地，不得伪造或者冒用他人的厂名、厂址；③生产者不得伪造或者冒用认证标志等质量标志；④生产者生产产品，不得掺杂、掺假，不得以假充真、以次充好，不得以不合格产品冒充合格产品。

134. 销售者有哪些产品质量义务？

销售者是指销售商品或者委托他人销售商品的单位和个人。按照《产品质量法》第三十三条至第三十九条的规定，生产者对产品质量承担的义务包括：

(1)进货检验的义务。销售者要保证所销售的产品质量是合格的，所以，销售者应当建立并执行进货检查验收制度，验明产品合格证明和其他标识。

(2)保持产品质量的义务。即使生产者提供给销售者的产品是合格产品,也可能由于销售者的行为而导致合格产品变成不合格产品。例如,水泥的销售者由于未能控制好储存水泥的湿度,就会使得水泥变质。所以,销售者应当采取措施,保持销售产品的质量。

(3)确保标识规范的义务。销售者如果不能确保产品标识的规范,将使得产品生产者确保标识规范的努力变得无意义,不能达到使消费者理解产品的效果。所以,销售者也有义务确保标识规范。销售者销售的产品的标识应当符合上文对生产者确保产品标识规范的要求。也即销售者与生产者在确保标识规范的义务上承担的责任是一样的。

(4)其他禁止性义务。例如,《产品质量法》第三十五至第三十九条的规定,销售者不得有下列销售行为:①销售者不得销售国家明令淘汰并停止销售的产品和失效、变质的产品;②销售者销售的产品的标识应当符合本法的规定;③销售者不得伪造产地,不得伪造或者冒用他人的厂名、厂址;④销售者不得伪造或者冒用认证标志等质量标志。⑤销售者销售产品,不得掺杂、掺假,不得以假充真、以次充好,不得以不合格产品冒充合格产品。

≫案例分析≫

案情回放:某校刘涛等5名学生踢完足球后,去一家副食商店购买食物,见店门口挂的纸牌上写着:"本店有过期火腿肠,半价处理。"刘涛等便问店主是否变质,店主说刚过保质期,但不能保证没有变质。5名学生各买了两根火腿肠和一瓶饮料吃下。不料两小时后,5名学生先后腹泻,由学校送到医院治疗,共花去医疗费800余元。经化验,系吃了该店变质的火腿肠引起的。学校受5名学生的委托找到店主,要求其赔偿医疗费用,但店主却以事先已告知是过期食品而拒绝赔偿。请问,销售者事先告知了食品已过期,由此造成的损失就可以不赔偿吗?

法理分析:按照《产品质量法》第三十五条规定:"销售者不得销售国家明令淘汰并停止销售的产品和失效、变质的产品。"产品质量责任是较为严格的责任,生产者、销售者只要从事销售产品的活动,就必须遵守其义务。另外,《产品质量法》第四十二条还明文规定:"由于销售者的过错使产品存在缺陷,造成人身、他人财产损害的,销售者应当承担赔偿责任。"所以,本案中的店主虽然事先告知火腿肠已过保质期限,但其销售过期变质火腿肠的行为违反了上述法律规定,依法应承担8000余元医疗费的赔偿责任。

135.《产品质量法》对消费者合法权益的保护有哪些规定?

按照《产品质量法》的规定,这部法律对消费者合法权益的保护规定有以下几方面:

(1)法律明确规定了消费者的社会监督权利。消费者有权就产品质量问题向生产者和销售者进行查询,向质量技术监督部门、工商行政管理部门申诉。消费者组织可以支持消费者就产品质量造成的损害,向人民法院提起诉讼。

(2)法律规定经销者必须对消费者购买的产品质量负责。消费者发现购买的产品有质量问题,有权要求销售者对售出的产品负责修理、更换、退货,造成损失的,赔偿损失。其产品范围包括本法调整的所有产品。这既是法律赋予消费者的权利,也是法律规定销售者必须履行的义务和责任。

(3)消费者有权要求获得损害赔偿。因为产品存在危及人体健康和人身、财产安全的不合理的危险,造成了用户和消费者人身伤害、财产损失以后,消费者可以向生产者或者销售者的任何一方提出赔偿要求。消费者享有诉讼的选择权利和获得及时、合理的损害赔偿的权利。赔偿范围包括直接损失、间接损失以及可得经济利益的损失。

(4)法律为消费者解决产品质量纠纷规定了4种处理问题的渠道。发生产品质量纠纷之后,消费者可以选择协商、调解、协议仲裁或者向人民法院起诉4种渠道来解决纠纷。

≫法条链接≫

《产品质量法》第二十二条:消费者有权就产品质量问题,向产品的生产者、销售者查询;向产品质量监督管理部门、工商行政管理部门及有关部门申诉,接受申诉的部门应当负责处理。

《产品质量法》第四十条:售出的产品有下列情形之一的,销售者应当负责修理、更换、退货;给购买产品的用户、消费者造成损失的,销售者应当赔偿损失:

《产品质量法》第四十三条:因产品存在缺陷造成人身、他人财产损害的,受害人可以向产品的生产者要求赔偿,也可以向产品的销售者要求赔偿。属于产品的生产者的责任,产品的销售者赔偿的,产品的销售者有权向产品的生产者追偿。属于产品的销售者的责任,产品的生产者赔偿的,产品的生产者有权向产品的销售者追偿。

《产品质量法》第四十七条:因产品质量发生民事纠纷时,当事人可以通过协商或者调解解决。当事人不愿通过协商、调解解决或者协商、调解不成的，可以根据当事人各方的协议向仲裁机构申请仲裁；当事人各方没有达成仲裁协议的，可以向人民法院起诉。

136. 在什么情况下，因产品存在缺陷造成人身、财产权益损害时生产者不承担责任？

按照《产品质量法》第四十一条的规定，生产者能够证明有下列情形之一的，不承担赔偿责任：(1)未将产品投入流通的；(2)产品投入流通时，引起损害的缺陷尚不存在的；(3)将产品投入流通时的科学技术水平尚不能发现缺陷的存在的。

137. 因产品存在缺陷造成他人人身、财产损害的，受害人如何进行索赔？

按照《产品质量法》第四十三条至第四十八条的规定，因产品存在缺陷造成人身、他人财产损害的，受害人有权进行索赔的程序和内容可以概括为以下几方面：

(1)向谁索赔问题。按照《产品质量法》的规定，因产品存在缺陷造成人身、他人财产损害的，受害人可以向产品的生产者要求赔偿，也可以向产品的销售者要求赔偿。属于产品的生产者的责任，产品的销售者赔偿的，产品的销售者有权向产品的生产者追偿。属于产品的销售者的责任，产品的生产者赔偿的，产品的生产者有权向产品的销售者追偿。

(2)索赔范围。按照《产品质量法》的规定，因产品存在缺陷造成受害人人身伤的，侵害人应当赔偿医疗费、因误工减少的收入、残废者生活补助费等费用；造成受害人死亡的，并应当支付丧葬费、抚恤费、死者生前抚养的人必要的生活费等费用。

因产品存在缺陷造成受害人财产损失的，侵害人应当恢复原状或者折价赔偿。受害人因此遭受其他重大损失的，侵害人应当赔偿损失。

(3)权利行使的诉讼时效。所谓"诉讼时效"，是指权利人请求人民法院以强制程序保护其合法权益而提起诉讼的法定有效期限。换言之，权利人在法定期间内不行使权利，持续达到一定期间，丧失强制力或者胜诉权。按照《产品质量法》的规定，因产品存在缺陷造成损害要求赔偿的诉讼时效期间为二年，自当事人知道或者应当知道其权益受到损害时起计算。因产品存在缺陷造成损害要求赔偿的请求权,在造成损害的缺陷产品交付最初用户、消费者满十年丧失;但是,尚未超过明示的安全使用期的除外。

(4)索赔渠道。因产品质量发生民事纠纷时,当事人可以通过协商或者调解解决。当事人不愿通过协商、调解解决,或者协商、调解不成的,可以根据当事人各方的协议向仲裁机构申请仲裁;当事人各方没有达成仲裁协议的,可以向人民法院起诉。

138. 哪些行为必须遵守《食品安全法》的规定?

按照《食品安全法》的规定,在中华人民共和国境内从事下列活动,应当遵守本法:(1)食品生产和加工,食品流通和餐饮服务;(2)食品添加剂的生产经营;(3)用于食品的包装材料、容器、洗涤剂、消毒剂和用于食品生产经营的工具、设备的生产、经营;(4)食品生产经营者使用食品添加剂、食品相关产品;(5)对食品、食品添加剂和食品相关产品的安全管理;(6)有关食用农产品的质量安全标准的制定和食用农产品安全有关信息的公布。执法部门和执法人员要正确把握食品安全法的适用范围,不得随意扩大,也不得随意缩小。

≫**法条链接**≫

《食品安全法》第二条:在中华人民共和国境内从事下列活动,应当遵守本法:

(一)食品生产和加工(以下称食品生产),食品流通和餐饮服务(以下称食品经营);

(二)食品添加剂的生产经营;

(三)用于食品的包装材料、容器、洗涤剂、消毒剂和用于食品生产经营的工具、设备(以下称食品相关产品)的生产经营;

(四)食品生产经营者使用食品添加剂、食品相关产品;

(五)对食品、食品添加剂和食品相关产品的安全管理。

供食用的源于农业的初级产品(以下称食用农产品)的质量安全管理,遵守《中华人民共和国农产品质量安全法》的规定。但是,制定有关食用农产品的质量安全标准、公布食用农产品安全有关信息,应当遵守本法的有关规定。

139. 县级以上地方人民政府有哪些食品安全监管职责？

按照《食品安全法》的规定，县级以上地方人民政府的食品安全监管职责有以下几方面：

(1)县级以上地方人民政府统一负责、领导、组织、协调本行政区域的食品安全监督管理工作。具体内容包括：一是建立健全食品安全全程监督管理的工作机制；二是统一领导、指挥食品安全突发事件应对工作；三是完善、落实食品安全监督管理责任制，对食品安全监督管理部门进行评议、考核。

(2)建立健全"从农田到餐桌"的全程监督管理的工作机制。在食品生产和销售链的整个过程中，应当采用预防措施，而不只是在最后阶段采用监督管理手段，将有利于更早地发现不适于食用的产品，从源头上解决食品不安全的问题。为此，必须将食品安全监督管理贯穿于从食用农产品种植养殖到食品生产、流通、消费的全过程，采取综合措施，保证各环节上的食品安全。

(3)县级以上地方人民政府确定本级食品安全监管部门的职责。即县级以上地方人民政府应当依照本法和国务院的规定，确定本级卫生行政、农业行政、质量监督、工商行政管理、食品药品监督管理部门的食品安全监督管理职责。

(4)县级以上地方人民政府与上级政府所属部门的关系。食品药品监督管理部曾实行省级以下垂直管理体制，但现在将食品药品监督管理机构省级以下垂直管理改为由地方政府分级管理，业务接受上级主管部门和同级卫生部门的组织指导和监督。进一步加强了地方人民政府的食品安全监管工作。

≫法条链接≫

《食品安全法》第五条：县级以上地方人民政府统一负责、领导、组织、协调本行政区域的食品安全监督管理工作，建立健全食品安全全程监督管理的工作机制；统一领导、指挥食品安全突发事件应对工作；完善、落实食品安全监督管理责任制，对食品安全监督管理部门进行评议、考核。

县级以上地方人民政府依照本法和国务院的规定确定本级卫生行政、农业行政、质量监督、工商行政管理、食品药品监督管理部门的食品安全监督管理职责。有关部门在各自职责范围内负责本行政区域的食品安全监督管理工作。

上级人民政府所属部门在下级行政区域设置的机构应当在所在地人民政府的统一组织、协调下，依法做好食品安全监督管理工作。

140. 什么是《食品安全法》规定的食品安全风险监测制度?

食品安全风险监测是指为了掌握和了解食品安全状况,对食品安全水平进行检验、分析、评价和公告的活动。食品安全风险监测的主要目的不是针对某一个执法,而是为了掌握较为全面的食品安全状况,以便有针对性地对食品安全进行监管,并将监测与风险评估的结果作为制定食品安全标准、确定检查对象和检查频率的科学依据。食品安全风险监测是政府实施食品安全监督管理的重要手段,承担着为政府提供技术决策、技术服务和技术咨询的重要职能。

按照我国《食品安全法》的规定,食品安全风险监测主要对以下三类内容进行监测。

(1)食源性疾病。食源性疾病是指食品中致病因素进入人体引起的感染性、中毒性等疾病。包括常见的食物中毒、肠道传染病、人畜共患传染病、寄生虫病以及化学性有毒有害物质所引起的疾病。这些疾病的共同特点就是致病因素通过食品消化进入人体,因此,每个人都存在着罹患食源性疾病的危险。

(2)食品污染。"食品污染"是食品及其原料在生产、加工、运输、包装、贮存、销售、烹调等过程中,因农药、废水、污水,各种食品添加剂,病虫害和家畜疫病所引起的污染,以及霉菌毒素引起的食品霉变,运输、包装材料中有毒物质等对食品所造成的污染的总称。食品污染可分为生物性污染和化学性污染两大类。

(3)食品中的有害因素。具体包括:①食品污染物;②食品添加剂;③食品中天然存在的有害物质;④食品加工、保藏过程中产生的有害物质等。有害因素按性质可分为生物性因素、化学性因素和物理性因素三类。需要注意的是,食品中可能存在有害因素。

≫法条链接≫

《食品安全法》第十一条:国家建立食品安全风险监测制度,对食源性疾病、食品污染以及食品中的有害因素进行监测。

国务院卫生行政部门会同国务院有关部门制定、实施国家食品安全风险监测计划。省、自治区、直辖市人民政府卫生行政部门根据国家食品安全风险监测计划,结合本行政区域的具体情况,组织制定、实施本行政区域的食品安全风险监测方案。

141. 食品安全标准是什么性质的标准?

根据标准是否具有强制性,产品标准分为强制性标准和推荐性标准。其中,保障人体健康,人身、财产安全的标准和法律、行政法规规定强制执行的标准是强制性标准,其他标准是推荐性标准。食品安全关系人民群众身体健康和生命安全,食品安全标准属于保障人体健康,人身、财产安全的标准,因此,法律规定实行强制标准。

食品安全标准是强制执行的标准意味着食品安全标准具有强制性,食品生产经营者、检验机构以及监管部门必须严格执行。不符合食品安全标准的食品,禁止生产经营;违法生产经营的,须承担相应的民事、行政甚至刑事责任。例如,按照食品安全法的规定,生产经营致病性微生物、农药残留、兽药残留、重金属、污染物质以及其他危害人体健康的物质含量超过食品安全标准限量的食品,生产经营营养成分不符合食品安全标准的专供婴幼儿和其他特定人群的主辅食品等违法行为,将被处以没收违法所得、最高达货值金额五倍的罚款、吊销许可证等行政处罚;构成犯罪的,依法追究刑事责任。

≫法条链接≫

《食品安全法》第十九条:食品安全标准是强制执行的标准。除食品安全标准外,不得制定其他的食品强制性标准。

142. 食品安全标准应当包括哪些内容?

按照《食品安全法》的规定,食品安全标准应当包括以下内容:

(1)食品、食品相关产品中危害人体健康物质的限量规定。具体包括食品、食品相关产品中危害人体健康的物质包括致病性微生物、农药残留、兽药残留、重金属、污染物质以及其他危害人体健康的物质。

(2)食品添加剂的品种、使用范围、用量。我国目前允许使用的食品添加剂包括酸度调节剂、抗结剂、消泡剂、抗氧化剂、漂白剂、膨松剂、胶基糖果中基础剂物质、着色剂、护色剂、乳化剂、酶制剂、基因修饰的微生物、增味剂、面粉处理剂、被膜剂、水分保持剂、营养强化剂、防腐剂、稳定剂和凝固剂、甜味剂、增稠剂、食品用香料、食品工业用加工助剂等种类。

(3)特定人群的主辅食品的营养成分要求。即主要是针对婴幼儿以及其他一些特定人群对主辅食品的营养成分需要制定标准。

(4)对与食品安全、营养有关的标签、标识、说明书的要求。这些内容的标示都应当真实准确、通俗易懂、科学合法,需要制定标准统一要求。

(5)食品生产经营过程中的卫生要求。食品生产经营过程是保证食品安全的重要环节,其中的每个流程都有一定的卫生要求。这些都需要制定标准统一要求。

(6)与食品安全有关的质量要求。质量要求涉及食品安全的,也属于制定食品安全标准的内容。

(7)食品检验方法与规程。食品检验方法与规程包括检测或试验的原理、类别、抽样、取样、操作、精度要求、仪器、设备、检测或试验条件、方法、步骤、数据计算、结果分析、合格标准及复验规则等方面的统一规定。

(8)其他需要制定为食品安全标准的内容。

≫法条链接≫

《食品安全法》第二十条:食品安全标准应当包括下列内容:

(一)食品、食品相关产品中的致病性微生物、农药残留、兽药残留、重金属、污染物质以及其他危害人体健康物质的限量规定;

(二)食品添加剂的品种、使用范围、用量;

(三)专供婴幼儿和其他特定人群的主辅食品的营养成分要求;

(四)对与食品安全、营养有关的标签、标识、说明书的要求;

(五)食品生产经营过程的卫生要求;

(六)与食品安全有关的质量要求;

(七)食品检验方法与规程;

(八)其他需要制定为食品安全标准的内容。

143. 为什么食品安全标准应当供公众免费查阅?

食品安全标准是食品生产经营者依法从事生产经营,规范自身行为的重要依据,对维护公众身体健康、服务经济社会发展具有重要意义。公开食品安全标准,供公众免费查阅,是普及食品安全知识的一项重要内容,可以提高广大消费者的安全意识和防范能力,加强对食品安全的监督。公众只有了解了食品安全标准的内容,提高了食品安全标准意识,才能知道什么是不符合食品安全标准的食品,避免因不了解食品安全标准,误食不符合食品安全标准的食品导致食品安全事故,并将不符合食品安全标准的食品向有关部门进行投诉、举报,加强对食品安全的监督。

另外,公开食品安全标准,也是建设阳光政府、服务型政府的需要,是政府信息公开的要求。按照《政府信息公开条例》规定,行政机关应当及时、准确地公开政府信息。公开食品安全标准,对提高行政机关工作的透明度,促进依法行政,充分发挥对人民群众生产、生活和经济社会活动的服务作用,维护政府权威具有重要意义。

》法条链接》

《食品安全法》第二十六条:食品安全标准应当供公众免费查阅。

144. 食品生产经营应当符合哪些标准?

按照《食品安全法》第二十七条的规定,食品生产经营应当符合食品安全标准,并符合下列要求:

(1)具有与生产经营的食品品种、数量相适应的食品原料处理和食品加工、包装、贮存等场所,保持该场所环境整洁,并与有毒、有害场所以及其他污染源保持规定的距离;

(2)具有与生产经营的食品品种、数量相适应的生产经营设备或者设施,有相应的消毒、更衣、盥洗、采光、照明、通风、防腐、防尘、防蝇、防鼠、防虫、洗涤以及处理废水、存放垃圾和废弃物的设备或者设施;

(3)有食品安全专业技术人员、管理人员和保证食品安全的规章制度;

(4)具有合理的设备布局和工艺流程,防止待加工食品与直接入口食品、原料与成品交叉污染,避免食品接触有毒物、不洁物;

(5)餐具、饮具和盛放直接入口食品的容器,使用前应当洗净、消毒,炊具、用具用后应当洗净,保持清洁;

(6)贮存、运输和装卸食品的容器、工具和设备应当安全、无害,保持清洁,防止食品污染,并符合保证食品安全所需的温度等特殊要求,不得将食品与有毒、有害物品一同运输;

(7)直接入口的食品应当有小包装或者使用无毒、清洁的包装材料、餐具;

(8)食品生产经营人员应当保持个人卫生,生产经营食品时,应当将手洗净,穿戴清洁的工作衣、帽;销售无包装的直接入口食品时,应当使用无毒、清洁的售货工具;

(9)用水应当符合国家规定的生活饮用水卫生标准;

(10)使用的洗涤剂、消毒剂应当对人体安全、无害;

(11)法律、法规规定的其他要求。

145. 哪些食品属于《食品安全法》明确禁止生产经营的？

按照《食品安全法》第二十八条的规定，禁止生产经营下列食品：

(1) 用非食品原料生产的食品或者添加食品添加剂以外的化学物质和其他可能危害人体健康物质的食品，或者用回收食品作为原料生产的食品；

(2) 致病性微生物、农药残留、兽药残留、重金属、污染物质以及其他危害人体健康的物质含量超过食品安全标准限量的食品；

(3) 营养成分不符合食品安全标准的专供婴幼儿和其他特定人群的主辅食品；

(4) 腐败变质、油脂酸败、霉变生虫、污秽不洁、混有异物、掺假掺杂或者感官性状异常的食品；

(5) 病死、毒死或者死因不明的禽、畜、兽、水产动物肉类及其制品；

(6) 未经动物卫生监督机构检疫或者检疫不合格的肉类，或者未经检验或者检验不合格的肉类制品；

(7) 被包装材料、容器、运输工具等污染的食品；

(8) 超过保质期的食品；

(9) 无标签的预包装食品；

(10) 国家为防病等特殊需要明令禁止生产经营的食品；

(11) 其他不符合食品安全标准或者要求的食品。

146. 哪些情形不需要取得食品流通的许可？

根据《食品安全法》的规定，以下三种情形不需要取得食品流通的许可：

(1) 取得食品生产许可的食品生产者在其生产场所销售其生产的食品，不需要取得食品流通的许可。虽然从严格意义上讲，这种情况也属于销售，是食品经营的范畴，但这种情况又具有自己的特点，如生产者固定、销售条件具备，因此法律规定在这种情况下不需要再取得食品流通的许可。

(2) 取得餐饮服务许可的餐饮服务提供者在其餐饮服务场所出售其制作加工的食品，不需要取得食品生产和流通的许可。如有的餐饮服务者在餐厅里生产手工水饺等供消费者购买，从防止行政许可过多、减轻餐饮服务者负担的角度，法律规定在这种情况下不需要取得食品生产和流通的许可。

(3) 农民个人销售其自产的食用农产品，不需要取得食品流通的许可。在一家一户分散经营占多数的农村，农民个人销售其自产的食用农产品很常见。这种现象地域分布广、季节性强,如果都要求办理食品流通的许可,难度很大。考虑到农民的实际需要,法律规定对这种情况,不需要取得食品流通的许可。

>>法条链接>>

《食品安全法》第二十九条:国家对食品生产经营实行许可制度。从事食品生产、食品流通、餐饮服务,应当依法取得食品生产许可、食品流通许可、餐饮服务许可。

取得食品生产许可的食品生产者在其生产场所销售其生产的食品,不需要取得食品流通的许可;取得餐饮服务许可的餐饮服务提供者在其餐饮服务场所出售其制作加工的食品,不需要取得食品生产和流通的许可;农民个人销售其自产的食用农产品,不需要取得食品流通的许可。

147. 法律对食品生产加工小作坊和食品摊贩从事食品生产经营活动有要求吗?

根据《食品安全法》的规定,食品生产加工小作坊和食品摊贩从事食品生产经营活动,应当符合本法规定的与其生产经营规模、条件相适应的食品安全要求,保证所生产经营的食品卫生、无毒、无害,有关部门应当对其加强监督管理,具体管理办法由省、自治区、直辖市人民代表大会常务委员会依照本法制定。

以安徽省为例,虽然目前省人大常委会尚未制定地方性法规,但安徽省政府办公厅已于2010年制定了《关于食品生产加工小作坊和食品摊贩监管职责分工的意见》,该意见明确规定了:(一)以食品加工为主,有异地销售食品行为的食品加工企业、小作坊,如熟肉制品加工店、豆制品加工店、糕点加工店等,由质监部门负责监管;(二)加工食品有固定店面,加工的食品仅限于在店销售并提供就餐服务的食品店,如早点店、小餐馆等(提供简单就餐座位的蛋糕店除外),由食品药品监管部门负责监管;(三)商场、超市、农贸市场内所有的食品加工经营户,符合上述二项的亦由相应部门负责监管;采取前店后坊形式加工食品且现场销售的,及其他单纯从事食品销售的,由工商部门负责监管。总体原则是一个监管对象以一个部门监管为主。

>>法条链接>>

《食品安全法》第二十九条:……

食品生产加工小作坊和食品摊贩从事食品生产经营活动,应当符合本法规定的与其生产经营规模、条件相适应的食品安全要求,保证所生产经营的食品卫生、无毒、无害,有关部门应当对其加强监督管理,具体管理办法由省、自治区、直辖市人民代表大会常务委员会依照本法制定。

148. 法律对食品生产经营人员的健康问题是如何规定的?

根据《食品安全法》第三十四条的规定,食品生产经营者应当建立并执行从业人员健康管理制度。患有痢疾、伤寒、病毒性肝炎等消化道传染病的人员,以及患有活动性肺结核、化脓性或者渗出性皮肤病等有碍食品安全的疾病的人员,不得从事接触直接入口食品的工作。

食品生产经营人员每年都应当进行健康检查,取得健康证明后方可参加工作。

149. 法律为何确立食用农产品生产记录制度?

随着农产品产量大幅度增加,农药、化肥、兽药等农业投入品的大量使用造成农产品中农药残留、兽药残留和其他有毒有害物质超标,导致伤残、中毒死亡事件时有发生,致使农产品质量安全已越来越成为社会广泛关注的焦点和热点问题。为此,根据《食品安全法》的规定,食用农产品的生产企业和农民专业合作经济组织应当建立食用农产品生产记录制度。

建立农产品生产记录,记载使用农业投入品的名称、来源、用法、用量和使用、停用的日期和动物疫病、植物病虫草害的发生和防治情况,以及收获、屠宰或者捕捞的日期等情况,是实现农产品质量可溯源的依据,是规范农业生产管理过程,加强农产品质量安全控制的有效措施。记录上述内容,生产者应是生产记录的记录人,并对生产记录的真实性、完整性承担责任。建立食用农产品生产记录制度的主体是食用农产品的生产企业和农民专业合作经济组织。农民专业合作社是在农村家庭承包经营基础上,同类农产品的生产经营者或者同类农业生产经营服务的提供者、利用者,自愿联合、民主管理的互助性经济组织。法律要求食用农产品的生产企业和农民专业合作经济组织建立食用农产品生产记录制度。

≫**法条链接**≫

《食品安全法》第三十五条:食用农产品生产者应当依照食品安全标准和国家有关规定使用农药、肥料、生长调节剂、兽药、饲料和饲料添加剂等农业投入品。食用农产品的生产企业和农民专业合作经济组织应当建立食用农产品生产记录制度。

县级以上农业行政部门应当加强对农业投入品使用的管理和指导,建立健全农业投入品的安全使用制度。

150. 法律对食品生产企业的采购行为做了哪些规定?

根据《食品安全法》的规定,食品生产企业应当建立食品原料、食品添加剂、食品相关产品进货查验记录制度,记录相关信息,有利于食品可追溯,确保监管链条不断。食品生产者采购时,应当到证照齐全的食品生产经营单位或市场采购,索取销售者或市场管理者出具的购物凭证并留存备查。采购前应按以下要求对产品进行查验:

(1)产品一般卫生状况、产品合格证明和产品标识是否符合国家相关法律、法规的规定。

(2)从食品生产企业或批发市场批量采购食品时,应查验食品是否有按照产品生产批次由符合法定条件的检验机构出具的检验合格报告或者由供货商签字的检验报告复印件。不能提供检验报告或者检验报告复印件的产品,不得采购。

(3)采购生猪肉应查验是否为定点屠宰企业屠宰的产品并查验检疫合格证明;采购其他肉类也应查验检疫合格证明。不得采购没有检疫合格证明的肉类。从固定供货商或供货基地采购食品的,应索取并留存供货基地或供货商的资质证明,供货商或供货基地应签订采购供货合同并保证食品卫生质量。

按照法律的规定,食品原料、食品添加剂、食品相关产品进货查验记录必须真实有效。进货查验记录保存期限不得少于二年,以备查询。

≫法条链接≫

《食品安全法》第三十六条:食品生产者采购食品原料、食品添加剂、食品相关产品,应当查验供货者的许可证和产品合格证明文件;对无法提供合格证明文件的食品原料,应当依照食品安全标准进行检验;不得采购或者使用不符合食品安全标准的食品原料、食品添加剂、食品相关产品。

食品生产企业应当建立食品原料、食品添加剂、食品相关产品进货查验记录制度,如实记录食品原料、食品添加剂、食品相关产品的名称、规格、数量、供货者名称及联系方式、进货日期等内容。

食品原料、食品添加剂、食品相关产品进货查验记录应当真实,保存期限不得少于二年。

151. 法律对食品出厂检验记录是如何规定的？

出厂检验是食品生产中的最后一道工序，是食品生产者能够控制的最后一道关。如果把关不严，就有可能使不符合食品安全标准的食品流入市场。因此，根据《食品安全法》的规定，食品生产者必须如实记录食品的名称、规格、数量、生产日期、生产批号、检验合格证号、购货者名称及联系方式、销售日期等内容，这是食品生产者的法律义务，通过查验并如实记录。

为体现食品出厂检验记录的严肃性，《食品安全法》规定食品出厂检验记录应当真实。食品生产者不得凭空捏造、涂改食品出厂检验记录。为了日后查询方便，出现问题及时追溯，法律规定食品出厂检验记录的保存期限不得少于二年。按照《食品安全法》规定，食品生产经营者未建立并遵守查验记录制度、出厂检验记录制度的，由有关主管部门依据各自职责分工，责令立即改正，给予警告；拒不改正的，处二千元以上二万元以下罚款；情节严重的，责令停产停业，直至吊销许可证。

>> **法条链接** >>

《食品安全法》第三十七条：食品生产企业应当建立食品出厂检验记录制度，查验出厂食品的检验合格证和安全状况，并如实记录食品的名称、规格、数量、生产日期、生产批号、检验合格证号、购货者名称及联系方式、销售日期等内容。

食品出厂检验记录应当真实，保存期限不得少于二年。

152. 法律对食品进货查验记录制度是如何规定的？

食品进货查验制度是指食品经营者根据国家有关规定和同食品生产者或其他供货者之间合同的约定，对购进的食品质量进行检查，符合规定和约定的予以验收的制度。这是法律对食品经营者规定的一项重要法律义务，其目的是为了对食品销售者销售的货源进行把关，保证食品经营者所销售食品的质量。法律对食品进货查验记录制度规定主要有三点：

(1)食品经营者查验的内容。包括供货者的许可证和食品合格的证明文件。供货者有可能是食品生产者，也有可能是其他食品经营者。供货者是食品生产者的，应查验其食品生产许可证；是其他食品经营者的，应查验其食品经营许可证。食品合格的证明文件，包括合格证、合格印章等，是生产者出具的用于证明出产产品的质量经过检验，符合相关要求的标志。

(2)内容和时间要求。食品进货查验记录作为对供货者的许可证和食品合格的证明文件进行查验的书面证明,应当真实,而且保存期限不得少于二年,以备日后查验。

(3)处罚性规定。进货时未查验许可证和相关证明文件的,由有关部门依据各自职责分工,责令立即改正,给予警告;拒不改正的,处二千元以上二万元以下罚款;情节严重的,责令停产停业,直至吊销许可证。

≫**法条链接**≫

《食品安全法》第三十九条:食品经营者采购食品,应当查验供货者的许可证和食品合格的证明文件。

食品经营企业应当建立食品进货查验记录制度,如实记录食品的名称、规格、数量、生产批号、保质期、供货者名称及联系方式、进货日期等内容。

食品进货查验记录应当真实,保存期限不得少于二年。

153. 食品经营者在贮存、销售散装食品时应遵守哪些规定?

根据《食品安全法》的规定,食品经营者在贮存、销售散装食品时应遵守如下规定:

(1)食品经营者贮存散装食品时的标注要求。食品经营者贮存散装食品时,应在贮存位置标明食品的名称、生产日期、保质期、生产者名称及联系方式。

(2)食品经营者销售散装食品的标注要求。具体包括:①经营者采购散装食品时,必须向制售者索取并核对生产者的食品生产许可证和食品检验合格证明等材料,留存复印件备查;②经营者进货后,应按照所采购食品的保存条件的要求进行储存,防止二次污染;③经营者应按照"生熟分开"的原则设定散装食品销售区域;④经营者销售的直接入口食品和不需清洗即可加工的散装食品,经营者应在盛放食品的容器的显著位置或隔离设施上标识出食品名称、配料表、生产者和地址、生产日期、保质期、保存条件、食用方法;经营者具有符合卫生要求的洗涤、消毒、储存和温度调节等设施或设备等;⑤经营者销售需清洗后加工的散装食品时,应在销售货架的明显位置设置标签,并标注以下内容:食品名称、配料表、生产者和地址、生产日期、保质期、保存条件、食用方法等;⑥由经营者重新分装的食品,其标签应按原生产者的产品标识真实标注,必须标明以下内容:食品名称、配料表、生产者和地址、生产日期、保质期、保存条件、食用方法等;⑦散装食品标签标注的生产日期必须与生产者出厂时标注的生产日期相一致;⑧经营者应将不同生产日期的食品区分销售,并标明生产日期。

>>**法条链接**>>

《食品安全法》第四十一条:食品经营者贮存散装食品,应当在贮存位置标明食品的名称、生产日期、保质期、生产者名称及联系方式等内容。

食品经营者销售散装食品,应当在散装食品的容器、外包装上标明食品的名称、生产日期、保质期、生产经营者名称及联系方式等内容。

154. 预包装食品的包装上标签应当标明哪些事项?

根据《食品安全法》第四十二条的规定,预包装食品的包装上应当有标签,而且标签应当标明下列事项:

(1)名称、规格、净含量、生产日期;
(2)成分或者配料表;
(3)生产者的名称、地址、联系方式;
(4)保质期;
(5)产品标准代号;
(6)贮存条件;
(7)所使用的食品添加剂在国家标准中的通用名称;
(8)生产许可证编号;
(9)法律、法规或者食品安全标准规定必须标明的其他事项。

专供婴幼儿和其他特定人群的主辅食品,其标签还应当标明主要营养成分及其含量。

155. 食品添加剂的使用有哪些法律上的要求?

按照《食品安全法》的规定,食品添加剂的使用必须遵守以下规定:

(1)食品生产者应当依照食品安全标准关于食品添加剂的品种、使用范围、用量的规定使用食品添加剂。依据《食品添加剂使用卫生标准》规定,食品添加剂的使用限于下列情况:①保持或提高食品本身的营养价值;②作为某些特殊膳食用食品的必要配料或成分;③提高食品的质量和稳定性,改进其感官特性;④便于食品的生产、加工、包装、运输或者贮藏。

使用时基本要求是:①不应对人体产生任何健康危害;②不应掩盖食品腐败变质;不应掩盖食品本身或加工过程中的质量缺陷或以掺杂、掺假、伪造为目的而使用食品添加剂;③不应降低食品本身的营养价值;④在达到预期的效果下尽可能降低在食品中的用量。

(2)不得在食品生产中使用食品添加剂以外的化学物质和其他可能危害人体健康的物质。在食品中添加食品添加剂以外的化学物质和其他可能危害人体健康的物质,是严重的食品安全违法行为,情节严重的构成犯罪。

(3)食品生产者确需使用未列入《食品添加剂使用卫生标准》或卫生部公告名单的食品添加剂新品种或者对列入《食品添加剂使用卫生标准》或卫生部公告名单的品种扩大使用范围或用量的,应当依法向国务院卫生行政部门提交安全性评估材料申请许可。

>>**法条链接**>>

《食品安全法》第四十六条:食品生产者应当依照食品安全标准关于食品添加剂的品种、使用范围、用量的规定使用食品添加剂;不得在食品生产中使用食品添加剂以外的化学物质和其他可能危害人体健康的物质。

156. 对特定保健功能的食品,法律是如何规定的?

按照《食品安全法》的规定,特定保健功能的食品应受到以下的管理和规范:

(1)国家对保健食品实行严格监管。即由有关监督管理部门依法对保健食品实施严格监管,依法履行监管职责。

(2)保健食品不得对人体产生急性、亚急性或者慢性危害。保健食品最基本的要求是安全,不允许有任何毒副作用,不得对人体产生任何健康危害。保健食品所使用的原料和辅料应当对人体健康安全无害,符合国家标准和安全要求。

(3)保健食品的标签、说明书不得涉及疾病预防、治疗功能。即保健食品不得用"治疗"、"治愈"、"疗效"、"痊愈"、"医治"等词汇描述和介绍产品的保健作用,也不得以图形、符号或其他形式暗示疾病预防、治疗功能。

(4)保健食品的标签、说明书内容必须真实。即标签、说明书标示的产品名称、主要原(辅)料、功效成分或者标志性成分及含量、保健功能、适宜人群、不适宜人群、食用量与食用方法、规格、保质期、贮藏方法、批准文号和注意事项等内容应当与产品的真实状况相符,并与批准文书中的内容相一致。

(5)保健食品的标签、说明书应当载明适宜人群、不适宜人群、功效成分或者标志性成分及其含量等。即适宜人群的分类与表示应明确。当保健食品不适宜于某类人群时,应在"适宜人群"之后,标示不适宜食用的人群,其字体应略大于

"适宜人群"的内容。

≫法条链接≫

《食品安全法》第五十一条:国家对声称具有特定保健功能的食品实行严格监管。有关监督管理部门应当依法履职,承担责任。具体管理办法由国务院规定。

声称具有特定保健功能的食品不得对人体产生急性、亚急性或者慢性危害,其标签、说明书不得涉及疾病预防、治疗功能,内容必须真实,应当载明适宜人群、不适宜人群、功效成分或者标志性成分及其含量等;产品的功能和成分必须与标签、说明书相一致。

157. 什么是食品召回制度,应按照什么程序召回食品?

食品召回制度是指食品生产者按照规定程序,对由其生产原因造成的某一批次或类别的不安全食品,通过换货、退货、补充或修正消费说明等方式,及时消除或减少食品安全危害的活动。按照《食品安全法》规定的食品召回程序启动方式,食品召回可分为食品生产者主动召回和监管部门强制召回两种。

(1)主动召回的程序。这种召回的基本程序包括:①食品生产者发现其生产的食品不符合食品安全标准,应当立即停止生产,召回已经上市销售的食品;②食品生产者应当及时通知相关生产经营者停止生产经营,通知消费者停止消费;③食品生产者应当记录召回和通知的情况,如食品召回的批次、数量,通知的方式、范围等;④食品生产者应当及时对召回的不安全食品根据具体情况采取补救、无害化处理、销毁等措施;⑤食品生产者应当及时向监管部门报告食品召回和处理情况;⑥食品经营者发现其经营的食品不符合食品安全标准,应当立即停止经营,通知相关生产经营者和消费者,并记录停止经营和通知情况;⑦县级以上质量监督、工商行政管理部门应当依法对食品生产经营者食品召回和处理或者停止经营的情况进行监督。

(2)责令召回的程序。这种召回的程序是:①县级以上质量监督、工商行政管理部门发现食品生产经营者未依法召回或者停止经营不符合食品安全标准的食品的,可以责令其召回或者停止经营;②食品生产者在接到责令召回的通知后,应当立即停止生产,并按照本条规定的程序召回不符合食品安全标准的食品;③食品经营者在接到责令停止经营的通知后,应当立即停止经营。

≫**法条链接**≫

《食品安全法》第五十三条：国家建立食品召回制度。食品生产者发现其生产的食品不符合食品安全标准，应当立即停止生产，召回已经上市销售的食品，通知相关生产经营者和消费者，并记录召回和通知情况。

食品经营者发现其经营的食品不符合食品安全标准，应当立即停止经营，通知相关生产经营者和消费者，并记录停止经营和通知情况。食品生产者认为应当召回的，应当立即召回。食品生产者应当对召回的食品采取补救、无害化处理、销毁等措施，并将食品召回和处理情况向县级以上质量监督部门报告。

……

158. 在虚假广告中向消费者推荐食品，法律责任如何承担？

按照《食品安全法》的规定，社会团体或者其他组织、个人在虚假广告中向消费者推荐食品，使消费者的合法权益受到损害的，都要与食品生产经营者承担连带责任。具体可以从以下几方面来理解法律的规定：

(1)承担责任的主体包括社会团体或者其他组织、个人。近些年，名人代言虚假广告的案件时有发生。为此，《食品安全法》规定社会团体或者其他组织、个人在虚假广告中向消费者推荐食品，使消费者的合法权益受到损害的，都要与食品生产经营者承担连带责任。

(2)承担责任的方式是连带责任。即消费者可以要求推荐食品的社会团体或者其他组织、个人承担全部或者部分民事责任，也可要求食品生产经营者承担全部或者部分民事责任。推荐食品的社会团体或者其他组织、个人与食品生产经营者之间的责任分配，依照法律或者约定确定。推荐食品的社会团体或者其他组织、个人不得以承担的责任超出与食品生产经营者约定的份额而拒绝消费者要求其承担全部责任的主张。推荐食品的社会团体或者其他组织、个人承担的责任超过应当承担的份额的，可以就超额的部分向食品生产经营者追偿。

≫**法条链接**≫

《食品安全法》第五十五条：社会团体或者其他组织、个人在虚假广告中向消费者推荐食品，使消费者的合法权益受到损害的，与食品生产经营者承担连带责任。

房地产与矿产资源法律制度

159. 什么是土地用途管制制度,其具体内容有哪些?

土地用途管制制度,是指国家为保证土地资源的合理利用,经济、社会和环境的协调发展,通过编制土地利用总体规划划定土地用途区域,确定土地使用限制条件,土地的所有者、使用者严格按照国家确定的用途利用土地的制度。按照《土地管理法》的规定,其内容解读如下:

(1)土地利用总体规划的地位、作用及审批程序。具体规定包括:①各级人民政府应当依据国民经济和社会发展规划、国土整治和资源环境保护的要求、土地供给能力以及各项建设对土地的需求,组织编制土地利用总体规划;②土地利用总体规划的编制原则:一是严格保护基本农田,控制非农业建设占用农用地;二是提高土地利用率;三是统筹安排各类、各区域用地;四是保护和改善生态环境,保障土地的可持续利用;五是占用耕地与开发复垦耕地相平衡;③土地利用总体规划要对土地按用途进行分类;④土地利用总体规划实行分级审批;⑤全国和省级土地利用总体规划为宏观控制性规划,主要任务是在确保耕地总量动态平衡的前提下,统筹安排各类用地,控制城镇建设用地规模;⑥土地利用总体规划的修改,必须经原批准机关批准;未经批准,不得改变土地利用总体规划确定的用途。

(2)农用地转为建设用地的批准权限。具体规定为:建设占用土地,涉及农用地转为建设用地的,应当办理农用地转用审批手续。省、自治区、直辖市人民政府批准的道路、管线工程和大型基础设施建设项目、国务院批准的建设项目占用土地,涉及农用地转为建设用地的,由国务院批准。

(3)征地审批权。具体内容有:征用基本农田,或者征用基本农田以外的耕地超过35公顷的,其他土地超过70公顷的,都必须由国务院批准。征用前述以外的土地的,都由省、自治区、直辖市人民政府批准,并报国务院备案。取消了省级以下人民政府的征地审批权。征用农用地还必须先行办理农用地转用审批。

(4)土地登记制度。即国家依照规定程序将土地的权属、用途、面积、政府对该宗地的利用设置的管制条件等情况登记在专门的簿册上,同时向土地所有者和土地使用者颁发土地证书的一种法律制度。

(5)土地监督检查制度。即县级以上人民政府土地行政主管部门,对包括违反土地用途管制在内的土地违法行为进行监督检查,并对各种土地违法行为规定了相应的法律责任。

≫法条链接≫

《土地管理法》第四条:国家实行土地用途管制制度。

国家编制土地利用总体规划,规定土地用途,将土地分为农用地、建设用地和未利用地。严格限制农用地转为建设用地,控制建设用地总量,对耕地实行特殊保护。

前款所称农用地是指直接用于农业生产的土地,包括耕地、林地、草地、农田水利用地、养殖水面等;建设用地是指建造建筑物、构筑物的土地,包括城乡住宅和公共设施用地、工矿用地、交通水利设施用地、旅游用地、军事设施用地等;未利用地是指农用地和建设用地以外的土地。

使用土地的单位和个人必须严格按照土地利用总体规划确定的用途使用土地。

160. 什么是土地登记制度,它的具体内容有哪些?

土地登记制度是指县级以上人民政府依法将土地的权属、用途、面积等情况登记在专门的簿册上,同时向土地所有者和使用者颁发土地证书以确认土地所有权和使用权的一种法律制度。根据《土地管理法》的规定,国有土地的使用者、农民集体土地的所有者、农民集体土地的建设用地使用者,须进行土地登记。依法登记的土地所有权、土地使用权,受国家法律保护,任何单位和个人不得侵犯。目前,土地登记以县级行政区(含县级市、旗、自治县、市辖区,下同)为单位组织进行。具体工作由县级以上人民政府土地行政主管部门负责。土地登记分初始土地登记和变更土地登记。

其中,初始登记的基本程序概括如下:

(1)公告。初始土地登记开始,由县级人民政府发布土地登记公告。公告内容包括:①土地登记区的划分;②土地登记期限;③土地登记收件地点;④土地登记申请者应提交的有关证件;⑤其他事项。

(2)申报。土地登记申请者申请土地使用权、所有权登记,必须向土地行政主管部门提交下列文件资料:①土地登记申请书;②土地登记申请者的法人代表证明、个人身份证明或户籍证明;③土地权属来源证明;④地上附着物权属证明。

(3)收据的出具与地籍调查。土地行政主管部门接受土地登记申请者提交的申请书及权属来源证明,应在收件簿上载明名称、页数、件数,并给申请者开具收据。各级土地行政主管部门对土地登记申请进行审查,经审查后负责组织辖区内的地籍调查。

(4)权属审核与公告。对土地权属、面积、用途等逐宗进行全面审核,填写审批表。登记申请的审核结果由土地行政主管部门予以公告。土地登记申请者及其他土地权益有关者在公告规定的期限内,可以向土地行政主管部门申请复查,并按规定交复查费。经复查无误,复查费不予退还。经复查确有差错的,复查费由造成差错者负担。

(5)注册登记。公告期满,土地所有者、土地使用者、他项权利拥有者及其他土地权益有关者,对土地申请登记审核结果未提出异议的,报经人民政府批准,进行注册登记。

(6)颁发土地证书。土地证书由市、县人民政府颁发。土地权属证书是土地使用权或者土地所有权的法律凭证。土地证书分为:①集体土地所有权证书;②集体土地建设用地使用权证书;③国有土地使用权证书。

≫法条链接≫

《土地管理法》第十一条:农民集体所有的土地,由县级人民政府登记造册,核发证书,确认所有权。

农民集体所有的土地依法用于非农业建设的,由县级人民政府登记造册,核发证书,确认建设用地使用权。

单位和个人依法使用的国有土地,由县级以上人民政府登记造册,核发证书,确认使用权;其中,中央国家机关使用的国有土地的具体登记发证机关,由国务院确定。

确认林地、草原的所有权或者使用权,确认水面、滩涂的养殖使用权,分别依照《中华人民共和国森林法》、《中华人民共和国草原法》和《中华人民共和国渔业法》的有关规定办理。

161. 在哪些情形下应当进行土地变更登记?

根据《土地管理法》的规定,在下列情形下,应当办理土地变更登记:

(1)非农业建设用地,在工程竣工一个月内,由土地使用者按规定的程序申请复查后再正式办理土地变更登记。

(2)依法通过土地有偿出让、转让取得国有土地使用权的,应持出让、转让合同,向土地行政主管部门申请土地登记。

(3)因赠与或继承、买卖、交换、分割地上附着物引起土地使用权转移的,应持有关的合法证明文件,向土地行政主管部门申请土地变更登记。

(4)因农用土地交换、调整引起土地使用权或土地所有权变更的,应由双方持协议和有关文件到土地行政主管部门申请土地变更登记。

(5)多宗地合并或一宗地分割为两宗以上宗地时,有关各方应持合并或分割协议书及其他合法的证明文件到土地行政主管部门申请土地变更登记。

(6)因机构调整、企业兼并等原因引起土地权属变更的,变更的各方应持有关的合法证明文件到土地行政主管部门申请土地变更登记。

(7)抵押由土地出让、转让取得的国有土地使用权,抵押人与抵押权人应持国有土地使用证和抵押合同到土地行政主管部门申请土地抵押权登记。同一宗地多次抵押时,土地行政主管部门依据收到抵押权登记申请的先后为序进行登记。因债权转让申请土地变更登记时,原抵押权登记次序不变动。因处分抵押财产而取得土地使用权的,抵押人和新取得土地使用权的单位或个人,应共同到土地行政主管部门申请土地变更登记。

(8)因土地征用、划拨、土地使用权依法收回、抵押终止或因自然灾害等原因,土地使用权或所有权消灭的,土地使用者、所有者,应持有关证明文件到土地行政主管部门申请注销土地登记。经土地行政主管部门审核,报县级人民政府批准变更或注销土地登记,吊销土地证书。

(9)因更改土地使用者、所有者的名称、地址,或因变更土地的主要用途和因错、漏登记的,应由土地使用者、所有者,持有关证明文件到土地行政主管部门申请土地变更登记。

按照法律的规定,凡申请土地使用权、所有权变更登记的,除上述需要提交的文件资料外,必须向土地行政主管部门提交原土地证书。土地行政主管部门根据土地使用者、所有者申请变更土地登记的申请书经地籍调查、审核,符合变更土地登记规定的,报人民政府批准后,变更注册登记,更换或更改土地证书,地籍图、土地归户册(土地归户卡组装)作相应的更改。

> ≫**法条链接**≫
>
> 《土地管理法》第十二条:依法改变土地权属和用途的,应当办理土地变更登记手续。

162. 土地权属争议有哪些解决办法?

根据《土地管理法》的规定,土地权属争议有以下几种解决办法,在土地所有权和使用权争议解决以前,任何一方不得改变土地利用现状。

(1)协商解决。土地所有者或者使用者之间在权属发生争议后,各方在自愿互谅的基础上,依照法律的规定,直接进行磋商,自行解决争议。

(2)政府处理。根据《土地管理法》的规定,单位之间的争议,由县级以上人民政府处理。个人之间、个人与单位之间的争议,由乡级人民政府或者县级人民政府处理。人民政府收到争议案件后,一般是对当事人先进行调解,调解不成的进行行政裁决。

(3)当事人对有关人民政府的处理决定不服的,可以自接到处理决定通知之日起三十日内,向人民法院起诉。

需要说明的是,在上述土地所有权和使用权争议解决的三种办法中,如果有关当事人的土地所有权或者使用权的归属需要先由有关人民政府确认的,人民政府的处理是本条所讲提起有关诉讼的前置必经程序,如果没有经过这个程序,人民法院不予受理。

> ≫**法条链接**≫
>
> 《土地管理法》第十六条:土地所有权和使用权争议,由当事人协商解决;协商不成的,由人民政府处理。
>
> 单位之间的争议,由县级以上人民政府处理。个人之间、个人与单位之间的争议,由乡级人民政府或者县级以上人民政府处理。
>
> 当事人对有关人民政府的处理决定不服的,可以自接到处理决定通知之日起三十日内,向人民法院起诉。
>
> 在土地所有权和使用权争议解决前,任何一方不得改变土地利用现状。

163. 什么是占用耕地补偿制度?

占用耕地补偿制度是指非农业建设项目经批准占用耕地的,按照"占多少,垦多少"的原则,由占用耕地的单位负责开垦与所占用耕地的数量和质量相当的耕地;没有条件开垦或者开垦的耕地不符要求的,应当按照省、自治区、直辖市的规定缴纳耕地开垦费,专款用于开垦新的耕地、作出这样的规定是因为过去建设占用大量的耕地,而补充的耕地却很少,造成耕地面积锐减。其具体内容包括:

(1)任何建设占用耕地都必须履行开垦耕地的义务。无论是国家重点工程、城市建设,还是乡镇企业、农村村民建住宅占用耕地都必须履行开垦耕地的义务。即使是中央投资占用耕地也应当履行义务,确保建设占用耕地与开垦耕地的平衡。

(2)开垦耕地的责任者是占用耕地的单位。具体分为三种情况:①城市建设用地统一征地后供地的,承担造地义务的为市、县人民政府,造地的费用可以打入建设用地的成本,但责任必须由县、市政府承担;②城市建设用地外建设项目用地,承担开垦耕地义务的是建设单位,县、市人民政府土地行政主管部门负责监督和验收;③村庄、集镇建设占用耕地,承担开垦耕地义务的是农村集体经济组织或村民委员会,县、市人民政府土地行政主管部门负责监督和验收。

(3)开垦耕地的资金必须落实。即建设单位和地方人民政府都必须根据需要落实开垦耕地的资金。

(4)开垦耕地的地块应当落实。即各地在制定土地利用总体规划时,应当根据当地土地资源的状况制定耕地后备资源开发的区域,使建设单位有地可开。开垦耕地还应当与生态环境建设相结合,防止乱开滥垦。

(5)没有条件开垦,或开垦耕地不符合要求的,建设单位可以缴纳耕地开垦费,由地方政府土地行政主管部门履行造地义务。

≫法条链接≫

《土地管理法》第三十一条:国家保护耕地严格控制耕地转为非耕地。

国家实行占用耕地补偿制度。非农业建设经批准占用耕地的,按照"占多少,垦多少"的原则,由占用耕地的单位负责开垦与所占用耕地的数量和质量相当的耕地;没有条件开垦或者开垦的耕地不符合要求的,应当按照省、自治区、直辖市的规定缴纳耕地开垦费,专款用于开垦新的耕地。

164. 什么是基本农田,它的范围包括哪些?

基本农田是指根据一定时期人口和国民经济对农产品的需求以及对建设用地的预测而确定的、在土地利用总体规划期内未经国务院批准不得占用的耕地。

划定基本农田保护区主要是为了对耕地实行特殊保护。根据《土地管理法》规定，应当划入基本农田保护区的耕地主要有以下几种：

(1)经国务院有关主管部门或者县级以上地方人民政府批准确立的粮、棉、油生产基地内的耕地。主要指国家和地方确定的商品粮基地、商品棉基地和商品油基地。法律要求各级人民政府在编制土地利用总体规划时，应当将国务院有关主管部门或者县级以上地方人民政府批准确立的粮、棉、油生产基地内的耕地划入基本农田保护区。

(2)有良好的水利与水土保护设施的耕地，正在实施改造计划以及可以改造的中、低产田。即除了高产、稳产的耕地以外，有良好的水利与水土保持设施的耕地，也应当纳入基本农田范围。

(3)蔬菜生产基地。为了保证城市居民生活必需的蔬菜需要，对于生产蔬菜需要的耕地，也应当划入基本农田保护区。

(4)农业科研、教学试验田。农业科研、教学试验田是农业生产的高新技术生产基地，对农业的发展、提高农产品产量和质量意义重大，也必须划入基本农田保护区。

(5)国务院规定应当划入基本农田保护区的其他耕地。即除了上述基本农田保护区以外，国务院可以根据粮食生产和经济发展的需要，确定其他应当划入基本农田保护区的耕地。

≫法条链接≫

《土地管理法》第三十四条：国家实行基本农田保护制度。下列耕地应当根据土地利用总体规划划入基本农田保护区，严格管理：

(一)经国务院有关主管部门或者县级以上地方人民政府批准确定的粮、棉、油生产基地内的耕地；

(二)有良好的水利与水土保持设施的耕地，正在实施改造计划以及可以改造的中、低产田；

(三)蔬菜生产基地；

(四)农业科研、教学试验田；

(五)国务院规定应当划入基本农田保护区的其他耕地。

各省、自治区、直辖市划定的基本农田应当占本行政区域内耕地的百分之八十以上。

基本农田保护区以乡(镇)为单位进行划区定界，由县级人民政府土地行政主管部门会同同级农业行政主管部门组织实施。

165. 法律对闲置、荒芜耕地是如何规定的？

根据《土地管理法》第三十七条的规定，禁止任何单位和个人闲置、荒芜耕地。具体内容包括：

(1)已经办理审批手续的非农业建设占用耕地，一年内不用而又可以耕种并收获的，应当由原耕种该幅耕地的集体或者个人恢复耕种，也可以由用地单位组织耕种；一年以上未动工建设的，应当按照省、自治区、直辖市的规定缴纳闲置费；连续两年未使用的，经原批准机关批准，由县级以上人民政府无偿收回用地单位的土地使用权；该幅土地原为农民集体所有的，应当交由原农村集体经济组织恢复耕种。

(2)在城市规划区范围内，以出让方式取得土地使用权进行房地产开发的闲置土地，依照《中华人民共和国城市房地产管理法》的有关规定办理。

(3)承包经营耕地的单位或者个人连续两年弃耕抛荒的，原发包单位应当终止承包合同，收回发包的耕地。

166. 如何依法开垦未利用土地？

根据《土地管理法》的规定，开垦未利用的土地，必须具备以下几个条件：

(1)必须经过科学论证和评估。即对未利用土地的性能、可利用的经济社会价值、开垦对周围环境的影响等因素进行科学的论证，综合评估。经过论证、评估后，认为开垦价值大，不破坏生态环境的，经依法批准后，才能够组织开垦。

(2)必须在土地利用总体规划划定的可开垦的区域内进行。

(3)必须经依法批准。未经批准，不得擅自开垦。

除上述条件外，还必须依法对林地、草原、江河湖滩地特别保护。

≫ **法条链接** ≫

《土地管理法》第三十九条：开垦未利用的土地，必须经过科学论证和评估，在土地利用总体规划划定的可开垦的区域内，经依法批准后进行。禁止毁坏森林、草原开垦耕地，禁止围湖造田和侵占江河滩地。

根据土地利用总体规划，对破坏生态环境开垦、围垦的土地，有计划有步骤地退耕还林、还牧、还湖。

167. 农村土地整理应当按照哪些程序进行？

土地整理主要由县、乡(镇)人民政府组织农村集体经济组织进行,而土地行政主管部门则担负着规划、指导、保证的职能。按照《土地管理法》以及相关法规规章的规定,土地整理的程序应当按照以下几个步骤进行：

(1)选择土地整理区域。包括分析土地整理的潜力,准备土地整理的资金和技术条件,确定土地整理的目标和要求。经与初选区域有关单位、个人充分协调,取得理解和支持后,选定开展土地整理的区域,并予以公告。

(2)进行土地整理规划和设计。根据选定区域的土地利用总体规划的原则要求,编制实施土地整理规划设计,并经广泛征求土地整理参与者的意见,修改完善规划和设计后,申请批准。

(3)通过法律程序批准土地整理实施。根据法律或者政策性规定,通过一定的法律程序,审查土地整理规划设计,经批准的,向社会公告后才准许其实施。

(4)组织土地整理实施,按照批准的土地整理规划和设计,在区域内动员人力、物力、财力,开展土地整理活动。土地整理实施通过调查和测量确定权属,进行工程建设,经过土地评估并重新配置后,最终以登记发证的法律手段,确定整理成果。

(5)宣布土地整理结束。在完成土地整理任务,达到预定目标后,开展地籍更新、资料汇总和归档等工作,形成报告,经法律规定的程序审查验收。

≫法条链接≫

《土地管理法》第四十一条：国家鼓励土地整理。县、乡(镇)人民政府应当组织农村集体经济组织,按照土地利用总体规划,对田、水、路、林、村综合整治,提高耕地质量,增加有效耕地面积,改善农业生产条件和生态环境。

地方各级人民政府应当采取措施,改造中、低产田,整治闲散地和废弃地。

168. 申请使用土地进行建设应遵守哪些法律规定？

按照《土地管理法》第四十三条的规定,申请使用土地进行建设应遵守的规定是：

(1)任何单位和个人进行建设,需要使用土地的,必须依法申请使用国有土地；

(2)兴办乡镇企业和村民建设住宅经依法批准使用本集体经济组织农民集

体所有的土地,或者乡(镇)村公共设施和公益事业建设经依法批准使用农民集体所有土地,可以使用农民集体所有的土地。

169. 由国务院批准的涉及农用地转为建设用地的情形有哪些?

按照《土地管理法》的规定,下列建设项目涉及农用地转为建设用地的,由国务院批准:

(1)国务院批准的建设项目,包括按照国家基本建设程序规定,由国务院及国务院有关部门批准可行性研究报告,并且在城市建设用地规模范围之外需要单独选址并申请办理农用地转用的项目。由国务院和国务院主管部门批准建设的能源、交通、水利、矿山等项目,也包括中央军委批准建设的军事项目的用地。

(2)按照基本建设的规定,由省、自治区、直辖市人民政府批准可行性研究报告的道路、管线工程和大型能源、机场、水利、矿山等大型基础设施建设,需要在城市建设用地规模范围之外单独选址,办理农用地转用的。

(3)建设项目同时需占用城市建设用地规模内和城市建设用地规模外的土地,涉及农用地转为建设用地的,按照建设目的要求申请办理农用地转用审批,并且建设项目的批准权限应由国务院批准的。

≫**法条链接**≫

《土地管理法》第四十四条:建设占用土地,涉及农用地转为建设用地的,应当办理农用地转用审批手续。

省、自治区、直辖市人民政府批准的道路、管线工程和大型基础设施建设项目、国务院批准的建设项目占用土地,涉及农用地转为建设用地的,由国务院批准。

170. 在土地利用总体规划确定的城市和村庄、集镇建设用地规模范围内,农用地转为建设用地的,法律对审批权是如何规定的?

按照《土地管理法》以及相关法规规章的规定,在土地利用总体规划确定的城市和村庄、集镇建设用地规模范围内农用地转为建设用地的,按照规定,其批准权限为:

(1)直辖市、省和自治区人民政府所在地城市、人口在100万以上的城市,以及国务院指定的其他城市的城市建设用地统一开发的,涉及农用地转为建设用地的,由国务院批准。

(2)除上述城市之外的其他城市建设用地统一开发的,县和县级市所在城镇建设用地统一开发的,涉及农用地转为建设用地的,由省级人民政府批准。

(3)乡(镇)土地利用总体规划确定的村庄、集镇建设用地规模范围内的农民宅基地、乡镇企业、乡村公共设施和公益事业建设占地涉及农用地转为建设用地的,由省级人民政府,或省级人民政府授权设区的市、自治州批准。其农用地转用的批准权限与乡(镇)土地利用总体规划的批准权限相一致。

≫**法条链接**≫

《土地管理法》第四十五条:……

在土地利用总体规划确定的城市和村庄、集镇建设用地规模范围内,为实施该规划而将农用地转为建设用地的,按土地利用年度计划分批次由原批准土地利用总体规划的机关批准。在已批准的农用地转用范围内,具体建设项目用地可以由市、县人民政府批准。

171. 征用哪些土地的批准权属于国务院?

按照《土地管理法》以及相关法规规章的规定,国务院对征用土地的批准权为:

(1)基本农田。即依照土地利用总体规划和《基本农田保护条例》划入基本农田保护区、禁止占用的耕地。

(2)基本农田以外的耕地超过35公顷的。这里不包括同时征用基本农田的行为。

(3)其他土地超过70公顷的。"其他土地"耕地之外的所有土地,同时也包括征用耕地35公顷以下其他土地70公顷以下,两项之和超过70公顷的,即只要征用土地的总面积超过70公顷,都必须报国务院批准。

≫**法条链接**≫

《土地管理法》第四十五条:征用下列土地的,由国务院批准:

(一)基本农田;

(二)基本农田以外的耕地超过三十五公顷的;

(三)其他土地超过七十公顷的。

征用前款规定以外的土地的,由省、自治区、直辖市人民政府批准,并报国务院备案。

172. 建设使用国有土地的取得方式有哪几种?

按照《土地管理法》的规定,国有土地的建设使用权取得方式有无偿取得和有偿取得两种方式。

(1)无偿取得。包括:①国家机关用地和军事用地;②城市基础设施用地和公益事业用地;③国家重点扶持的能源、交通、水利等基础设施用地;④法律、行政法规规定的其他用地。无偿划拨的特点是:①划拨土地使用权没有期限的规定;②划拨土地使用权不得转让、出租、抵押,即不得流转。如果需要转让、出租、抵押等,应当办理土地出让手续或经政府批准。土地使用者不需要使用时,由政府无偿收回土地使用权;③对划拨土地使用权用途不得改变;④取得划拨土地使用权,只需缴纳国家取得土地的成本和国家规定的税费,不需缴土地有偿使用费。

(2)有偿取得。包括:①国有土地使用权出让,是指国家将一定年限内的土地使用权出让给土地使用者,由土地使用者一次性向国家支付土地使用权出让金和其他费用的行为。土地使用权出让的年限,由国家和土地使用权受让方通过国有土地使用权出让合同来约定,但国家对出让的最高年限有具体规定,即:居住用地70年;工业用地50年;教育、科技、文化、卫生、体育用地50年;商业、旅游、娱乐用地40年;综合或其他用地50年。合同约定的年限不得超过国务院规定的最高年限,超过最高年限的无效;②国有土地使用权租赁,即国家将一定时期内的土地使用权让与土地使用者使用,而土地使用者按年度向国家缴纳租金的行为;③国有土地使用权作价入股,即将一定时期的国有土地使用权出让金作价,作为国家的投资,计作国家的股份。

≫法条链接≫

《土地管理法》第五十四条:建设单位使用国有土地,应当以出让等有偿使用方式取得;但是,下列建设用地,经县级以上人民政府依法批准,可以以划拨方式取得:

(一)国家机关用地和军事用地;

(二)城市基础设施用地和公益事业用地;

(三)国家重点扶持的能源、交通、水利等基础设施用地;

(四)法律、行政法规规定的其他用地。

173. 法律对临时使用土地有哪些规定?

临时用地是指建设过程中或勘查勘测过程中一些暂设工程和临时设施所需临时使用土地的行为。其特点有:①临时用地不改变土地用途的性质;②临时用地不改变土地权属;③临时用地经批准后,应当签订临时用地合同,并给土地的所有权人和原使用权人的损失予以补偿;④临时用地是指临时使用城市内的空闲、农用地和未利用地。

按照《土地管理法》的规定,临时使用土地应当遵守以下规定:

(1)在城市规划区的临时用地应当先经城市规划行政主管部门同意。按照《城市规划法》的规定在城市规划区内建设的。必须经城市规划行政主管部门同意,属于临时建筑的,应当在规定的期限内拆除。

(2)土地使用者应当与土地所有者签订临时用地合同。如果使用的是农民集体所有的土地,将由农村集体经济组织或村民委员会代表所有者与临时用地使用者签订临时使用土地合同,并收取临时用地补偿费。给原土地使用者或承包经营者造成损失的,由农村集体经济组织或村民委员会用收取的临时用地补偿费予以补偿。

(3)临时用地的性质不得改变。临时使用土地者应当按照合同约定的用途使用土地,临时用地只能是临时使用土地的行为,不能将临时用地改为永久建设用地。

(4)临时用地的期限一般不超过两年。临时用地确需超过两年的,必须经过批准,通过双方的合同约定,或二年后重新办理临时用地手续。特别要防止借临时用地为名,将农用地转为建设用地。

≫法条链接≫

《土地管理法》第五十七条:建设项目施工和地质勘查需要临时使用国有土地或者农民集体所有的土地的,由县级以上人民政府土地行政主管部门批准。其中,在城市规划区内的临时用地,在报批前,应当先经有关城市规划行政主管部门同意。土地使用者应当根据土地权属,与有关土地行政主管部门或者农村集体经济组织、村民委员会签订临时使用土地合同,并按照合同的约定支付临时使用土地补偿费。

临时使用土地的使用者应当按照临时使用土地合同约定的用途使用土地,并不得修建永久性建筑物。

临时使用土地期限一般不超过二年。

174. 在哪些情形下国有土地使用权将被收回?

按照《土地管理法》的规定,有下列情形时,国有土地使用权将被收回:

(1)为公共利益需要使用土地的。包括城市基础设施、公益事业建设,国家重点扶持的能源、交通、水利、矿山、军事设施等建设项目需要使用土地的。

(2)为实施城市规划进行旧城区改建,需要调整使用土地的。事实上,旧城改造中不是将土地使用权收回,而是要对土地使用权进行重新调整。

(3)土地出让等有偿使用合同约定的使用期限届满,土地使用者未申请续期或者申请续期未获批准的。

(4)因单位撤销、迁移等原因,停止使用原划拨的国有土地的。因法律规定,国有划拨土地不得出租、转让等,只能供批准的用地单位按批准的用途使用,如果单位撤销,或迁移不再需要使用,则交回国家。

(5)公路、铁路、机场、矿场等经核准报废的,即公路、铁路、机场、矿场等报废,对这部分土地不再需要使用,国家应当将这部分土地收回。

≫法条链接≫

《土地管理法》第五十八条:有下列情形之一的,由有关人民政府土地行政主管部门报经原批准用地的人民政府或者有批准权的人民政府批准,可以收回国有土地使用权:

(一)为公共利益需要使用土地的;

(二)为实施城市规划进行旧城区改建,需要调整使用土地的;

(三)土地出让等有偿使用合同约定的使用期限届满,土地使用者未申请续期或者申请续期未获批准的;

(四)因单位撤销、迁移等原因,停止使用原划拨的国有土地的;

(五)公路、铁路、机场、矿场等经核准报废的。

175. 法律对乡(镇)村公共设施、公益事业建设用地审批是如何规定的?

按照《土地管理法》的规定,乡(镇)村公共设施、公益事业建设用地审批应遵守以下规定:

(1)乡(镇)村公共设施、公益事业建设需要用地,必须依法提出申请,并按规定的批准权限取得批准。乡村公共设施和公益事业主要指乡村行政办公、文化科学、医疗卫生、教育设施、生产服务和公用事业等,如乡(镇)政府、村民委员会办公、公安、税务、邮电所、学校、医院、农技推广站、敬老院以及乡村级道路、供水、排水、电力、电讯、公共厕所等用地。按本法规定,乡村公共设施、公益事业符合土地利用总体规划,经过批准可以使用农村集体的土地。

(2)乡村公共设施、公益事业使用农民集体所有土地的批准权限由省、自治区、直辖市规定,并由地方人民政府负责审批。各省、自治区、直辖市在制定土地管理法实施条例时将作出明确规定。

(3)乡村公共设施、公益事业使用农民集体所有土地,涉及占用农用地,应当按本法关于农用地转用的审批办法和批准权限办理农用地转用批准。

≫**法条链接**≫

《土地管理法》第六十一条:乡(镇)村公共设施、公益事业建设,需要使用土地的,经乡(镇)人民政府审核,向县级以上地方人民政府土地行政主管部门提出申请,按照省、自治区、直辖市规定的批准权限,由县级以上地方人民政府批准;其中,涉及占用农用地的,依照本法第四十四条的规定办理审批手续。

176. 法律对农村村民住宅用地是如何规定的?

按照《土地管理法》的规定,农村村民住宅用地应符合以下规定:

(1)农村村民实行一户一宅制,即每户农村村民只能在一个地方拥有一处宅基地。按照《土地管理法》规定,农村村民建住宅只能使用本集体经济组织所有的集体土地,因此,农村居民只能在户口所在村(村民组)内申请宅基地,不能到其他乡村(或村民组)内申请宅基地。

(2)农村村民建住宅应当符合土地利用总体规划,并尽量使用原有宅基地和村内空闲地。农村村民建设住宅只能使用乡(镇)土地利用总体规划确定的村庄、集镇建设用地的土地,这是本法确定的原则。

(3)农村村民建住宅,由县级人民政府审批。但涉及占用农用地的,应当办理农用地转用审批。农村村民宅基地审批要公开、公平和公正,要按农村村民自治的原则,发挥村民代表会议的作用,由村民会议讨论是否有申请宅基地的资格。审批前,应当听取农村村民的意见,批准后,应当予以公告,接受群众的监督。

(4)农村村民出卖、出租住房后不得批准宅基地。如果村(或村民组)内由于两户的宅基地都未达到标准,而进行宅基地调剂,由其中一户申请宅基地的,不属此列,经村民会议讨论同意可以依法申请宅基地。

> **法条链接**

《土地管理法》第六十二条:农村村民一户只能拥有一处宅基地,其宅基地的面积不得超过省、自治区、直辖市规定的标准。

农村村民建住宅,应当符合乡(镇)土地利用总体规划,并尽量使用原有的宅基地和村内空闲地。

农村村民住宅用地,经乡(镇)人民政府审核,由县级人民政府批准;其中,涉及占用农用地的,依照本法第四十四条的规定办理审批手续。

农村村民出卖、出租住房后,再申请宅基地的,不予批准。

177. 在哪些情形下农民集体土地使用权将被收回?

按照《土地管理法》的规定,在下列情形下,农民集体土地使用权将被收回:

(1)为了乡(镇)村公共设施和公益事业建设,需要使用土地的。乡(镇)村公共设施和公益事业是为了乡村村民的共同利益而建设的,因此,必要时,集体土地使用权可以收回。

(2)不按批准用途使用的。我国对建设用地实行严格的管理制度,擅自改变土地用途属违法用地,农村集体经济组织有权收回土地使用权。

(3)因撤销、迁移等原因而停止使用土地的。为了使土地资源合理利用,可以重新安排使用。但企业的破产和兼并,或虽单位迁移土地仍利用的不能收回。

收回集体土地使用权必须经原批准用地人民政府批准。如果没有原批准机关的,报县、市人民政府批准。最后,针对第一种情形而收回土地使用权的,应当根据土地使用权人的损失情况予以补偿。

> **法条链接**

《土地管理法》第六十五条:有下列情形之一的,农村集体经济组织报经原批准用地的人民政府批准,可以收回土地使用权:

(一)为乡(镇)村公共设施和公益事业建设,需要使用土地的;

(二)不按照批准的用途使用土地的;

(三)因撤销、迁移等原因而停止使用土地的。

依照前款第(一)项规定收回农民集体所有的土地的,对土地使用权人应当给予适当补偿。

178. 设立房地产开发企业必须具备哪些条件？

按照《城市房产管理法》第三十条的规定，房地产开发企业是以营利为目的，从事房地产开发和经营的企业。设立房地产开发企业，应当具备下列条件：

(1) 有自己的名称和组织机构；

(2) 有固定的经营场所；

(3) 有符合国务院规定的注册资本；

(4) 有足够的专业技术人员；

(5) 法律、行政法规规定的其他条件。

设立房地产开发企业，应当向工商行政管理部门申请设立登记。工商行政管理部门对符合本法规定条件的，应当予以登记，发给营业执照；对不符合本法规定条件的，不予登记。

设立有限责任公司、股份有限公司，从事房地产开发经营的，还应当执行公司法的有关规定。

房地产开发企业在领取营业执照后的一个月内，应当到登记机关所在地的县级以上地方人民政府规定的部门备案。

179. 以出让方式取得土地使用权的，转让房地产时，应当符合哪些条件？

按照《城市房产管理法》第三十九条的规定，以出让方式取得土地使用权的，转让房地产时，应当符合下列条件：

(1) 按照出让合同约定已经支付全部土地使用权出让金，并取得土地使用权证书；

(2) 按照出让合同约定进行投资开发，属于房屋建设工程的，完成开发投资总额的百分之二十五以上，属于成片开发土地的，形成工业用地或者其他建设用地条件。

转让房地产时房屋已经建成的，还应当持有房屋所有权证书。

180. 哪些房地产不得转让？

房地产转让是指房地产权利人通过买卖、赠与或者其他合法方式将其房地产转移给他人的行为。按照《城市房产管理法》第三十八条的规定，下列房地产，不得转让：

(1)以出让方式取得土地使用权的，不符合本法第三十九条规定的条件的；

(2)司法机关和行政机关依法裁定、决定查封或者以其他形式限制房地产权利的；

(3)依法收回土地使用权的；

(4)共有房地产，未经其他共有人书面同意的；

(5)权属有争议的；

(6)未依法登记领取权属证书的；

(7)法律、行政法规规定禁止转让的其他情形。

181. 商品房预售应当符合哪些条件？

按照《城市房产管理法》第四十五条的规定，商品房预售，应当符合下列条件：

(1)已交付全部土地使用权出让金，取得土地使用权证书；

(2)持有建设工程规划许可证；

(3)按提供预售的商品房计算，投入开发建设的资金达到工程建设总投资的百分之二十五以上，并已经确定施工进度和竣工交付日期；

(4)向县级以上人民政府房产管理部门办理预售登记，取得商品房预售许可证明。

商品房预售人应当按照国家有关规定将预售合同报县级以上人民政府房产管理部门和土地管理部门登记备案。

商品房预售所得款项，必须用于有关的工程建设。

182. 法律对矿产资源的权属是如何界定的？

按照《矿产资源管理法》第三条的规定，矿产资源属于国家所有，由国务院行使国家对矿产资源的所有权。地表或者地下的矿产资源的国家所有权，不因其所依附的土地的所有权或者使用权的不同而改变。国家保障矿产资源的合理开发利用。禁止任何组织或个人用任何手段侵占或者破坏矿产资源。

勘查、开采矿产资源，必须依法分别申请、经批准取得探矿权、采矿权，并办理登记；但是，已经依法申请取得采矿权的矿山企业在划定的矿区范围内为本企业的生产而进行的勘查除外。国家保护探矿权和采矿权不受侵犯，保障矿区和勘查作业区的生产秩序、工作秩序不受影响和破坏。从事矿产资源勘查和开采的，必须符合规定的资质条件。

183. 采矿人申请采矿许可证应提交哪些资料？

按照《矿产资源开采登记管理办法》第五条的规定，采矿权申请人申请办理采矿许可证时，应当向登记管理机关提交下列资料：

(1)申请登记书和矿区范围图；
(2)采矿权申请人资质条件的证明；
(3)矿产资源开发利用方案；
(4)依法设立矿山企业的批准文件；
(5)开采矿产资源的环境影响评价报告；
(6)国务院地质矿产主管部门规定提交的其他资料。

另外，申请开采国家规划矿区或者对国民经济具有重要价值的矿区内的矿产资源和国家实行保护性开采的特定矿种的，还应当提交国务院有关主管部门的批准文件。

申请开采石油、天然气的，还应当提交国务院批准设立石油公司或者同意进行石油、天然气开采的批准文件以及采矿企业法人资格证明。

184. 开采哪些矿产资源由国务院地质矿产主管部门审批？

按照《矿产资源管理法》第十六条的规定，开采下列矿产资源的，由国务院地质矿产主管部门审批，并颁发采矿许可证：

(1)国家规划矿区和对国民经济具有重要价值的矿区内的矿产资源；
(2)前项规定区域以外可供开采的矿产储量规模在大型以上的矿产资源；
(3)国家规定实行保护性开采的特定矿种；
(4)领海及中国管辖的其他海域的矿产资源；
(5)国务院规定的其他矿产资源。

185. 在哪些情形下采矿人可以免缴采矿权使用费和采矿权价款？

按照《矿产资源开采登记管理办法》第十二条的规定，有下列情形之一的，由采矿权人提出申请，经省级以上人民政府登记管理机关按照国务院地质矿产主

管部门会同国务院财政部门制定的《采矿权使用费和采矿权价款的减免办法》审查批准,可以减缴、免缴采矿权使用费和采矿权价款:
(1)开采边远贫困地区的矿产资源的;
(2)开采国家紧缺的矿种的;
(3)因自然灾害等不可抗力的原因,造成矿山企业严重亏损或者停产的;
(4)国务院地质矿产主管部门和国务院财政部门规定的其他情形。

186. 哪些地区不得开采矿产资源?

按照《矿产资源管理法》第二十条的规定,非经国务院授权的有关主管部门同意,不得在下列地区开采矿产资源:
(1)港口、机场、国防工程设施圈定地区以内;
(2)重要工业区、大型水利工程设施、城镇市政工程设施附近一定距离以内;
(3)铁路、重要公路两侧一定距离以内;
(4)重要河流、堤坝两侧一定距离以内;
(5)国家划定的自然保护区、重要风景区,国家重点保护的不能移动的历史文物和名胜古迹所在地;
(6)国家规定不得开采矿产资源的其他地区。

税收等经济法律制度

187. 法律对办理开业税务登记是如何规定的？

按照《税收征收管理法》第十五条的规定，企业，企业在外地设立的分支机构和从事生产、经营的场所，个体工商户和从事生产、经营的事业单位自领取营业执照之日起 30 日内，持有关证件，向税务机关申报办理税务登记。税务机关应当自收到申报之日起 30 日内审核并发给税务登记证件。

在上述基础上，《税收征收管理法实施细则》第十二条第一款进一步规定，从事生产、经营的纳税人，应当自领取营业执照之日起 30 日内，向生产、经营地或纳税义务发生地的主管税务机关申报办理税务登记，如实填写税务登记表，并按照税务机关的要求提供有关的证件、资料。

188. 纳税人在办理哪些涉税事项时必须持税务登记证件？

按照《税收征收管理法实施细则》第十八条的规定，除按照规定不需要发给税务登记证件的外，纳税人办理下列事项时必须持税务登记证件：(1)开立银行账户；(2)申请减税、免税、退税；(3)申请办理延期申报、延期缴纳税款；(4)领购发票；(5)申请开具外出经营活动税收管理证明；(6)办理停业、歇业；(7)其他有关税务事项。

189. 纳税人办理纳税申报时应报送哪些有关证件、资料？

按照《税收征收管理法实施细则》第三十四条的规定，纳税人办理纳税申报时，应当如实填写纳税申报表，并根据不同的情况相应报送下列有关证件、资料：

(1)财务会计报表及其说明材料；

(2)与纳税有关的合同、协议书及凭证；

(3)税控装置的电子报税资料;
(4)外出经营活动税收管理证明和异地完税凭证;
(5)境内或者境外公证机构出具的有关证明文件;
(6)税务机关规定应当报送的其他有关证件、资料。

190. 发票的填开有哪些要求?

按照《中华人民共和国发票管理办法》第二十三条及《中华人民共和国发票管理办法实施细则》第二十六条至第二十八条的有关规定开具和使用发票,应当遵守以下规定:

(1)用票单位和个人填开发票时,必须内容真实,字迹清楚,项目填写齐全;

(2)开具发票应当按照规定的时限、顺序,逐栏、全部联次一次性如实开具,并加盖单位财务印章或者发票专用章;

(3)使用电子计算机开具发票,须经主管税务机关批准,并使用税务机关统一监制的机外发票,开具的存根联应当按照顺序号装订成册;

(4)任何单位和个人不得转借、转让、代开发票;未经税务机关批准,不得拆本使用发票;不得自行扩大专业发票使用范围;

(5)发票限于领购单位和个人在规定的区域内填开,未经税务机关批准不得跨市、县携带空白发票填开;

(6)填开发票的单位和个人必须在发生经营业务确认营业收入时开具发票。未发生经营业务一律不准开具发票;

(7)纳税人要完整、准确填写发票封面上记载的用票具体情况。

191. 哪些个人所得应缴纳个人所得税?

按照《个人收入所得税法》第二条的规定,下列各项个人所得,应纳个人所得税:

(1)工资、薪金所得;
(2)个体工商户的生产、经营所得;
(3)对企事业单位的承包经营、承租经营所得;
(4)劳务报酬所得;
(5)稿酬所得;
(6)特许权使用费所得;

(7)利息、股息、红利所得;

(8)财产租赁所得;

(9)财产转让所得;

(10)偶然所得;

(11)经国务院财政部门确定征税的其他所得。

192. 个人所得税的税率是如何确定的?

按照《个人收入所得税法》第三条的规定,个人所得税的税率如下:

(1)工资、薪金所得,适用超额累进税率,税率为百分之三至百分之四十五。

(2)个体工商户的生产、经营所得和对企事业单位的承包经营、承租经营所得,适用百分之五至百分之三十五的超额累进税率。

(3)稿酬所得,适用比例税率,税率为百分之二十,并按应纳税额减征百分之三十。

(4)劳务报酬所得,适用比例税率,税率为百分之二十。对劳务报酬所得一次收入畸高的,可以实行加成征收,具体办法由国务院规定。

(5)特许权使用费所得,利息、股息、红利所得,财产租赁所得,财产转让所得,偶然所得和其他所得,适用比例税率,税率为百分之二十。

193. 哪些个人所得依法免纳个人所得税?

按照《个人收入所得税法》第四条的规定,下列各项个人所得,免纳个人所得税:

(1)省级人民政府、国务院部委和中国人民解放军军以上单位,以及外国组织、国际组织颁发的科学、教育、技术、文化、卫生、体育、环境保护等方面的奖金;

(2)国债和国家发行的金融债券利息;

(3)按照国家统一规定发给的补贴、津贴;

(4)福利费、抚恤金、救济金;

(5)保险赔款;

(6)军人的转业费、复员费;

(7)按照国家统一规定发给干部、职工的安家费、退职费、退休工资、离休工资、离休生活补助费;

(8)依照我国有关法律规定应予免税的各国驻华使馆、领事馆的外交代表、领事官员和其他人员的所得；

(9)中国政府参加的国际公约、签订的协议中规定免税的所得；

(10)经国务院财政部门批准免税的所得。

194. 哪些情形经批准可以减征个人所得税？

按照《个人收入所得税法》第五条的规定，有下列情形之一的，经批准可以减征个人所得税：

(1)残疾、孤老人员和烈属的所得；

(2)因严重自然灾害造成重大损失的；

(3)其他经国务院财政部门批准减税的。

195. 应纳税所得额是如何计算的？

按照《个人收入所得税法》第六条的规定，应纳税所得额应当按照以下标准计算：

(1)工资、薪金所得，以每月收入额减除费用三千五百元后的余额，为应纳税所得额。

(2)个体工商户的生产、经营所得，以每一纳税年度的收入总额减除成本、费用以及损失后的余额，为应纳税所得额。

(3)对企事业单位的承包经营、承租经营所得，以每一纳税年度的收入总额，减除必要费用后的余额，为应纳税所得额。

(4)劳务报酬所得、稿酬所得、特许权使用费所得、财产租赁所得，每次收入不超过四千元的，减除费用八百元；四千元以上的，减除百分之二十的费用，其余额为应纳税所得额。

(5)财产转让所得，以转让财产的收入额减除财产原值和合理费用后的余额，为应纳税所得额。

(6)利息、股息、红利所得，偶然所得和其他所得，以每次收入额为应纳税所得额。

个人将其所得对教育事业和其他公益事业捐赠的部分，按照国务院有关规定从应纳税所得中扣除。

对在中国境内无住所而在中国境内取得工资、薪金所得的纳税义务人和在中国境内有住所而在中国境外取得工资、薪金所得的纳税义务人，可以根据其平均收入水平、生活水平以及汇率变化情况确定附加减除费用，附加减除费用适用的范围和标准由国务院规定。

196. 房产赠与需要缴税吗？

按照《财政部、国家税务总局关于个人无偿受赠房屋有关个人所得税问题的通知》(财税[2009]78号)的规定，以下情形的房屋产权无偿赠与，对当事双方不征收个人所得税：

(1)房屋产权所有人将房屋产权无偿赠与配偶、父母、子女、祖父母、外祖父母、孙子女、外孙子女、兄弟姐妹；

(2)房屋产权所有人将房屋产权无偿赠与对其承担直接抚养或者赡养义务的抚养人或者赡养人；

(3)房屋产权所有人死亡，依法取得房屋产权的法定继承人、遗嘱继承人或者受遗赠人。

其他人之间的赠与行为，应依法缴纳个人所得税。房屋产权所有人将房屋产权无偿赠与他人的，受赠人因无偿受赠房屋取得的受赠所得，按照"经国务院财政部门确定征税的其他所得"项目缴纳个人所得税，税率为百分之二十，但可以扣除办理房屋过户过程中的相关税费。

197. 哪些行为属于不正当竞争行为？

按照《反不正当竞争法》第五条至第十五条的规定，不正当竞争行为包括：

(1)采取假冒或混淆等不正当手段从事市场交易的行为。具体包括：①假冒他人的注册商标；②擅自使用知名商品特有的名称、包装、装潢，或者使用与知名商品近似的名称、包装、装潢，造成和他人的知名商品相混淆，使购买者误认为是该知名商品；③擅自使用他人的企业名称或者姓名，引人误认为是他人的商品；④在商品上伪造或者冒用认证标志、名优标志等质量标志，伪造产地，对商品质量作引人误解的虚假表示。

(2)商业贿赂行为。

(3)引人误解的虚假宣传行为。

(4)侵犯商业秘密的行为。

(5)不正当有奖销售行为。

(6)损害他人商业信誉或商品声誉行为。

(7)公用企业或具有独占地位的经营者强制交易行为。

(8)滥用行政权力限制竞争行为。

(9)以排挤竞争对手为目的、以低于成本的价格销售商品的行为。

(10)搭售和附加不合理交易条件行为。

(11)串通投标招标行为。

198. 哪些行为属于不正当有奖销售行为？

不正当有奖销售是指经营者在销售商品或提供服务时，以欺骗或其他不正当手段，附带提供给用户和消费者金钱、实物或其他好处，作为对交易的奖励。它有两种表现形式：一种是奖励给所有购买者的附赠式有奖销售，一种是奖励部分购买者的抽奖式有奖销售。

《反不正当竞争法》第十三条以列举方式禁止经营者从事三类有奖销售行为。《关于禁止有奖销售活动中不正当竞争行为的若干规定》对第十三条加以细化，禁止以下列方式进行有奖销售：

(1)谎称有奖销售或对所设奖的种类、中奖概率、最高奖金额、总金额、奖品种类、数量、质量、提供方法等作虚假不实的表示；

(2)采取不正当手段故意让内定人员中奖；

(3)故意将设有中奖标志的商品、奖券不投放市场或不与商品、奖券同时投放，或者故意将带有不同奖金金额或奖品标志的商品、奖券按不同时间投放市场；

(4)抽奖式的有奖销售，最高奖的金额超过5000元(以非现金的物品或者其他经济利益作为奖励的，按照同期市场同类商品或者服务的正常价格折算其金额)；

(5)利用有奖销售手段推销质次价高的商品；

(6)其他欺骗性有奖销售行为。

≫ **法条链接** ≫

《反不正当竞争法》第十三条：经营者不得从事下列有奖销售：

(一)采用谎称有奖或者故意让内定人员中奖的欺骗方式进行有奖销售；

(二)利用有奖销售的手段推销质次价高的商品；

(三)抽奖式的有奖销售，最高奖的金额超过五千元。

199. 在哪些情形下,以低于成本的价格销售商品不属于不正当竞争行为?

按照《反不正当竞争法》第十一条的规定,经营者不得以排挤竞争对手为目的,以低于成本的价格销售商品。

有下列情形之一的,不属于不正当竞争行为:

(1)销售鲜活商品;

(2)处理有效期限即将到期的商品或者其他积压的商品;

(3)季节性降价;

(4)因清偿债务、转产、歇业降价销售商品。

200. 《水法》对河道管理范围内的各类生产建设活动作出了哪些规定?

《水法》第三十七条至第三十九条对河道管理范围内的生产建设活动做了如下规定:

(1)禁止在江河、湖泊、水库、运河、渠道内弃置、堆放阻碍行洪的物体和种植阻碍行洪的林木及高秆作物。

(2)禁止在河道管理范围内建设妨碍行洪的建筑物、构筑物以及从事影响河势稳定、危害河岸堤防安全和其他妨碍河道行洪的活动。

(3)在河道管理范围内建设桥梁、码头和其他拦河、跨河、临河建筑物、构筑物,铺设跨河管道、电缆,应当符合国家规定的防洪标准和其他有关的技术要求。工程建设方案应当依照防洪法的有关规定报经有关水行政主管部门审查同意。

(4)在河道管理范围内采砂,影响河势稳定或者危及堤防安全的,有关县级以上人民政府水行政主管部门应当划定禁采区和规定禁采期,并予以公告。

附 录

中华人民共和国劳动法

(1994年7月5日第八届全国人民代表大会
常务委员会第八次会议通过)

第一章 总 则

第一条 为了保护劳动者的合法权益,调整劳动关系,建立和维护适应社会主义市场经济的劳动制度,促进经济发展和社会进步,根据宪法,制定本法。

第二条 在中华人民共和国境内的企业、个体经济组织(以下统称用人单位)和与之形成劳动关系的劳动者,适用本法。

国家机关、事业组织、社会团体和与之建立劳动合同关系的劳动者,依照本法执行。

第三条 劳动者享有平等就业和选择职业的权利、取得劳动报酬的权利、休息休假的权利、获得劳动安全卫生保护的权利、接受职业技能培训的权利、享受社会保险和福利的权利、提请劳动争议处理的权利以及法律规定的其他劳动权利。

劳动者应当完成劳动任务,提高职业技能,执行劳动安全卫生规程,遵守劳动纪律和职业道德。

第四条 用人单位应当依法建立和完善规章制度,保障劳动者享有劳动权利和履行劳动义务。

第五条 国家采取各种措施,促进劳动就业,发展职业教育,制定劳动标准,调节社会收入,完善社会保险,协调劳动关系,逐步提高劳动者的生活水平。

第六条 国家提倡劳动者参加社会义务劳动,开展劳动竞赛和合理化建议活动,鼓励和保护劳动者进行科学研究、技术革新和发明创造,表彰和奖励劳动模范和先进工作者。

第七条　劳动者有权依法参加和组织工会。

工会代表和维护劳动者的合法权益,依法独立自主地开展活动。

第八条　劳动者依照法律规定,通过职工大会、职工代表大会或者其他形式,参与民主管理或者就保护劳动者合法权益与用人单位进行平等协商。

第九条　国务院劳动行政部门主管全国劳动工作。

县级以上地方人民政府劳动行政部门主管本行政区域内的劳动工作。

第二章　促进就业

第十条　国家通过促进经济和社会发展,创造就业条件,扩大就业机会。

国家鼓励企业、事业组织、社会团体在法律、行政法规规定的范围内兴办产业或者拓展经营,增加就业。

国家支持劳动者自愿组织起来就业和从事个体经营实现就业。

第十一条　地方各级人民政府应当采取措施,发展多种类型的职业介绍机构,提供就业服务。

第十二条　劳动者就业,不因民族、种族、性别、宗教信仰不同而受歧视。

第十三条　妇女享有与男子平等的就业权利。在录用职工时,除国家规定的不适合妇女的工种或者岗位外,不得以性别为由拒绝录用妇女或者提高对妇女的录用标准。

第十四条　残疾人、少数民族人员、退出现役的军人的就业,法律、法规有特别规定的,从其规定。

第十五条　禁止用人单位招用未满十六周岁的未成年人。

文艺、体育和特种工艺单位招用未满十六周岁的未成年人,必须依照国家有关规定,履行审批手续,并保障其接受义务教育的权利。

第三章　劳动合同和集体合同

第十六条　劳动合同是劳动者与用人单位确立劳动关系、明确双方权利和义务的协议。

建立劳动关系应当订立劳动合同。

第十七条　订立和变更劳动合同,应当遵循平等自愿、协商一致的原则,不得违反法律、行政法规的规定。

劳动合同依法订立即具有法律约束力,当事人必须履行劳动合同规定的义务。

第十八条 下列劳动合同无效：

(一)违反法律、行政法规的劳动合同；

(二)采取欺诈、威胁等手段订立的劳动合同。

无效的劳动合同，从订立的时候起，就没有法律约束力。确认劳动合同部分无效的，如果不影响其余部分的效力，其余部分仍然有效。

劳动合同的无效，由劳动争议仲裁委员会或者人民法院确认。

第十九条 劳动合同应当以书面形式订立，并具备以下条款：

(一)劳动合同期限；

(二)工作内容；

(三)劳动保护和劳动条件；

(四)劳动报酬；

(五)劳动纪律；

(六)劳动合同终止的条件；

(七)违反劳动合同的责任。

劳动合同除前款规定的必备条款外，当事人可以协商约定其他内容。

第二十条 劳动合同的期限分为有固定期限、无固定期限和以完成一定的工作为期限。

劳动者在同一用人单位连续工作满十年以上，当事人双方同意续延劳动合同的，如果劳动者提出订立无固定期限的劳动合同，应当订立无固定期限的劳动合同。

第二十一条 劳动合同可以约定试用期。试用期最长不得超过六个月。

第二十二条 劳动合同当事人可以在劳动合同中约定保守用人单位商业秘密的有关事项。

第二十三条 劳动合同期满或者当事人约定的劳动合同终止条件出现，劳动合同即行终止。

第二十四条 经劳动合同当事人协商一致，劳动合同可以解除。

第二十五条 劳动者有下列情形之一的，用人单位可以解除劳动合同：

(一)在试用期间被证明不符合录用条件的；

(二)严重违反劳动纪律或者用人单位规章制度的；

(三)严重失职，营私舞弊，对用人单位利益造成重大损害的；

(四)被依法追究刑事责任的。

第二十六条　有下列情形之一的,用人单位可以解除劳动合同,但是应当提前三十日以书面形式通知劳动者本人:

(一)劳动者患病或者非因工负伤,医疗期满后,不能从事原工作也不能从事由用人单位另行安排的工作的;

(二)劳动者不能胜任工作,经过培训或者调整工作岗位,仍不能胜任工作的;

(三)劳动合同订立时所依据的客观情况发生重大变化,致使原劳动合同无法履行,经当事人协商不能就变更劳动合同达成协议的。

第二十七条　用人单位濒临破产进行法定整顿期间或者生产经营状况发生严重困难,确需裁减人员的,应当提前三十日向工会或者全体职工说明情况,听取工会或者职工的意见,经向劳动行政部门报告后,可以裁减人员。

用人单位依据本条规定裁减人员,在六个月内录用人员的,应当优先录用被裁减的人员。

第二十八条　用人单位依据本法第二十四条、第二十六条、第二十七条的规定解除劳动合同的,应当依照国家有关规定给予经济补偿。

第二十九条　劳动者有下列情形之一的,用人单位不得依据本法第二十六条、第二十七条的规定解除劳动合同:

(一)患职业病或者因工负伤并被确认丧失或者部分丧失劳动能力的;

(二)患病或者负伤,在规定的医疗期内的;

(三)女职工在孕期、产期、哺乳期内的;

(四)法律、行政法规规定的其他情形。

第三十条　用人单位解除劳动合同,工会认为不适当的,有权提出意见。如果用人单位违反法律、法规或者劳动合同,工会有权要求重新处理;劳动者申请仲裁或者提起诉讼的,工会应当依法给予支持和帮助。

第三十一条　劳动者解除劳动合同,应当提前三十日以书面形式通知用人单位。

第三十二条　有下列情形之一的,劳动者可以随时通知用人单位解除劳动合同:

(一)在试用期内的;

(二)用人单位以暴力、威胁或者非法限制人身自由的手段强迫劳动的;

(三)用人单位未按照劳动合同约定支付劳动报酬或者提供劳动条件的。

第三十三条　企业职工一方与企业可以就劳动报酬、工作时间、休息休假、劳动安全卫生、保险福利等事项,签订集体合同。集体合同草案应当提交职工代表大会或者全体职工讨论通过。

集体合同由工会代表职工与企业签订;没有建立工会的企业,由职工推举的代表与企业签订。

第三十四条 集体合同签订后应当报送劳动行政部门;劳动行政部门自收到集体合同文本之日起十五日内未提出异议的,集体合同即行生效。

第三十五条 依法签订的集体合同对企业和企业全体职工具有约束力。职工个人与企业订立的劳动合同中劳动条件和劳动报酬等标准不得低于集体合同的规定。

第四章 工作时间和休息休假

第三十六条 国家实行劳动者每日工作时间不超过八小时、平均每周工作时间不超过四十四小时的工时制度。

第三十七条 对实行计件工作的劳动者,用人单位应当根据本法第三十六条规定的工时制度合理确定其劳动定额和计件报酬标准。

第三十八条 用人单位应当保证劳动者每周至少休息一日。

第三十九条 企业因生产特点不能实行本法第三十六条、第三十八条规定的,经劳动行政部门批准,可以实行其他工作和休息办法。

第四十条 用人单位在下列节日期间应当依法安排劳动者休假:

(一)元旦;

(二)春节;

(三)国际劳动节;

(四)国庆节;

(五)法律、法规规定的其他休假节日。

第四十一条 用人单位由于生产经营需要,经与工会和劳动者协商后可以延长工作时间,一般每日不得超过一小时;因特殊原因需要延长工作时间的,在保障劳动者身体健康的条件下延长工作时间每日不得超过三小时,但是每月不得超过三十六小时。

第四十二条 有下列情形之一的,延长工作时间不受本法第四十一条的限制:

(一)发生自然灾害、事故或者因其他原因,威胁劳动者生命健康和财产安全,需要紧急处理的;

(二)生产设备、交通运输线路、公共设施发生故障,影响生产和公众利益,必须及时抢修的;

(三)法律、行政法规规定的其他情形。

第四十三条 用人单位不得违反本法规定延长劳动者的工作时间。

第四十四条 有下列情形之一的,用人单位应当按照下列标准支付高于劳动者正常工作时间工资的工资报酬:

(一)安排劳动者延长工作时间的,支付不低于工资的百分之一百五十的工资报酬;

(二)休息日安排劳动者工作又不能安排补休的,支付不低于工资的百分之二百的工资报酬;

(三)法定休假日安排劳动者工作的,支付不低于工资的百分之三百的工资报酬。

第四十五条 国家实行带薪年休假制度。

劳动者连续工作一年以上的,享受带薪年休假。具体办法由国务院规定。

第五章 工资

第四十六条 工资分配应当遵循按劳分配原则,实行同工同酬。

工资水平在经济发展的基础上逐步提高。国家对工资总量实行宏观调控。

第四十七条 用人单位根据本单位的生产经营特点和经济效益,依法自主确定本单位的工资分配方式和工资水平。

第四十八条 国家实行最低工资保障制度。最低工资的具体标准由省、自治区、直辖市人民政府规定,报国务院备案。

用人单位支付劳动者的工资不得低于当地最低工资标准。

第四十九条 确定和调整最低工资标准应当综合参考下列因素:

(一)劳动者本人及平均赡养人口的最低生活费用;

(二)社会平均工资水平;

(三)劳动生产率;

(四)就业状况;

(五)地区之间经济发展水平的差异。

第五十条 工资应当以货币形式按月支付给劳动者本人。不得克扣或者无故拖欠劳动者的工资。

第五十一条 劳动者在法定休假日和婚丧假期间以及依法参加社会活动期

间,用人单位应当依法支付工资。

第六章　劳动安全卫生

第五十二条　用人单位必须建立、健全劳动安全卫生制度,严格执行国家劳动安全卫生规程和标准,对劳动者进行劳动安全卫生教育,防止劳动过程中的事故,减少职业危害。

第五十三条　劳动安全卫生设施必须符合国家规定的标准。

新建、改建、扩建工程的劳动安全卫生设施必须与主体工程同时设计、同时施工、同时投入生产和使用。

第五十四条　用人单位必须为劳动者提供符合国家规定的劳动安全卫生条件和必要的劳动防护用品,对从事有职业危害作业的劳动者应当定期进行健康检查。

第五十五条　从事特种作业的劳动者必须经过专门培训并取得特种作业资格。

第五十六条　劳动者在劳动过程中必须严格遵守安全操作规程。

劳动者对用人单位管理人员违章指挥、强令冒险作业,有权拒绝执行;对危害生命安全和身体健康的行为,有权提出批评、检举和控告。

第五十七条　国家建立伤亡事故和职业病统计报告和处理制度。县级以上各级人民政府劳动行政部门、有关部门和用人单位应当依法对劳动者在劳动过程中发生的伤亡事故和劳动者的职业病状况,进行统计、报告和处理。

第七章　女职工和未成年工特殊保护

第五十八条　国家对女职工和未成年工实行特殊劳动保护。

未成年工是指年满十六周岁未满十八周岁的劳动者。

第五十九条　禁止安排女职工从事矿山井下、国家规定的第四级体力劳动强度的劳动和其他禁忌从事的劳动。

第六十条　不得安排女职工在经期从事高处、低温、冷水作业和国家规定的第三级体力劳动强度的劳动。

第六十一条　不得安排女职工在怀孕期间从事国家规定的第三级体力劳动强度的劳动和孕期禁忌从事的劳动。对怀孕七个月以上的女职工,不得安排其延长工作时间和夜班劳动。

第六十二条　女职工生育享受不少于九十天的产假。

第六十三条　不得安排女职工在哺乳未满一周岁的婴儿期间从事国家规定的第三级体力劳动强度的劳动和哺乳期禁忌从事的其他劳动,不得安排其延长工作时间和夜班劳动。

第六十四条　不得安排未成年工从事矿山井下、有毒有害、国家规定的第四级体力劳动强度的劳动和其他禁忌从事的劳动。

第六十五条　用人单位应当对未成年工定期进行健康检查。

第八章　职业培训

第六十六条　国家通过各种途径,采取各种措施,发展职业培训事业,开发劳动者的职业技能,提高劳动者素质,增强劳动者的就业能力和工作能力。

第六十七条　各级人民政府应当把发展职业培训纳入社会经济发展的规划,鼓励和支持有条件的企业、事业组织、社会团体和个人进行各种形式的职业培训。

第六十八条　用人单位应当建立职业培训制度,按照国家规定提取和使用职业培训经费,根据本单位实际,有计划地对劳动者进行职业培训。

从事技术工种的劳动者,上岗前必须经过培训。

第六十九条　国家确定职业分类,对规定的职业制定职业技能标准,实行职业资格证书制度,由经过政府批准的考核鉴定机构负责对劳动者实施职业技能考核鉴定。

第九章　社会保险和福利

第七十条　国家发展社会保险事业,建立社会保险制度,设立社会保险基金,使劳动者在年老、患病、工伤、失业、生育等情况下获得帮助和补偿。

第七十一条　社会保险水平应当与社会经济发展水平和社会承受能力相适应。

第七十二条　社会保险基金按照保险类型确定资金来源,逐步实行社会统筹。用人单位和劳动者必须依法参加社会保险,缴纳社会保险费。

第七十三条　劳动者在下列情形下,依法享受社会保险待遇:

(一)退休;

(二)患病、负伤;

(三)因工伤残或者患职业病;

(四)失业;

(五)生育。

劳动者死亡后,其遗属依法享受遗属津贴。

劳动者享受社会保险待遇的条件和标准由法律、法规规定。

劳动者享受的社会保险金必须按时足额支付。

第七十四条　社会保险基金经办机构依照法律规定收支、管理和运营社会保险基金,并负有使社会保险基金保值增值的责任。

社会保险基金监督机构依照法律规定,对社会保险基金的收支、管理和运营实施监督。

社会保险基金经办机构和社会保险基金监督机构的设立和职能由法律规定。

任何组织和个人不得挪用社会保险基金。

第七十五条　国家鼓励用人单位根据本单位实际情况为劳动者建立补充保险。

国家提倡劳动者个人进行储蓄性保险。

第七十六条　国家发展社会福利事业,兴建公共福利设施,为劳动者休息、休养和疗养提供条件。

用人单位应当创造条件,改善集体福利,提高劳动者的福利待遇。

第十章　劳动争议

第七十七条　用人单位与劳动者发生劳动争议,当事人可以依法申请调解、仲裁、提起诉讼,也可以协商解决。

调解原则适用于仲裁和诉讼程序。

第七十八条　解决劳动争议,应当根据合法、公正、及时处理的原则,依法维护劳动争议当事人的合法权益。

第七十九条　劳动争议发生后,当事人可以向本单位劳动争议调解委员会申请调解;调解不成,当事人一方要求仲裁的,可以向劳动争议仲裁委员会申请仲裁。当事人一方也可以直接向劳动争议仲裁委员会申请仲裁。对仲裁裁决不服的,可以向人民法院提起诉讼。

第八十条　在用人单位内,可以设立劳动争议调解委员会。劳动争议调解委员会由职工代表、用人单位代表和工会代表组成。劳动争议调解委员会主任由工会代表担任。

劳动争议经调解达成协议的,当事人应当履行。

第八十一条 劳动争议仲裁委员会由劳动行政部门代表、同级工会代表、用人单位方面的代表组成。劳动争议仲裁委员会主任由劳动行政部门代表担任。

第八十二条 提出仲裁要求的一方应当自劳动争议发生之日起六十日内向劳动争议仲裁委员会提出书面申请。仲裁裁决一般应在收到仲裁申请的六十日内作出。对仲裁裁决无异议的,当事人必须履行。

第八十三条 劳动争议当事人对仲裁裁决不服的,可以自收到仲裁裁决书之日起十五日内向人民法院提起诉讼。一方当事人在法定期限内不起诉又不履行仲裁裁决的,另一方当事人可以申请人民法院强制执行。

第八十四条 因签订集体合同发生争议,当事人协商解决不成的,当地人民政府劳动行政部门可以组织有关各方协调处理。

因履行集体合同发生争议,当事人协商解决不成的,可以向劳动争议仲裁委员会申请仲裁;对仲裁裁决不服的,可以自收到仲裁裁决书之日起十五日内向人民法院提起诉讼。

第十一章 监督检查

第八十五条 县级以上各级人民政府劳动行政部门依法对用人单位遵守劳动法律、法规的情况进行监督检查,对违反劳动法律、法规的行为有权制止,并责令改正。

第八十六条 县级以上各级人民政府劳动行政部门监督检查人员执行公务,有权进入用人单位了解执行劳动法律、法规的情况,查阅必要的资料,并对劳动场所进行检查。

县级以上各级人民政府劳动行政部门监督检查人员执行公务,必须出示证件,秉公执法并遵守有关规定。

第八十七条 县级以上各级人民政府有关部门在各自职责范围内,对用人单位遵守劳动法律、法规的情况进行监督。

第八十八条 各级工会依法维护劳动者的合法权益,对用人单位遵守劳动法律、法规的情况进行监督。

任何组织和个人对于违反劳动法律、法规的行为有权检举和控告。

第十二章 法律责任

第八十九条 用人单位制定的劳动规章制度违反法律、法规规定的,由劳动行政部门给予警告,责令改正;对劳动者造成损害的,应当承担赔偿责任。

第九十条　用人单位违反本法规定,延长劳动者工作时间的,由劳动行政部门给予警告,责令改正,并可以处以罚款。

第九十一条　用人单位有下列侵害劳动者合法权益情形之一的,由劳动行政部门责令支付劳动者的工资报酬、经济补偿,并可以责令支付赔偿金:

(一)克扣或者无故拖欠劳动者工资的;

(二)拒不支付劳动者延长工作时间工资报酬的;

(三)低于当地最低工资标准支付劳动者工资的;

(四)解除劳动合同后,未依照本法规定给予劳动者经济补偿的。

第九十二条　用人单位的劳动安全设施和劳动卫生条件不符合国家规定或者未向劳动者提供必要的劳动防护用品和劳动保护设施的,由劳动行政部门或者有关部门责令改正,可以处以罚款;情节严重的,提请县级以上人民政府决定责令停产整顿;对事故隐患不采取措施,致使发生重大事故,造成劳动者生命和财产损失的,对责任人员比照《刑法》第一百八十七条的规定追究刑事责任。

第九十三条　用人单位强令劳动者违章冒险作业,发生重大伤亡事故,造成严重后果的,对责任人员依法追究刑事责任。

第九十四条　用人单位非法招用未满十六周岁的未成年人的,由劳动行政部门责令改正,处以罚款;情节严重的,由工商行政管理部门吊销营业执照。

第九十五条　用人单位违反本法对女职工和未成年工的保护规定,侵害其合法权益的,由劳动行政部门责令改正,处以罚款;对女职工或者未成年工造成损害的,应当承担赔偿责任。

第九十六条　用人单位有下列行为之一,由公安机关对责任人员处以十五日以下拘留、罚款或者警告;构成犯罪的,对责任人员依法追究刑事责任:

(一)以暴力、威胁或者非法限制人身自由的手段强迫劳动的;

(二)侮辱、体罚、殴打、非法搜查和拘禁劳动者的。

第九十七条　由于用人单位的原因订立的无效合同,对劳动者造成损害的,应当承担赔偿责任。

第九十八条　用人单位违反本法规定的条件解除劳动合同或者故意拖延不订立劳动合同的,由劳动行政部门责令改正;对劳动者造成损害的,应当承担赔偿责任。

第九十九条　用人单位招用尚未解除劳动合同的劳动者,对原用人单位造成经济损失的,该用人单位应当依法承担连带赔偿责任。

第一百条　用人单位无故不缴纳社会保险费的,由劳动行政部门责令其限期缴纳,逾期不缴的,可以加收滞纳金。

第一百零一条 用人单位无理阻挠劳动行政部门、有关部门及其工作人员行使监督检查权,打击报复举报人员的,由劳动行政部门或者有关部门处以罚款;构成犯罪的,对责任人员依法追究刑事责任。

第一百零二条 劳动者违反本法规定的条件解除劳动合同或者违反劳动合同中约定的保密事项,对用人单位造成经济损失的,应当依法承担赔偿责任。

第一百零三条 劳动行政部门或者有关部门的工作人员滥用职权、玩忽职守、徇私舞弊,构成犯罪的,依法追究刑事责任;不构成犯罪的,给予行政处分。

第一百零四条 国家工作人员和社会保险基金经办机构的工作人员挪用社会保险基金,构成犯罪的,依法追究刑事责任。

第一百零五条 违反本法规定侵害劳动者合法权益,其他法律、法规已规定处罚的,依照该法律、行政法规的规定处罚。

第十三章 附则

第一百零六条 省、自治区、直辖市人民政府根据本法和本地区的实际情况,规定劳动合同制度的实施步骤,报国务院备案。

第一百零七条 本法自1995年1月1日起施行。

中华人民共和国劳动合同法

(2007年6月29日第十届全国人民代表大会常务委员会第二十八次会议通过,2012年12月28日第十一届全国人民代表大会常务委员会第三十次会议修订)

第一章 总 则

第一条 为了完善劳动合同制度,明确劳动合同双方当事人的权利和义务,保护劳动者的合法权益,构建和发展和谐稳定的劳动关系,制定本法。

第二条 中华人民共和国境内的企业、个体经济组织、民办非企业单位等组织(以下称用人单位)与劳动者建立劳动关系,订立、履行、变更、解除或者终止劳动合同,适用本法。

国家机关、事业单位、社会团体和与其建立劳动关系的劳动者,订立、履行、变更、解除或者终止劳动合同,依照本法执行。

第三条 订立劳动合同,应当遵循合法、公平、平等自愿、协商一致、诚实信用的原则。

依法订立的劳动合同具有约束力,用人单位与劳动者应当履行劳动合同约定的义务。

第四条 用人单位应当依法建立和完善劳动规章制度,保障劳动者享有劳动权利、履行劳动义务。

用人单位在制定、修改或者决定有关劳动报酬、工作时间、休息休假、劳动安全卫生、保险福利、职工培训、劳动纪律以及劳动定额管理等直接涉及劳动者切身利益的规章制度或者重大事项时,应当经职工代表大会或者全体职工讨论,提出方案和意见,与工会或者职工代表平等协商确定。

在规章制度和重大事项决定实施过程中,工会或者职工认为不适当的,有权向用人单位提出,通过协商予以修改完善。

用人单位应当将直接涉及劳动者切身利益的规章制度和重大事项决定公示,或者告知劳动者。

第五条 县级以上人民政府劳动行政部门会同工会和企业方面代表,建立健全协调劳动关系三方机制,共同研究解决有关劳动关系的重大问题。

第六条 工会应当帮助、指导劳动者与用人单位依法订立和履行劳动合同,并与用人单位建立集体协商机制,维护劳动者的合法权益。

第二章 劳动合同的订立

第七条 用人单位自用工之日起即与劳动者建立劳动关系。用人单位应当建立职工名册备查。

第八条 用人单位招用劳动者时,应当如实告知劳动者工作内容、工作条件、工作地点、职业危害、安全生产状况、劳动报酬,以及劳动者要求了解的其他情况;用人单位有权了解劳动者与劳动合同直接相关的基本情况,劳动者应当如实说明。

第九条 用人单位招用劳动者,不得扣押劳动者的居民身份证和其他证件,不得要求劳动者提供担保或者以其他名义向劳动者收取财物。

第十条 建立劳动关系,应当订立书面劳动合同。

已建立劳动关系,未同时订立书面劳动合同的,应当自用工之日起一个月内订立书面劳动合同。

用人单位与劳动者在用工前订立劳动合同的,劳动关系自用工之日起建立。

第十一条　用人单位未在用工的同时订立书面劳动合同,与劳动者约定的劳动报酬不明确的,新招用的劳动者的劳动报酬按照集体合同规定的标准执行;没有集体合同或者集体合同未规定的,实行同工同酬。

第十二条　劳动合同分为固定期限劳动合同、无固定期限劳动合同和以完成一定工作任务为期限的劳动合同。

第十三条　固定期限劳动合同,是指用人单位与劳动者约定合同终止时间的劳动合同。

用人单位与劳动者协商一致,可以订立固定期限劳动合同。

第十四条　无固定期限劳动合同,是指用人单位与劳动者约定无确定终止时间的劳动合同。

用人单位与劳动者协商一致,可以订立无固定期限劳动合同。有下列情形之一,劳动者提出或者同意续订、订立劳动合同的,除劳动者提出订立固定期限劳动合同外,应当订立无固定期限劳动合同：

(一)劳动者在该用人单位连续工作满十年的;

(二)用人单位初次实行劳动合同制度或者国有企业改制重新订立劳动合同时,劳动者在该用人单位连续工作满十年且距法定退休年龄不足十年的;

(三)连续订立二次固定期限劳动合同,且劳动者没有本法第三十九条和第四十条第一项、第二项规定的情形,续订劳动合同的。

用人单位自用工之日起满一年不与劳动者订立书面劳动合同的,视为用人单位与劳动者已订立无固定期限劳动合同。

第十五条　以完成一定工作任务为期限的劳动合同,是指用人单位与劳动者约定以某项工作的完成为合同期限的劳动合同。

用人单位与劳动者协商一致,可以订立以完成一定工作任务为期限的劳动合同。

第十六条　劳动合同由用人单位与劳动者协商一致,并经用人单位与劳动者在劳动合同文本上签字或者盖章生效。

劳动合同文本由用人单位和劳动者各执一份。

第十七条　劳动合同应当具备以下条款：

(一)用人单位的名称、住所和法定代表人或者主要负责人;

(二)劳动者的姓名、住址和居民身份证或者其他有效身份证件号码;

(三)劳动合同期限;

(四)工作内容和工作地点;

(五)工作时间和休息休假;

(六)劳动报酬;

(七)社会保险;

(八)劳动保护、劳动条件和职业危害防护;

(九)法律、法规规定应当纳入劳动合同的其他事项。

劳动合同除前款规定的必备条款外,用人单位与劳动者可以约定试用期、培训、保守秘密、补充保险和福利待遇等其他事项。

第十八条 劳动合同对劳动报酬和劳动条件等标准约定不明确,引发争议的,用人单位与劳动者可以重新协商;协商不成的,适用集体合同规定;没有集体合同或者集体合同未规定劳动报酬的,实行同工同酬;没有集体合同或者集体合同未规定劳动条件等标准的,适用国家有关规定。

第十九条 劳动合同期限三个月以上不满一年的,试用期不得超过一个月;劳动合同期限一年以上不满三年的,试用期不得超过二个月;三年以上固定期限和无固定期限的劳动合同,试用期不得超过六个月。

同一用人单位与同一劳动者只能约定一次试用期。

以完成一定工作任务为期限的劳动合同或者劳动合同期限不满三个月的,不得约定试用期。

试用期包含在劳动合同期限内。劳动合同仅约定试用期的,试用期不成立,该期限为劳动合同期限。

第二十条 劳动者在试用期的工资不得低于本单位相同岗位最低档工资或者劳动合同约定工资的百分之八十,并不得低于用人单位所在地的最低工资标准。

第二十一条 在试用期中,除劳动者有本法第三十九条和第四十条第一项、第二项规定的情形外,用人单位不得解除劳动合同。用人单位在试用期解除劳动合同的,应当向劳动者说明理由。

第二十二条 用人单位为劳动者提供专项培训费用,对其进行专业技术培训的,可以与该劳动者订立协议,约定服务期。

劳动者违反服务期约定的,应当按照约定向用人单位支付违约金。违约金的数额不得超过用人单位提供的培训费用。用人单位要求劳动者支付的违约金不得超过服务期尚未履行部分所应分摊的培训费用。

用人单位与劳动者约定服务期的,不影响按照正常的工资调整机制提高劳动者在服务期期间的劳动报酬。

第二十三条　用人单位与劳动者可以在劳动合同中约定保守用人单位的商业秘密和与知识产权相关的保密事项。

对负有保密义务的劳动者，用人单位可以在劳动合同或者保密协议中与劳动者约定竞业限制条款，并约定在解除或者终止劳动合同后，在竞业限制期限内按月给予劳动者经济补偿。劳动者违反竞业限制约定的，应当按照约定向用人单位支付违约金。

第二十四条　竞业限制的人员限于用人单位的高级管理人员、高级技术人员和其他负有保密义务的人员。竞业限制的范围、地域、期限由用人单位与劳动者约定，竞业限制的约定不得违反法律、法规的规定。

在解除或者终止劳动合同后，前款规定的人员到与本单位生产或者经营同类产品、从事同类业务的有竞争关系的其他用人单位，或者自己开业生产或者经营同类产品、从事同类业务的竞业限制期限，不得超过二年。

第二十五条　除本法第二十二条和第二十三条规定的情形外，用人单位不得与劳动者约定由劳动者承担违约金。

第二十六条　下列劳动合同无效或者部分无效：

（一）以欺诈、胁迫的手段或者乘人之危，使对方在违背真实意思的情况下订立或者变更劳动合同的；

（二）用人单位免除自己的法定责任、排除劳动者权利的；

（三）违反法律、行政法规强制性规定的。

对劳动合同的无效或者部分无效有争议的，由劳动争议仲裁机构或者人民法院确认。

第二十七条　劳动合同部分无效，不影响其他部分效力的，其他部分仍然有效。

第二十八条　劳动合同被确认无效，劳动者已付出劳动的，用人单位应当向劳动者支付劳动报酬。劳动报酬的数额，参照本单位相同或者相近岗位劳动者的劳动报酬确定。

第三章　劳动合同的履行和变更

第二十九条　用人单位与劳动者应当按照劳动合同的约定，全面履行各自的义务。

第三十条　用人单位应当按照劳动合同约定和国家规定，向劳动者及时足额支付劳动报酬。

用人单位拖欠或者未足额支付劳动报酬的,劳动者可以依法向当地人民法院申请支付令,人民法院应当依法发出支付令。

第三十一条 用人单位应当严格执行劳动定额标准,不得强迫或者变相强迫劳动者加班。用人单位安排加班的,应当按照国家有关规定向劳动者支付加班费。

第三十二条 劳动者拒绝用人单位管理人员违章指挥、强令冒险作业的,不视为违反劳动合同。

劳动者对危害生命安全和身体健康的劳动条件,有权对用人单位提出批评、检举和控告。

第三十三条 用人单位变更名称、法定代表人、主要负责人或者投资人等事项,不影响劳动合同的履行。

第三十四条 用人单位发生合并或者分立等情况,原劳动合同继续有效,劳动合同由承继其权利和义务的用人单位继续履行。

第三十五条 用人单位与劳动者协商一致,可以变更劳动合同约定的内容。变更劳动合同,应当采用书面形式。

变更后的劳动合同文本由用人单位和劳动者各执一份。

第四章 劳动合同的解除和终止

第三十六条 用人单位与劳动者协商一致,可以解除劳动合同。

第三十七条 劳动者提前三十日以书面形式通知用人单位,可以解除劳动合同。劳动者在试用期内提前三日通知用人单位,可以解除劳动合同。

第三十八条 用人单位有下列情形之一的,劳动者可以解除劳动合同:

(一)未按照劳动合同约定提供劳动保护或者劳动条件的;

(二)未及时足额支付劳动报酬的;

(三)未依法为劳动者缴纳社会保险费的;

(四)用人单位的规章制度违反法律、法规的规定,损害劳动者权益的;

(五)因本法第二十六条第一款规定的情形致使劳动合同无效的;

(六)法律、行政法规规定劳动者可以解除劳动合同的其他情形。

用人单位以暴力、威胁或者非法限制人身自由的手段强迫劳动者劳动的,或者用人单位违章指挥、强令冒险作业危及劳动者人身安全的,劳动者可以立即解除劳动合同,不需事先告知用人单位。

第三十九条 劳动者有下列情形之一的,用人单位可以解除劳动合同:

(一)在试用期间被证明不符合录用条件的;
(二)严重违反用人单位的规章制度的;
(三)严重失职,营私舞弊,给用人单位造成重大损害的;
(四)劳动者同时与其他用人单位建立劳动关系,对完成本单位的工作任务造成严重影响,或者经用人单位提出,拒不改正的;
(五)因本法第二十六条第一款第一项规定的情形致使劳动合同无效的;
(六)被依法追究刑事责任的。

第四十条 有下列情形之一的,用人单位提前三十日以书面形式通知劳动者本人或者额外支付劳动者一个月工资后,可以解除劳动合同:
(一)劳动者患病或者非因工负伤,在规定的医疗期满后不能从事原工作,也不能从事由用人单位另行安排的工作的;
(二)劳动者不能胜任工作,经过培训或者调整工作岗位,仍不能胜任工作的;
(三)劳动合同订立时所依据的客观情况发生重大变化,致使劳动合同无法履行,经用人单位与劳动者协商,未能就变更劳动合同内容达成协议的。

第四十一条 有下列情形之一,需要裁减人员二十人以上或者裁减不足二十人但占企业职工总数百分之十以上的,用人单位提前三十日向工会或者全体职工说明情况,听取工会或者职工的意见后,裁减人员方案经向劳动行政部门报告,可以裁减人员:
(一)依照企业破产法规定进行重整的;
(二)生产经营发生严重困难的;
(三)企业转产、重大技术革新或者经营方式调整,经变更劳动合同后,仍需裁减人员的;
(四)其他因劳动合同订立时所依据的客观经济情况发生重大变化,致使劳动合同无法履行的。

裁减人员时,应当优先留用下列人员:
(一)与本单位订立较长期限的固定期限劳动合同的;
(二)与本单位订立无固定期限劳动合同的;
(三)家庭无其他就业人员,有需要扶养的老人或者未成年人的。

用人单位依照本条第一款规定裁减人员,在六个月内重新招用人员的,应当通知被裁减的人员,并在同等条件下优先招用被裁减的人员。

第四十二条 劳动者有下列情形之一的,用人单位不得依照本法第四十条、

第四十一条的规定解除劳动合同：

（一）从事接触职业病危害作业的劳动者未进行离岗前职业健康检查，或者疑似职业病病人在诊断或者医学观察期间的；

（二）在本单位患职业病或者因工负伤并被确认丧失或者部分丧失劳动能力的；

（三）患病或者非因工负伤，在规定的医疗期内的；

（四）女职工在孕期、产期、哺乳期的；

（五）在本单位连续工作满十五年，且距法定退休年龄不足五年的；

（六）法律、行政法规规定的其他情形。

第四十三条　用人单位单方解除劳动合同，应当事先将理由通知工会。用人单位违反法律、行政法规规定或者劳动合同约定的，工会有权要求用人单位纠正。用人单位应当研究工会的意见，并将处理结果书面通知工会。

第四十四条　有下列情形之一的，劳动合同终止：

（一）劳动合同期满的；

（二）劳动者开始依法享受基本养老保险待遇的；

（三）劳动者死亡，或者被人民法院宣告死亡或者宣告失踪的；

（四）用人单位被依法宣告破产的；

（五）用人单位被吊销营业执照、责令关闭、撤销或者用人单位决定提前解散的；

（六）法律、行政法规规定的其他情形。

第四十五条　劳动合同期满，有本法第四十二条规定情形之一的，劳动合同应当续延至相应的情形消失时终止。但是，本法第四十二条第二项规定丧失或者部分丧失劳动能力劳动者的劳动合同的终止，按照国家有关工伤保险的规定执行。

第四十六条　有下列情形之一的，用人单位应当向劳动者支付经济补偿：

（一）劳动者依照本法第三十八条规定解除劳动合同的；

（二）用人单位依照本法第三十六条规定向劳动者提出解除劳动合同并与劳动者协商一致解除劳动合同的；

（三）用人单位依照本法第四十条规定解除劳动合同的；

（四）用人单位依照本法第四十一条第一款规定解除劳动合同的；

（五）除用人单位维持或者提高劳动合同约定条件续订劳动合同，劳动者不同意续订的情形外，依照本法第四十四条第一项规定终止固定期限劳动合同的；

(六)依照本法第四十四条第四项、第五项规定终止劳动合同的;

(七)法律、行政法规规定的其他情形。

第四十七条 经济补偿按劳动者在本单位工作的年限,每满一年支付一个月工资的标准向劳动者支付。六个月以上不满一年的,按一年计算;不满六个月的,向劳动者支付半个月工资的经济补偿。

劳动者月工资高于用人单位所在直辖市、设区的市级人民政府公布的本地区上年度职工月平均工资三倍的,向其支付经济补偿的标准按职工月平均工资三倍的数额支付,向其支付经济补偿的年限最高不超过十二年。

本条所称月工资是指劳动者在劳动合同解除或者终止前十二个月的平均工资。

第四十八条 用人单位违反本法规定解除或者终止劳动合同,劳动者要求继续履行劳动合同的,用人单位应当继续履行;劳动者不要求继续履行劳动合同或者劳动合同已经不能继续履行的,用人单位应当依照本法第八十七条规定支付赔偿金。

第四十九条 国家采取措施,建立健全劳动者社会保险关系跨地区转移接续制度。

第五十条 用人单位应当在解除或者终止劳动合同时出具解除或者终止劳动合同的证明,并在十五日内为劳动者办理档案和社会保险关系转移手续。

劳动者应当按照双方约定,办理工作交接。用人单位依照本法有关规定应当向劳动者支付经济补偿的,在办结工作交接时支付。

用人单位对已经解除或者终止的劳动合同的文本,至少保存二年备查。

第五章 特别规定

第一节 集体合同

第五十一条 企业职工一方与用人单位通过平等协商,可以就劳动报酬、工作时间、休息休假、劳动安全卫生、保险福利等事项订立集体合同。集体合同草案应当提交职工代表大会或者全体职工讨论通过。

集体合同由工会代表企业职工一方与用人单位订立;尚未建立工会的用人单位,由上级工会指导劳动者推举的代表与用人单位订立。

第五十二条 企业职工一方与用人单位可以订立劳动安全卫生、女职工权益保护、工资调整机制等专项集体合同。

第五十三条 在县级以下区域内,建筑业、采矿业、餐饮服务业等行业可以由工会与企业方面代表订立行业性集体合同,或者订立区域性集体合同。

第五十四条　集体合同订立后,应当报送劳动行政部门;劳动行政部门自收到集体合同文本之日起十五日内未提出异议的,集体合同即行生效。

依法订立的集体合同对用人单位和劳动者具有约束力。行业性、区域性集体合同对当地本行业、本区域的用人单位和劳动者具有约束力。

第五十五条　集体合同中劳动报酬和劳动条件等标准不得低于当地人民政府规定的最低标准;用人单位与劳动者订立的劳动合同中劳动报酬和劳动条件等标准不得低于集体合同规定的标准。

第五十六条　用人单位违反集体合同,侵犯职工劳动权益的,工会可以依法要求用人单位承担责任;因履行集体合同发生争议,经协商解决不成的,工会可以依法申请仲裁、提起诉讼。

第二节　劳务派遣

第五十七条　经营劳务派遣业务应当具备下列条件:

(一)注册资本不得少于人民币二百万元;

(二)有与开展业务相适应的固定的经营场所和设施;

(三)有符合法律、行政法规规定的劳务派遣管理制度;

(四)法律、行政法规规定的其他条件。

经营劳务派遣业务,应当向劳动行政部门依法申请行政许可;经许可的,依法办理相应的公司登记。未经许可,任何单位和个人不得经营劳务派遣业务。

第五十八条　劳务派遣单位是本法所称用人单位,应当履行用人单位对劳动者的义务。劳务派遣单位与被派遣劳动者订立的劳动合同,除应当载明本法第十七条　规定的事项外,还应当载明被派遣劳动者的用工单位以及派遣期限、工作岗位等情况。

劳务派遣单位应当与被派遣劳动者订立二年以上的固定期限劳动合同,按月支付劳动报酬;被派遣劳动者在无工作期间,劳务派遣单位应当按照所在地人民政府规定的最低工资标准,向其按月支付报酬。

第五十九条　劳务派遣单位派遣劳动者应当与接受以劳务派遣形式用工的单位(以下称用工单位)订立劳务派遣协议。劳务派遣协议应当约定派遣岗位和人员数量、派遣期限、劳动报酬和社会保险费的数额与支付方式以及违反协议的责任。

用工单位应当根据工作岗位的实际需要与劳务派遣单位确定派遣期限,不得将连续用工期限分割订立数个短期劳务派遣协议。

第六十条 劳务派遣单位应当将劳务派遣协议的内容告知被派遣劳动者。

劳务派遣单位不得克扣用工单位按照劳务派遣协议支付给被派遣劳动者的劳动报酬。

劳务派遣单位和用工单位不得向被派遣劳动者收取费用。

第六十一条 劳务派遣单位跨地区派遣劳动者的,被派遣劳动者享有的劳动报酬和劳动条件,按照用工单位所在地的标准执行。

第六十二条 用工单位应当履行下列义务:

(一)执行国家劳动标准,提供相应的劳动条件和劳动保护;

(二)告知被派遣劳动者的工作要求和劳动报酬;

(三)支付加班费、绩效奖金,提供与工作岗位相关的福利待遇;

(四)对在岗被派遣劳动者进行工作岗位所必需的培训;

(五)连续用工的,实行正常的工资调整机制。

用工单位不得将被派遣劳动者再派遣到其他用人单位。

第六十三条 被派遣劳动者享有与用工单位的劳动者同工同酬的权利。用工单位应当按照同工同酬原则,对被派遣劳动者与本单位同类岗位的劳动者实行相同的劳动报酬分配办法。用工单位无同类岗位劳动者的,参照用工单位所在地相同或者相近岗位劳动者的劳动报酬确定。

劳务派遣单位与被派遣劳动者订立的劳动合同和与用工单位订立的劳务派遣协议,载明或者约定的向被派遣劳动者支付的劳动报酬应当符合前款规定。

第六十四条 被派遣劳动者有权在劳务派遣单位或者用工单位依法参加或者组织工会,维护自身的合法权益。

第六十五条 被派遣劳动者可以依照本法第三十六条、第三十八条的规定与劳务派遣单位解除劳动合同。

被派遣劳动者有本法第三十九条和第四十条第一项、第二项规定情形的,用工单位可以将劳动者退回劳务派遣单位,劳务派遣单位依照本法有关规定,可以与劳动者解除劳动合同。

第六十六条 劳动合同用工是我国的企业基本用工形式。劳务派遣用工是补充形式,只能在临时性、辅助性或者替代性的工作岗位上实施。

前款规定的临时性工作岗位是指存续时间不超过六个月的岗位;辅助性工作岗位是指为主营业务岗位提供服务的非主营业务岗位;替代性工作岗位是指用工单位的劳动者因脱产学习、休假等原因无法工作的一定期间内,可以由其他劳动者替代工作的岗位。

用工单位应当严格控制劳务派遣用工数量,不得超过其用工总量的一定比例,具体比例由国务院劳动行政部门规定。

第六十七条　用人单位不得设立劳务派遣单位向本单位或者所属单位派遣劳动者。

第三节　非全日制用工

第六十八条　非全日制用工,是指以小时计酬为主,劳动者在同一用人单位一般平均每日工作时间不超过四小时,每周工作时间累计不超过二十四小时的用工形式。

第六十九条　非全日制用工双方当事人可以订立口头协议。

从事非全日制用工的劳动者可以与一个或者一个以上用人单位订立劳动合同;但是,后订立的劳动合同不得影响先订立的劳动合同的履行。

第七十条　非全日制用工双方当事人不得约定试用期。

第七十一条　非全日制用工双方当事人任何一方都可以随时通知对方终止用工。终止用工,用人单位不向劳动者支付经济补偿。

第七十二条　非全日制用工小时计酬标准不得低于用人单位所在地人民政府规定的最低小时工资标准。

非全日制用工劳动报酬结算支付周期最长不得超过十五日。

第六章　监督检查

第七十三条　国务院劳动行政部门负责全国劳动合同制度实施的监督管理。

县级以上地方人民政府劳动行政部门负责本行政区域内劳动合同制度实施的监督管理。

县级以上各级人民政府劳动行政部门在劳动合同制度实施的监督管理工作中,应当听取工会、企业方面代表以及有关行业主管部门的意见。

第七十四条　县级以上地方人民政府劳动行政部门依法对下列实施劳动合同制度的情况进行监督检查:

(一)用人单位制定直接涉及劳动者切身利益的规章制度及其执行的情况;

(二)用人单位与劳动者订立和解除劳动合同的情况;

(三)劳务派遣单位和用工单位遵守劳务派遣有关规定的情况;

(四)用人单位遵守国家关于劳动者工作时间和休息休假规定的情况;

(五)用人单位支付劳动合同约定的劳动报酬和执行最低工资标准的情况;

(六)用人单位参加各项社会保险和缴纳社会保险费的情况;

(七)法律、法规规定的其他劳动监察事项。

第七十五条　县级以上地方人民政府劳动行政部门实施监督检查时,有权查阅与劳动合同、集体合同有关的材料,有权对劳动场所进行实地检查,用人单位和劳动者都应当如实提供有关情况和材料。

劳动行政部门的工作人员进行监督检查,应当出示证件,依法行使职权,文明执法。

第七十六条　县级以上人民政府建设、卫生、安全生产监督管理等有关主管部门在各自职责范围内,对用人单位执行劳动合同制度的情况进行监督管理。

第七十七条　劳动者合法权益受到侵害的,有权要求有关部门依法处理,或者依法申请仲裁、提起诉讼。

第七十八条　工会依法维护劳动者的合法权益,对用人单位履行劳动合同、集体合同的情况进行监督。用人单位违反劳动法律、法规和劳动合同、集体合同的,工会有权提出意见或者要求纠正;劳动者申请仲裁、提起诉讼的,工会依法给予支持和帮助。

第七十九条　任何组织或者个人对违反本法的行为都有权举报,县级以上人民政府劳动行政部门应当及时核实、处理,并对举报有功人员给予奖励。

第七章　法律责任

第八十条　用人单位直接涉及劳动者切身利益的规章制度违反法律、法规规定的,由劳动行政部门责令改正,给予警告;给劳动者造成损害的,应当承担赔偿责任。

第八十一条　用人单位提供的劳动合同文本未载明本法规定的劳动合同必备条款或者用人单位未将劳动合同文本交付劳动者的,由劳动行政部门责令改正;给劳动者造成损害的,应当承担赔偿责任。

第八十二条　用人单位自用工之日起超过一个月不满一年未与劳动者订立书面劳动合同的,应当向劳动者每月支付二倍的工资。

用人单位违反本法规定不与劳动者订立无固定期限劳动合同的,自应当订立无固定期限劳动合同之日起向劳动者每月支付二倍的工资。

第八十三条　用人单位违反本法规定与劳动者约定试用期的,由劳动行政部门责令改正;违法约定的试用期已经履行的,由用人单位以劳动者试用期满月工资为标准,按已经履行的超过法定试用期的期间向劳动者支付赔偿金。

第八十四条　用人单位违反本法规定,扣押劳动者居民身份证等证件的,由劳动行政部门责令限期退还劳动者本人,并依照有关法律规定给予处罚。

用人单位违反本法规定,以担保或者其他名义向劳动者收取财物的,由劳动行政部门责令限期退还劳动者本人,并以每人五百元以上二千元以下的标准处以罚款;给劳动者造成损害的,应当承担赔偿责任。

劳动者依法解除或者终止劳动合同,用人单位扣押劳动者档案或者其他物品的,依照前款规定处罚。

第八十五条　用人单位有下列情形之一的,由劳动行政部门责令限期支付劳动报酬、加班费或者经济补偿;劳动报酬低于当地最低工资标准的,应当支付其差额部分;逾期不支付的,责令用人单位按应付金额百分之五十以上百分之一百以下的标准向劳动者加付赔偿金:

(一)未按照劳动合同的约定或者国家规定及时足额支付劳动者劳动报酬的;

(二)低于当地最低工资标准支付劳动者工资的;

(三)安排加班不支付加班费的;

(四)解除或者终止劳动合同,未依照本法规定向劳动者支付经济补偿的。

第八十六条　劳动合同依照本法第二十六条规定被确认无效,给对方造成损害的,有过错的一方应当承担赔偿责任。

第八十七条　用人单位违反本法规定解除或者终止劳动合同的,应当依照本法第四十七条规定的经济补偿标准的二倍向劳动者支付赔偿金。

第八十八条　用人单位有下列情形之一的,依法给予行政处罚;构成犯罪的,依法追究刑事责任;给劳动者造成损害的,应当承担赔偿责任:

(一)以暴力、威胁或者非法限制人身自由的手段强迫劳动的;

(二)违章指挥或者强令冒险作业危及劳动者人身安全的;

(三)侮辱、体罚、殴打、非法搜查或者拘禁劳动者的;

(四)劳动条件恶劣、环境污染严重,给劳动者身心健康造成严重损害的。

第八十九条　用人单位违反本法规定未向劳动者出具解除或者终止劳动合同的书面证明,由劳动行政部门责令改正;给劳动者造成损害的,应当承担赔偿责任。

第九十条　劳动者违反本法规定解除劳动合同,或者违反劳动合同中约定的保密义务或者竞业限制,给用人单位造成损失的,应当承担赔偿责任。

第九十一条　用人单位招用与其他用人单位尚未解除或者终止劳动合同的

劳动者,给其他用人单位造成损失的,应当承担连带赔偿责任。

第九十二条 违反本法规定,未经许可,擅自经营劳务派遣业务的,由劳动行政部门责令停止违法行为,没收违法所得,并处违法所得一倍以上五倍以下的罚款;没有违法所得的,可以处五万元以下的罚款。

劳务派遣单位、用工单位违反本法有关劳务派遣规定的,由劳动行政部门责令限期改正;逾期不改正的,以每人五千元以上一万元以下的标准处以罚款,对劳务派遣单位,吊销其劳务派遣业务经营许可证。用工单位给被派遣劳动者造成损害的,劳务派遣单位与用工单位承担连带赔偿责任。

第九十三条 对不具备合法经营资格的用人单位的违法犯罪行为,依法追究法律责任;劳动者已经付出劳动的,该单位或者其出资人应当依照本法有关规定向劳动者支付劳动报酬、经济补偿、赔偿金;给劳动者造成损害的,应当承担赔偿责任。

第九十四条 个人承包经营违反本法规定招用劳动者,给劳动者造成损害的,发包的组织与个人承包经营者承担连带赔偿责任。

第九十五条 劳动行政部门和其他有关主管部门及其工作人员玩忽职守、不履行法定职责,或者违法行使职权,给劳动者或者用人单位造成损害的,应当承担赔偿责任;对直接负责的主管人员和其他直接责任人员,依法给予行政处分;构成犯罪的,依法追究刑事责任。

第八章 附则

第九十六条 事业单位与实行聘用制的工作人员订立、履行、变更、解除或者终止劳动合同,法律、行政法规或者国务院另有规定的,依照其规定;未作规定的,依照本法有关规定执行。

第九十七条 本法施行前已依法订立且在本法施行之日存续的劳动合同,继续履行;本法第十四条第二款第三项规定连续订立固定期限劳动合同的次数,自本法施行后续订固定期限劳动合同时开始计算。

本法施行前已建立劳动关系,尚未订立书面劳动合同的,应当自本法施行之日起一个月内订立。

本法施行之日存续的劳动合同在本法施行后解除或者终止,依照本法第四十六条规定应当支付经济补偿的,经济补偿年限自本法施行之日起计算;本法施行前按照当时有关规定,用人单位应当向劳动者支付经济补偿的,按照当时有关规定执行。

第九十八条　本法自 2008 年 1 月 1 日起施行。

中华人民共和国社会保险法

(2010 年 10 月 28 日第十一届全国人民代表大会常务委员会第十七次会议通过)

第一章　总　则

第一条　为了规范社会保险关系，维护公民参加社会保险和享受社会保险待遇的合法权益，使公民共享发展成果，促进社会和谐稳定，根据宪法，制定本法。

第二条　国家建立基本养老保险、基本医疗保险、工伤保险、失业保险、生育保险等社会保险制度，保障公民在年老、疾病、工伤、失业、生育等情况下依法从国家和社会获得物质帮助的权利。

第三条　社会保险制度坚持广覆盖、保基本、多层次、可持续的方针，社会保险水平应当与经济社会发展水平相适应。

第四条　中华人民共和国境内的用人单位和个人依法缴纳社会保险费，有权查询缴费记录、个人权益记录，要求社会保险经办机构提供社会保险咨询等相关服务。

个人依法享受社会保险待遇，有权监督本单位为其缴费情况。

第五条　县级以上人民政府将社会保险事业纳入国民经济和社会发展规划。

国家多渠道筹集社会保险资金。县级以上人民政府对社会保险事业给予必要的经费支持。

国家通过税收优惠政策支持社会保险事业。

第六条　国家对社会保险基金实行严格监管。

国务院和省、自治区、直辖市人民政府建立健全社会保险基金监督管理制度，保障社会保险基金安全、有效运行。

县级以上人民政府采取措施，鼓励和支持社会各方面参与社会保险基金的监督。

第七条　国务院社会保险行政部门负责全国的社会保险管理工作，国务院其他有关部门在各自的职责范围内负责有关的社会保险工作。

县级以上地方人民政府社会保险行政部门负责本行政区域的社会保险管理工作,县级以上地方人民政府其他有关部门在各自的职责范围内负责有关的社会保险工作。

第八条 社会保险经办机构提供社会保险服务,负责社会保险登记、个人权益记录、社会保险待遇支付等工作。

第九条 工会依法维护职工的合法权益,有权参与社会保险重大事项的研究,参加社会保险监督委员会,对与职工社会保险权益有关的事项进行监督。

第二章 基本养老保险

第十条 职工应当参加基本养老保险,由用人单位和职工共同缴纳基本养老保险费。

无雇工的个体工商户、未在用人单位参加基本养老保险的非全日制从业人员以及其他灵活就业人员可以参加基本养老保险,由个人缴纳基本养老保险费。

公务员和参照公务员法管理的工作人员养老保险的办法由国务院规定。

第十一条 基本养老保险实行社会统筹与个人账户相结合。

基本养老保险基金由用人单位和个人缴费以及政府补贴等组成。

第十二条 用人单位应当按照国家规定的本单位职工工资总额的比例缴纳基本养老保险费,记入基本养老保险统筹基金。

职工应当按照国家规定的本人工资的比例缴纳基本养老保险费,记入个人账户。

无雇工的个体工商户、未在用人单位参加基本养老保险的非全日制从业人员以及其他灵活就业人员参加基本养老保险的,应当按照国家规定缴纳基本养老保险费,分别记入基本养老保险统筹基金和个人账户。

第十三条 国有企业、事业单位职工参加基本养老保险前,视同缴费年限期间应当缴纳的基本养老保险费由政府承担。

基本养老保险基金出现支付不足时,政府给予补贴。

第十四条 个人账户不得提前支取,记账利率不得低于银行定期存款利率,免征利息税。个人死亡的,个人账户余额可以继承。

第十五条 基本养老金由统筹养老金和个人账户养老金组成。

基本养老金根据个人累计缴费年限、缴费工资、当地职工平均工资、个人账户金额、城镇人口平均预期寿命等因素确定。

第十六条 参加基本养老保险的个人,达到法定退休年龄时累计缴费满十五年的,按月领取基本养老金。

参加基本养老保险的个人,达到法定退休年龄时累计缴费不足十五年的,可以缴费至满十五年,按月领取基本养老金;也可以转入新型农村社会养老保险或者城镇居民社会养老保险,按照国务院规定享受相应的养老保险待遇。

第十七条 参加基本养老保险的个人,因病或者非因工死亡的,其遗属可以领取丧葬补助金和抚恤金;在未达到法定退休年龄时因病或者非因工致残完全丧失劳动能力的,可以领取病残津贴。所需资金从基本养老保险基金中支付。

第十八条 国家建立基本养老金正常调整机制。根据职工平均工资增长、物价上涨情况,适时提高基本养老保险待遇水平。

第十九条 个人跨统筹地区就业的,其基本养老保险关系随本人转移,缴费年限累计计算。个人达到法定退休年龄时,基本养老金分段计算、统一支付。具体办法由国务院规定。

第二十条 国家建立和完善新型农村社会养老保险制度。

新型农村社会养老保险实行个人缴费、集体补助和政府补贴相结合。

第二十一条 新型农村社会养老保险待遇由基础养老金和个人账户养老金组成。

参加新型农村社会养老保险的农村居民,符合国家规定条件的,按月领取新型农村社会养老保险待遇。

第二十二条 国家建立和完善城镇居民社会养老保险制度。

省、自治区、直辖市人民政府根据实际情况,可以将城镇居民社会养老保险和新型农村社会养老保险合并实施。

第三章 基本医疗保险

第二十三条 职工应当参加职工基本医疗保险,由用人单位和职工按照国家规定共同缴纳基本医疗保险费。

无雇工的个体工商户、未在用人单位参加职工基本医疗保险的非全日制从业人员以及其他灵活就业人员可以参加职工基本医疗保险,由个人按照国家规定缴纳基本医疗保险费。

第二十四条 国家建立和完善新型农村合作医疗制度。

新型农村合作医疗的管理办法,由国务院规定。

第二十五条 国家建立和完善城镇居民基本医疗保险制度。

城镇居民基本医疗保险实行个人缴费和政府补贴相结合。

享受最低生活保障的人、丧失劳动能力的残疾人、低收入家庭六十周岁以上的老年人和未成年人等所需个人缴费部分,由政府给予补贴。

第二十六条　职工基本医疗保险、新型农村合作医疗和城镇居民基本医疗保险的待遇标准按照国家规定执行。

第二十七条　参加职工基本医疗保险的个人,达到法定退休年龄时累计缴费达到国家规定年限的,退休后不再缴纳基本医疗保险费,按照国家规定享受基本医疗保险待遇;未达到国家规定年限的,可以缴费至国家规定年限。

第二十八条　符合基本医疗保险药品目录、诊疗项目、医疗服务设施标准以及急诊、抢救的医疗费用,按照国家规定从基本医疗保险基金中支付。

第二十九条　参保人员医疗费用中应当由基本医疗保险基金支付的部分,由社会保险经办机构与医疗机构、药品经营单位直接结算。

社会保险行政部门和卫生行政部门应当建立异地就医医疗费用结算制度,方便参保人员享受基本医疗保险待遇。

第三十条　下列医疗费用不纳入基本医疗保险基金支付范围:

(一)应当从工伤保险基金中支付的;

(二)应当由第三人负担的;

(三)应当由公共卫生负担的;

(四)在境外就医的。

医疗费用依法应当由第三人负担,第三人不支付或者无法确定第三人的,由基本医疗保险基金先行支付。基本医疗保险基金先行支付后,有权向第三人追偿。

第三十一条　社会保险经办机构根据管理服务的需要,可以与医疗机构、药品经营单位签订服务协议,规范医疗服务行为。

医疗机构应当为参保人员提供合理、必要的医疗服务。

第三十二条　个人跨统筹地区就业的,其基本医疗保险关系随本人转移,缴费年限累计计算。

第四章　工伤保险

第三十三条　职工应当参加工伤保险,由用人单位缴纳工伤保险费,职工不缴纳工伤保险费。

第三十四条　国家根据不同行业的工伤风险程度确定行业的差别费率,并根据使用工伤保险基金、工伤发生率等情况在每个行业内确定费率档次。行业差别费率和行业内费率档次由国务院社会保险行政部门制定,报国务院批准后公布施行。

社会保险经办机构根据用人单位使用工伤保险基金、工伤发生率和所属行业费率档次等情况,确定用人单位缴费费率。

第三十五条　用人单位应当按照本单位职工工资总额,根据社会保险经办机构确定的费率缴纳工伤保险费。

第三十六条　职工因工作原因受到事故伤害或者患职业病,且经工伤认定的,享受工伤保险待遇;其中,经劳动能力鉴定丧失劳动能力的,享受伤残待遇。

工伤认定和劳动能力鉴定应当简捷、方便。

第三十七条　职工因下列情形之一导致本人在工作中伤亡的,不认定为工伤:

(一)故意犯罪;

(二)醉酒或者吸毒;

(三)自残或者自杀;

(四)法律、行政法规规定的其他情形。

第三十八条　因工伤发生的下列费用,按照国家规定从工伤保险基金中支付:

(一)治疗工伤的医疗费用和康复费用;

(二)住院伙食补助费;

(三)到统筹地区以外就医的交通食宿费;

(四)安装配置伤残辅助器具所需费用;

(五)生活不能自理的,经劳动能力鉴定委员会确认的生活护理费;

(六)一次性伤残补助金和一至四级伤残职工按月领取的伤残津贴;

(七)终止或者解除劳动合同时,应当享受的一次性医疗补助金;

(八)因工死亡的,其遗属领取的丧葬补助金、供养亲属抚恤金和因工死亡补助金;

(九)劳动能力鉴定费。

第三十九条　因工伤发生的下列费用,按照国家规定由用人单位支付:

(一)治疗工伤期间的工资福利;

(二)五级、六级伤残职工按月领取的伤残津贴;

(三)终止或者解除劳动合同时,应当享受的一次性伤残就业补助金。

第四十条　工伤职工符合领取基本养老金条件的,停发伤残津贴,享受基本养老保险待遇。基本养老保险待遇低于伤残津贴的,从工伤保险基金中补足差额。

第四十一条 职工所在用人单位未依法缴纳工伤保险费,发生工伤事故的,由用人单位支付工伤保险待遇。用人单位不支付的,从工伤保险基金中先行支付。

从工伤保险基金中先行支付的工伤保险待遇应当由用人单位偿还。用人单位不偿还的,社会保险经办机构可以依照本法第六十三条的规定追偿。

第四十二条 由于第三人的原因造成工伤,第三人不支付工伤医疗费用或者无法确定第三人的,由工伤保险基金先行支付。工伤保险基金先行支付后,有权向第三人追偿。

第四十三条 工伤职工有下列情形之一的,停止享受工伤保险待遇:

(一)丧失享受待遇条件的;

(二)拒不接受劳动能力鉴定的;

(三)拒绝治疗的。

第五章 失业保险

第四十四条 职工应当参加失业保险,由用人单位和职工按照国家规定共同缴纳失业保险费。

第四十五条 失业人员符合下列条件的,从失业保险基金中领取失业保险金:

(一)失业前用人单位和本人已经缴纳失业保险费满一年的;

(二)非因本人意愿中断就业的;

(三)已经进行失业登记,并有求职要求的。

第四十六条 失业人员失业前用人单位和本人累计缴费满一年不足五年的,领取失业保险金的期限最长为十二个月;累计缴费满五年不足十年的,领取失业保险金的期限最长为十八个月;累计缴费十年以上的,领取失业保险金的期限最长为二十四个月。重新就业后,再次失业的,缴费时间重新计算,领取失业保险金的期限与前次失业应当领取而尚未领取的失业保险金的期限合并计算,最长不超过二十四个月。

第四十七条 失业保险金的标准,由省、自治区、直辖市人民政府确定,不得低于城市居民最低生活保障标准。

第四十八条 失业人员在领取失业保险金期间,参加职工基本医疗保险,享受基本医疗保险待遇。

失业人员应当缴纳的基本医疗保险费从失业保险基金中支付,个人不缴纳基本医疗保险费。

第四十九条 失业人员在领取失业保险金期间死亡的,参照当地对在职职工死亡的规定,向其遗属发给一次性丧葬补助金和抚恤金。所需资金从失业保险基金中支付。

个人死亡同时符合领取基本养老保险丧葬补助金、工伤保险丧葬补助金和失业保险丧葬补助金条件的,其遗属只能选择领取其中的一项。

第五十条 用人单位应当及时为失业人员出具终止或者解除劳动关系的证明,并将失业人员的名单自终止或者解除劳动关系之日起十五日内告知社会保险经办机构。

失业人员应当持本单位为其出具的终止或者解除劳动关系的证明,及时到指定的公共就业服务机构办理失业登记。

失业人员凭失业登记证明和个人身份证明,到社会保险经办机构办理领取失业保险金的手续。失业保险金领取期限自办理失业登记之日起计算。

第五十一条 失业人员在领取失业保险金期间有下列情形之一的,停止领取失业保险金,并同时停止享受其他失业保险待遇:

(一)重新就业的;

(二)应征服兵役的;

(三)移居境外的;

(四)享受基本养老保险待遇的;

(五)无正当理由,拒不接受当地人民政府指定部门或者机构介绍的适当工作或者提供的培训的。

第五十二条 职工跨统筹地区就业的,其失业保险关系随本人转移,缴费年限累计计算。

第六章 生育保险

第五十三条 职工应当参加生育保险,由用人单位按照国家规定缴纳生育保险费,职工不缴纳生育保险费。

第五十四条 用人单位已经缴纳生育保险费的,其职工享受生育保险待遇;职工未就业配偶按照国家规定享受生育医疗费用待遇。所需资金从生育保险基金中支付。

生育保险待遇包括生育医疗费用和生育津贴。

第五十五条　生育医疗费用包括下列各项：

(一)生育的医疗费用；

(二)计划生育的医疗费用；

(三)法律、法规规定的其他项目费用。

第五十六条　职工有下列情形之一的，可以按照国家规定享受生育津贴：

(一)女职工生育享受产假；

(二)享受计划生育手术休假；

(三)法律、法规规定的其他情形。

生育津贴按照职工所在用人单位上年度职工月平均工资计发。

第七章　社会保险费征缴

第五十七条　用人单位应当自成立之日起三十日内凭营业执照、登记证书或者单位印章，向当地社会保险经办机构申请办理社会保险登记。社会保险经办机构应当自收到申请之日起十五日内予以审核，发给社会保险登记证件。

用人单位的社会保险登记事项发生变更或者用人单位依法终止的，应当自变更或者终止之日起三十日内，到社会保险经办机构办理变更或者注销社会保险登记。

工商行政管理部门、民政部门和机构编制管理机关应当及时向社会保险经办机构通报用人单位的成立、终止情况，公安机关应当及时向社会保险经办机构通报个人的出生、死亡以及户口登记、迁移、注销等情况。

第五十八条　用人单位应当自用工之日起三十日内为其职工向社会保险经办机构申请办理社会保险登记。未办理社会保险登记的，由社会保险经办机构核定其应当缴纳的社会保险费。

自愿参加社会保险的无雇工的个体工商户、未在用人单位参加社会保险的非全日制从业人员以及其他灵活就业人员，应当向社会保险经办机构申请办理社会保险登记。

国家建立全国统一的个人社会保障号码。个人社会保障号码为公民身份号码。

第五十九条　县级以上人民政府加强社会保险费的征收工作。

社会保险费实行统一征收，实施步骤和具体办法由国务院规定。

第六十条　用人单位应当自行申报、按时足额缴纳社会保险费，非因不可抗力等法定事由不得缓缴、减免。职工应当缴纳的社会保险费由用人单位代扣代缴，用人单位应当按月将缴纳社会保险费的明细情况告知本人。

无雇工的个体工商户、未在用人单位参加社会保险的非全日制从业人员以及其他灵活就业人员，可以直接向社会保险费征收机构缴纳社会保险费。

第六十一条　社会保险费征收机构应当依法按时足额征收社会保险费，并将缴费情况定期告知用人单位和个人。

第六十二条　用人单位未按规定申报应当缴纳的社会保险费数额的，按照该单位上月缴费额的百分之一百一十确定应当缴纳数额；缴费单位补办申报手续后，由社会保险费征收机构按照规定结算。

第六十三条　用人单位未按时足额缴纳社会保险费的，由社会保险费征收机构责令其限期缴纳或者补足。

用人单位逾期仍未缴纳或者补足社会保险费的，社会保险费征收机构可以向银行和其他金融机构查询其存款账户；并可以申请县级以上有关行政部门作出划拨社会保险费的决定，书面通知其开户银行或者其他金融机构划拨社会保险费。用人单位账户余额少于应当缴纳的社会保险费的，社会保险费征收机构可以要求该用人单位提供担保，签订延期缴费协议。

用人单位未足额缴纳社会保险费且未提供担保的，社会保险费征收机构可以申请人民法院扣押、查封、拍卖其价值相当于应当缴纳社会保险费的财产，以拍卖所得抵缴社会保险费。

第八章　社会保险基金

第六十四条　社会保险基金包括基本养老保险基金、基本医疗保险基金、工伤保险基金、失业保险基金和生育保险基金。各项社会保险基金按照社会保险险种分别建账，分账核算，执行国家统一的会计制度。

社会保险基金专款专用，任何组织和个人不得侵占或者挪用。

基本养老保险基金逐步实行全国统筹，其他社会保险基金逐步实行省级统筹，具体时间、步骤由国务院规定。

第六十五条　社会保险基金通过预算实现收支平衡。

县级以上人民政府在社会保险基金出现支付不足时，给予补贴。

第六十六条　社会保险基金按照统筹层次设立预算。社会保险基金预算按照社会保险项目分别编制。

第六十七条　社会保险基金预算、决算草案的编制、审核和批准，依照法律和国务院规定执行。

第六十八条 社会保险基金存入财政专户,具体管理办法由国务院规定。

第六十九条 社会保险基金在保证安全的前提下,按照国务院规定投资运营实现保值增值。

社会保险基金不得违规投资运营,不得用于平衡其他政府预算,不得用于兴建、改建办公场所和支付人员经费、运行费用、管理费用,或者违反法律、行政法规规定挪作其他用途。

第七十条 社会保险经办机构应当定期向社会公布参加社会保险情况以及社会保险基金的收入、支出、结余和收益情况。

第七十一条 国家设立全国社会保障基金,由中央财政预算拨款以及国务院批准的其他方式筹集的资金构成,用于社会保障支出的补充、调剂。全国社会保障基金由全国社会保障基金管理运营机构负责管理运营,在保证安全的前提下实现保值增值。

全国社会保障基金应当定期向社会公布收支、管理和投资运营的情况。国务院财政部门、社会保险行政部门、审计机关对全国社会保障基金的收支、管理和投资运营情况实施监督。

第九章 社会保险经办

第七十二条 统筹地区设立社会保险经办机构。社会保险经办机构根据工作需要,经所在地的社会保险行政部门和机构编制管理机关批准,可以在本统筹地区设立分支机构和服务网点。

社会保险经办机构的人员经费和经办社会保险发生的基本运行费用、管理费用,由同级财政按照国家规定予以保障。

第七十三条 社会保险经办机构应当建立健全业务、财务、安全和风险管理制度。

社会保险经办机构应当按时足额支付社会保险待遇。

第七十四条 社会保险经办机构通过业务经办、统计、调查获取社会保险工作所需的数据,有关单位和个人应当及时、如实提供。

社会保险经办机构应当及时为用人单位建立档案,完整、准确地记录参加社会保险的人员、缴费等社会保险数据,妥善保管登记、申报的原始凭证和支付结算的会计凭证。

社会保险经办机构应当及时、完整、准确地记录参加社会保险的个人缴费和用人单位为其缴费,以及享受社会保险待遇等个人权益记录,定期将个人权益记录单免费寄送本人。

用人单位和个人可以免费向社会保险经办机构查询、核对其缴费和享受社会保险待遇记录,要求社会保险经办机构提供社会保险咨询等相关服务。

第七十五条 全国社会保险信息系统按照国家统一规划,由县级以上人民政府按照分级负责的原则共同建设。

第十章 社会保险监督

第七十六条 各级人民代表大会常务委员会听取和审议本级人民政府对社会保险基金的收支、管理、投资运营以及监督检查情况的专项工作报告,组织对本法实施情况的执法检查等,依法行使监督职权。

第七十七条 县级以上人民政府社会保险行政部门应当加强对用人单位和个人遵守社会保险法律、法规情况的监督检查。

社会保险行政部门实施监督检查时,被检查的用人单位和个人应当如实提供与社会保险有关的资料,不得拒绝检查或者谎报、瞒报。

第七十八条 财政部门、审计机关按照各自职责,对社会保险基金的收支、管理和投资运营情况实施监督。

第七十九条 社会保险行政部门对社会保险基金的收支、管理和投资运营情况进行监督检查,发现存在问题的,应当提出整改建议,依法作出处理决定或者向有关行政部门提出处理建议。社会保险基金检查结果应当定期向社会公布。

社会保险行政部门对社会保险基金实施监督检查,有权采取下列措施:

(一)查阅、记录、复制与社会保险基金收支、管理和投资运营相关的资料,对可能被转移、隐匿或者灭失的资料予以封存;

(二)询问与调查事项有关的单位和个人,要求其对与调查事项有关的问题作出说明、提供有关证明材料;

(三)对隐匿、转移、侵占、挪用社会保险基金的行为予以制止并责令改正。

第八十条 统筹地区人民政府成立由用人单位代表、参保人员代表,以及工会代表、专家等组成的社会保险监督委员会,掌握、分析社会保险基金的收支、管理和投资运营情况,对社会保险工作提出咨询意见和建议,实施社会监督。

社会保险经办机构应当定期向社会保险监督委员会汇报社会保险基金的收支、管理和投资运营情况。社会保险监督委员会可以聘请会计师事务所对社会保险基金的收支、管理和投资运营情况进行年度审计和专项审计。审计结果应当向社会公开。

社会保险监督委员会发现社会保险基金收支、管理和投资运营中存在问题的,有权提出改正建议;对社会保险经办机构及其工作人员的违法行为,有权向有关部门提出依法处理建议。

第八十一条　社会保险行政部门和其他有关行政部门、社会保险经办机构、社会保险费征收机构及其工作人员,应当依法为用人单位和个人的信息保密,不得以任何形式泄露。

第八十二条　任何组织或者个人有权对违反社会保险法律、法规的行为进行举报、投诉。

社会保险行政部门、卫生行政部门、社会保险经办机构、社会保险费征收机构和财政部门、审计机关对属于本部门、本机构职责范围的举报、投诉,应当依法处理;对不属于本部门、本机构职责范围的,应当书面通知并移交有权处理的部门、机构处理。有权处理的部门、机构应当及时处理,不得推诿。

第八十三条　用人单位或者个人认为社会保险费征收机构的行为侵害自己合法权益的,可以依法申请行政复议或者提起行政诉讼。

用人单位或者个人对社会保险经办机构不依法办理社会保险登记、核定社会保险费、支付社会保险待遇、办理社会保险转移接续手续或者侵害其他社会保险权益的行为,可以依法申请行政复议或者提起行政诉讼。

个人与所在用人单位发生社会保险争议的,可以依法申请调解、仲裁,提起诉讼。用人单位侵害个人社会保险权益的,个人也可以要求社会保险行政部门或者社会保险费征收机构依法处理。

第十一章　法律责任

第八十四条　用人单位不办理社会保险登记的,由社会保险行政部门责令限期改正;逾期不改正的,对用人单位处应缴社会保险费数额一倍以上三倍以下的罚款,对其直接负责的主管人员和其他直接责任人员处五百元以上三千元以下的罚款。

第八十五条　用人单位拒不出具终止或者解除劳动关系证明的,依照《中华人民共和国劳动合同法》的规定处理。

第八十六条　用人单位未按时足额缴纳社会保险费的,由社会保险费征收机构责令限期缴纳或者补足,并自欠缴之日起,按日加收万分之五的滞纳金;逾期仍不缴纳的,由有关行政部门处欠缴数额一倍以上三倍以下的罚款。

第八十七条　社会保险经办机构以及医疗机构、药品经营单位等社会保险服务机构以欺诈、伪造证明材料或者其他手段骗取社会保险基金支出的,由社会保险行政部门责令退回骗取的社会保险金,处骗取金额二倍以上五倍以下的罚款;属于社会保险服务机构的,解除服务协议;直接负责的主管人员和其他直接责任人员有执业资格的,依法吊销其执业资格。

第八十八条　以欺诈、伪造证明材料或者其他手段骗取社会保险待遇的,由社会保险行政部门责令退回骗取的社会保险金,处骗取金额二倍以上五倍以下的罚款。

第八十九条　社会保险经办机构及其工作人员有下列行为之一的,由社会保险行政部门责令改正;给社会保险基金、用人单位或者个人造成损失的,依法承担赔偿责任;对直接负责的主管人员和其他直接责任人员依法给予处分:

(一)未履行社会保险法定职责的;

(二)未将社会保险基金存入财政专户的;

(三)克扣或者拒不按时支付社会保险待遇的;

(四)丢失或者篡改缴费记录、享受社会保险待遇记录等社会保险数据、个人权益记录的;

(五)有违反社会保险法律、法规的其他行为的。

第九十条　社会保险费征收机构擅自更改社会保险费缴费基数、费率,导致少收或者多收社会保险费的,由有关行政部门责令其追缴应当缴纳的社会保险费或者退还不应当缴纳的社会保险费;对直接负责的主管人员和其他直接责任人员依法给予处分。

第九十一条　违反本法规定,隐匿、转移、侵占、挪用社会保险基金或者违规投资运营的,由社会保险行政部门、财政部门、审计机关责令追回;有违法所得的,没收违法所得;对直接负责的主管人员和其他直接责任人员依法给予处分。

第九十二条　社会保险行政部门和其他有关行政部门、社会保险经办机构、社会保险费征收机构及其工作人员泄露用人单位和个人信息的,对直接负责的主管人员和其他直接责任人员依法给予处分;给用人单位或者个人造成损失的,应当承担赔偿责任。

第九十三条　国家工作人员在社会保险管理、监督工作中滥用职权、玩忽职守、徇私舞弊的,依法给予处分。

第九十四条　违反本法规定,构成犯罪的,依法追究刑事责任。

第十二章 附 则

第九十五条 进城务工的农村居民依照本法规定参加社会保险。

第九十六条 征收农村集体所有的土地,应当足额安排被征地农民的社会保险费,按照国务院规定将被征地农民纳入相应的社会保险制度。

第九十七条 外国人在中国境内就业的,参照本法规定参加社会保险。

第九十八条 本法自2011年7月1日起施行。

中华人民共和国环境保护法

(1989年12月26日第七届全国人民代表大会常务委员会第十一次会议通过)

第一章 总 则

第一条 为保护和改善生活环境与生态环境,防治污染和其他公害,保障人体健康,促进社会主义现代化建设的发展,制定本法。

第二条 本法所称环境,是指影响人类社会生存和发展的各种天然的和经过人工改造的自然因素总体,包括大气、水、海洋、土地、矿藏、森林、草原、野生动物、自然古迹、人文遗迹、自然保护区、风景名胜区、城市和乡村等。

第三条 本法适用于中华人民共和国领域和中华人民共和国管辖的其他海域。

第四条 国家制定的环境保护规划必须纳入国民经济和社会发展计划,国家采取有利于环境保护的经济、技术政策和措施,使环境保护工作同经济建设和社会发展相协调。

第五条 国家鼓励环境保护科学教育事业的发展,加强环境保护科学技术的研究和开发,提高保护科学技术水平,普及环境保护的科学知识。

第六条 一切单位和个人都有保护环境的义务,并有权对污染和破坏环境单位和个人进行检举和控告。

第七条 国务院环境保护行政主管部门,对全国环境保护工作实施统一监督管理。

县级以上地方人民政府环境保护行政主管部门,对本辖区的环境保护工作实施统一监督管理。

国家海洋行政主管部门港务监督、渔政渔港监督、军队环境保护部门和各级公安、交通、铁道、民航管理部门,依照有关法律的规定对环境污染防治实施监督管理。

县级以上人民政府的土地、矿产、林业、水利行政主管部门,依照有关法律的规定对资源的保护实施监督管理。

第八条 对保护和改善环境有显著成绩的单位和个人,由人民政府给予奖励。

第二章 环境监督管理

第九条 国务院环境保护行政主管部门制定国家环境质量标准。

省、自治区、直辖市人民政府对国家环境质量标准中未作规定的项目,可以制定地方环境标准,并报国务院环境保护行政主管部门备案。

第十条 国务院环境保护行政主管部门根据国家环境质量标准和国家经济、技术条件。制定国家污染物排放标准。

省、自治区、直辖市人民政府对国家污染物排放标准中未作规定的项目,可以制定地方污染物排放标准;对国家污染物排放标准中已作规定的项目,可以制定严于国家污染物排放标准。地方污染物排放标准须报国务院环境保护行政主管部门备案。

凡是向已有地方污染物排放标准的区域排放污染物的,应当执行地方污染物排放标准。

第十一条 国务院环境保护行政主管部门建立监测制度,制定监测规范,会同有关部门组织监测网络,加强对环境监测的管理。

国务院和省、自治区、直辖市人民政府的环境保护行政主管部门,应当定期发布环境状况公报。

第十二条 县级以上人民政府的环境保护行政主管部门,应当会同有关部门对管辖范围内的环境状况进行调查和评价,拟订环境保护规划,经计划部门综合平衡后,报同级人民政府批准实施。

第十三条 建设污染环境项目,必须遵守国家有关建设项目环境保护管理的规定。

建设项目的环境影响报告书,必须对建设项目产生的污染和对环境的影响作出评价,规定防治措施,经项目主管部门预审并依照规定的程序报环境保护行政主管部门批准。环境影响报告书经批准后,计划部门方可批准建设项目设计任务书。

第十四条　县级以上人民政府环境保护行政主管部门或者其他依照法律规定行使环境监督管理权的部门，有权对管辖范围内的排污单位进行现场检查。被检查的单位应当如实反映情况，提供必要的资料。检查机关应为被检查的单位保守技术秘密和业务秘密。

第十五条　跨行政区的环境污染和环境破坏的防治工作，由有关地方人民政府协商解决，或者由上级人民政府协调解决，作出决定。

第三章　保护和改善环境

第十六条　地方各级人民政府，应当对本辖区的环境质量负责，采取措施改善环境质量。

第十七条　各级人民政府对具有代表性的各种类型的自然生态系统区域，珍稀、濒危的野生动物自然分布区域，重要的水源涵养区域，具有重大科学文化价值的地质构造、著名溶洞和化石分布区、冰川、火山、温泉等自然遗迹，以及人文遗迹、古树名木，应当采取措施加以保护，严禁破坏。

第十八条　在国务院、国务院有关主管部门和省、自治区、直辖市人民政府划定的风景名胜区、自然保护区和其他需要特别保护的区域内，不得建设污染环境的工业生产设施；建设其他设施，其污染物排放不得超过规定的排放标准。已经建成的设施，其污染物排放超过规定的排放标准的，限期治理。

第十九条　开发利用自然资源，必须采取措施保护生态环境。

第二十条　各级人民政府应当加强对农业环境的保护，防治土壤污染、土地沙化、盐渍化、贫瘠化、沼泽化、地面沉降和防治植被破坏、水土流失、水源枯竭、种源灭绝以及其他生态失调现象的发生和发展，推广植物病虫害的综合防治，合理利用化肥、农药及植物生长激素。

第二十一条　国务院和沿海地方人民政府应当加强对海洋环境的保护。向海洋排放污染物、倾倒废弃物，进行海岸工程建设和海洋石油勘探开发，必须依照法律的规定，防止对海洋环境的污染损害。

第二十二条　制定城市规划，应当确定保护和改善环境的目标和任务。

第二十三条　城乡建设应当结合当地自然环境的特点，保护植被、水域和自然景观，加强城市园林、绿地和风景名胜区的建设。

第四章 防治环境污染和其他公害

第二十四条 产生环境污染和其他公害的单位,必须把环境保护工作纳入计划,建立环境保护责任制度;采取有效措施,防治在生产建设或者其他活动中产生的废气、废水、废渣、粉尘、恶臭气体、放射性物质以及噪声、振动、电磁波辐射等对环境的污染和危害。

第二十五条 新建工业企业和现有工业企业的技术改造,应当采用资源利用率高、污染物排放量少的设备和工艺,采用经济合理的废弃物综合利用技术和污染物处理技术。

第二十六条 建设项目中防治污染的措施,必须与主体工程同时设计、同时施工、同时投产使用。防治污染的设施必须经原审批环境影响报告书的环境保护行政主管部门验收合格后,该建设项目方可投入生产或者使用。

防治污染的设施不得擅自拆除或者闲置,确有必要拆除或者闲置的,必须征得所在地的环境保护行政主管部门的同意。

第二十七条 排放污染物的企业事业单位,必须依照国务院环境保护行政主管部门的规定申报登记。

第二十八条 排放污染物超过国家或者地方规定的污染物排放标准的企业事业单位,依照国家规定缴纳超标准排污费,并负责治理。水污染防治法另有规定的,依照水污染防治法的规定执行。

征收的超标准排污费必须用于污染的防治,不得挪作他用,具体使用办法由国务院规定。

第二十九条 对造成环境严重污染的企业事业单位,限期治理。

中央或省、自治区、直辖市人民政府直接管辖的企业事业单位的限期治理,由省、自治区、直辖市人民政府决定。市、县或者市、县以下人民政府管辖的企业事业单位的限期治理,由市、县人民政府决定。被限期治理的企业事业单位必须如期完成治理任务。

第三十条 禁止引进不符合我国环境保护规定要求的技术和设备。

第三十一条 因发生事故或者其他突然性事件,造成或者可能造成污染事故的单位,必须立即采取措施处理,及时通报可能受到污染危害的单位和居民,并向当地环境保护行政主管部门和有关部门报告,接受调查处理。

可能发生重大污染事故的企业事业单位,应当采取措施,加强防范。

第三十二条 县级以上人民政府环境保护行政主管部门,在环境受到严重污染威胁居民生命财产安全时,必须立即向当地人民政府报告,由人民政府采取有效措施,解除或者减轻危害。

第三十三条 生产、储存、运输、销售、使用有毒化学物品和含有放射性物质的物品,必须遵守国家有关规定,防止污染环境。

第三十四条 任何单位不得将产生严重污染的生产设备转移给没有污染防治能力的单位使用。

第五章 法律责任

第三十五条 违反本法规定,有下列行为之一的,环境保护行政主管部门或者其他依照法律规定行使环境监督管理权的部门可以根据不同情节,给予警告或者处以罚款:

(一)拒绝环境保护行政主管部门或者其他依照法律规定行使环境监督管理权的部门现场检查或者在被检查时弄虚作假的。

(二)拒报或者谎报国务院环境保护行政主管部门规定的有关污染物排放申报事项的。

(三)不按国家规定缴纳超标准排污费的。

(四)引进不符合我国环境保护规定要求的技术和设备的。

(五)将产生严重污染的生产设备转移给没有污染防治能力的单位使用的。

第三十六条 建设项目的防治污染设施没有建成或者没有达到国家规定的要求,投入生产或者使用的,由批准该建设项目的环境影响报告书的环境保护行政主管部门责令停止生产或者使用,可以并处罚款。

第三十七条 未经环境保护行政主管部门同意,擅自拆除或者闲置防治污染的设施,污染物排放超过规定的排放标准的,由环境保护行政主管部门责令重新安装使用,并处罚款。

第三十八条 对违反本法规定,造成环境污染事故的企业事业单位,有环境保护行政主管部门或者其他依照法律规定行使环境监督管理权的部门根据所造成的危害后果处以罚款;情节严重的,对有关责任人员由其所在单位或者政府主管机关给予行政处分。

第三十九条 对经限期治理逾期未完成治理任务的企业事业单位,除依照国家规定加收超标准排污费外,可以根据所造成的危害后果处以罚款,或者责令停业、关闭。

前款规定的罚款由环境保护行政主管部门决定。责令停业、关闭,由作出限期治理决定的人民政府决定;责令中央直接管辖的企业事业单位停业、关闭,须报国务院批准。

第四十条　当事人对行政处罚不服的,可以在接到处罚通知之日起15日内,向作出处罚决定的机关的上一级机关申请复议;对复议决定不服的,可以在接到复议通知之日起15日内,向人民法院起诉。当事人也可以在接到处罚通知之日起15日内,直接向人民法院起诉。当事人逾期不申请复议、也不向人民法院起诉、又不履行处罚决定的,由作出处罚决定的机关申请人民法院强制执行。

第四十一条　造成环境污染危害的,有责任排除危害,并对直接受到损害的单位或者个人赔偿损失。

赔偿责任和赔偿金额的纠纷,可以根据当事人的请求,由环境保护行政主管部门或者其他依照法律规定行使环境监督管理权的部门处理,当事人对处理决定不服的,可以向人民法院起诉。当事人也可以直接向人民法院起诉。

完全由于不可抗拒的自然灾害,并经及时采取合理措施,仍然不能避免造成环境污染损害的,免于承担责任。

第四十二条　因环境污染损害赔偿提起诉讼的时效期间为三年,从当事人知道或者应当知道受到污染损害时起计算。

第四十三条　违反本法规定,造成重大环境污染事故,导致公私财产重大损失或者人身伤亡的严重后果的,对直接责任人员依法追究刑事责任。

第四十四条　违反本法规定,造成土地、森林、草原、水、矿产、渔业、野生动植物等资源的破坏的,依照有关法律的规定承担法律责任。

第四十五条　环境保护监督管理人员滥用职权、玩忽职守、徇私舞弊的,由其所在单位或者上级主管机关给予行政处分;构成犯罪的,依法追究刑事责任。

第六章　附则

第四十六条　中华人民共和国缔结或者参加的与环境保护有关的国际公约,同中华人民共和国的法律有不同规定的,适用国际公约的规定,但中华人民共和国声明保留的条款除外。

第四十七条　本法自发布之日起施行。《中华人民共和国环境保护法(试行)》同时废止。

中华人民共和国消费者权益保护法

(1993年10月11日第八届全国人民代表大会常务委员会第四次会议通过,2009年8月27日第十一届全国人民代表大会常务委员会第十次会议第一次修正,2013年10月25日第十二届全国人民代表大会常务委员会第五次会议第二次修正)

第一章 总 则

第一条 为保护消费者的合法权益,维护社会经济秩序,促进社会主义市场经济健康发展,制定本法。

第二条 消费者为生活消费需要购买、使用商品或者接受服务,其权益受本法保护;本法未作规定的,受其他有关法律、法规保护。

第三条 经营者为消费者提供其生产、销售的商品或者提供服务,应当遵守本法;本法未作规定的,应当遵守其他有关法律、法规。

第四条 经营者与消费者进行交易,应当遵循自愿、平等、公平、诚实信用的原则。

第五条 国家保护消费者的合法权益不受侵害。

国家采取措施,保障消费者依法行使权利,维护消费者的合法权益。

国家倡导文明、健康、节约资源和保护环境的消费方式,反对浪费。

第六条 保护消费者的合法权益是全社会的共同责任。

国家鼓励、支持一切组织和个人对损害消费者合法权益的行为进行社会监督。

大众传播媒介应当做好维护消费者合法权益的宣传,对损害消费者合法权益的行为进行舆论监督。

第二章 消费者的权利

第七条 消费者在购买、使用商品和接受服务时享有人身、财产安全不受损害的权利。

消费者有权要求经营者提供的商品和服务,符合保障人身、财产安全的要求。

第八条 消费者享有知悉其购买、使用的商品或者接受的服务的真实情况的权利。

消费者有权根据商品或者服务的不同情况,要求经营者提供商品的价格、产地、生产者、用途、性能、规格、等级、主要成份、生产日期、有效期限、检验合格证明、使用方法说明书、售后服务,或者服务的内容、规格、费用等有关情况。

第九条　消费者享有自主选择商品或者服务的权利。

消费者有权自主选择提供商品或者服务的经营者,自主选择商品品种或者服务方式,自主决定购买或者不购买任何一种商品、接受或者不接受任何一项服务。

消费者在自主选择商品或者服务时,有权进行比较、鉴别和挑选。

第十条　消费者享有公平交易的权利。

消费者在购买商品或者接受服务时,有权获得质量保障、价格合埋、计量正确等公平交易条件,有权拒绝经营者的强制交易行为。

第十一条　消费者因购买、使用商品或者接受服务受到人身、财产损害的,享有依法获得赔偿的权利。

第十二条　消费者享有依法成立维护自身合法权益的社会组织的权利。

第十三条　消费者享有获得有关消费和消费者权益保护方面的知识的权利。

消费者应当努力掌握所需商品或者服务的知识和使用技能,正确使用商品,提高自我保护意识。

第十四条　消费者在购买、使用商品和接受服务时,享有人格尊严、民族风俗习惯得到尊重的权利,享有个人信息依法得到保护的权利。

第十五条　消费者享有对商品和服务以及保护消费者权益工作进行监督的权利。

消费者有权检举、控告侵害消费者权益的行为和国家机关及其工作人员在保护消费者权益工作中的违法失职行为,有权对保护消费者权益工作提出批评、建议。

第三章　经营者的义务

第十六条　经营者向消费者提供商品或者服务,应当依照本法和其他有关法律、法规的规定履行义务。

经营者和消费者有约定的,应当按照约定履行义务,但双方的约定不得违背法律、法规的规定。

经营者向消费者提供商品或者服务,应当恪守社会公德,诚信经营,保障消费者的合法权益;不得设定不公平、不合理的交易条件,不得强制交易。

第十七条　经营者应当听取消费者对其提供的商品或者服务的意见,接受消费者的监督。

第十八条　经营者应当保证其提供的商品或者服务符合保障人身、财产安全的要求。对可能危及人身、财产安全的商品和服务,应当向消费者作出真实的说明和明确的警示,并说明和标明正确使用商品或者接受服务的方法以及防止危害发生的方法。

宾馆、商场、餐馆、银行、机场、车站、港口、影剧院等经营场所的经营者,应当对消费者尽到安全保障义务。

第十九条　经营者发现其提供的商品或者服务存在缺陷,有危及人身、财产安全危险的,应当立即向有关行政部门报告和告知消费者,并采取停止销售、警示、召回、无害化处理、销毁、停止生产或者服务等措施。采取召回措施的,经营者应当承担消费者因商品被召回支出的必要费用。

第二十条　经营者向消费者提供有关商品或者服务的质量、性能、用途、有效期限等信息,应当真实、全面,不得作虚假或者引人误解的宣传。

经营者对消费者就其提供的商品或者服务的质量和使用方法等问题提出的询问,应当作出真实、明确的答复。

经营者提供商品或者服务应当明码标价。

第二十一条　经营者应当标明其真实名称和标记。

租赁他人柜台或者场地的经营者,应当标明其真实名称和标记。

第二十二条　经营者提供商品或者服务,应当按照国家有关规定或者商业惯例向消费者出具发票等购货凭证或者服务单据;消费者索要发票等购货凭证或者服务单据的,经营者必须出具。

第二十三条　经营者应当保证在正常使用商品或者接受服务的情况下其提供的商品或者服务应当具有的质量、性能、用途和有效期限;但消费者在购买该商品或者接受该服务前已经知道其存在瑕疵,且存在该瑕疵不违反法律强制性规定的除外。

经营者以广告、产品说明、实物样品或者其他方式表明商品或者服务的质量状况的,应当保证其提供的商品或者服务的实际质量与表明的质量状况相符。

经营者提供的机动车、计算机、电视机、电冰箱、空调器、洗衣机等耐用商品或者装饰装修等服务,消费者自接受商品或者服务之日起六个月内发现瑕疵,发生争议的,由经营者承担有关瑕疵的举证责任。

第二十四条　经营者提供的商品或者服务不符合质量要求的,消费者可以依照国家规定、当事人约定退货,或者要求经营者履行更换、修理等义务。没有国家规定和当事人约定的,消费者可以自收到商品之日起七日内退货;七日后符合法定解除合同条件的,消费者可以及时退货,不符合法定解除合同条件的,可以要求经营者履行更换、修理等义务。

依照前款规定进行退货、更换、修理的,经营者应当承担运输等必要费用。

第二十五条　经营者采用网络、电视、电话、邮购等方式销售商品,消费者有权自收到商品之日起七日内退货,且无需说明理由,但下列商品除外:

(一)消费者定做的;

(二)鲜活易腐的;

(三)在线下载或者消费者拆封的音像制品、计算机软件等数字化商品;

(四)交付的报纸、期刊。

除前款所列商品外,其他根据商品性质并经消费者在购买时确认不宜退货的商品,不适用无理由退货。

消费者退货的商品应当完好。经营者应当自收到退回商品之日起七日内返还消费者支付的商品价款。退回商品的运费由消费者承担;经营者和消费者另有约定的,按照约定。

第二十六条　经营者在经营活动中使用格式条款的,应当以显著方式提请消费者注意商品或者服务的数量和质量、价款或者费用、履行期限和方式、安全注意事项和风险警示、售后服务、民事责任等与消费者有重大利害关系的内容,并按照消费者的要求予以说明。

经营者不得以格式条款、通知、声明、店堂告示等方式,作出排除或者限制消费者权利、减轻或者免除经营者责任、加重消费者责任等对消费者不公平、不合理的规定,不得利用格式条款并借助技术手段强制交易。

格式条款、通知、声明、店堂告示等含有前款所列内容的,其内容无效。

第二十七条　经营者不得对消费者进行侮辱、诽谤,不得搜查消费者的身体及其携带的物品,不得侵犯消费者的人身自由。

第二十八条　采用网络、电视、电话、邮购等方式提供商品或者服务的经营者,以及提供证券、保险、银行等金融服务的经营者,应当向消费者提供经营地址、联系方式、商品或者服务的数量和质量、价款或者费用、履行期限和方式、安全注意事项和风险警示、售后服务、民事责任等信息。

第二十九条　经营者收集、使用消费者个人信息,应当遵循合法、正当、必要的原则,明示收集、使用信息的目的、方式和范围,并经消费者同意。经营者收集、使用消费者个人信息,应当公开其收集、使用规则,不得违反法律、法规的规定和双方的约定收集、使用信息。

经营者及其工作人员对收集的消费者个人信息必须严格保密,不得泄露、出售或者非法向他人提供。经营者应当采取技术措施和其他必要措施,确保信息安全,防止消费者个人信息泄露、丢失。在发生或者可能发生信息泄露、丢失的情况时,应当立即采取补救措施。

经营者未经消费者同意或者请求,或者消费者明确表示拒绝的,不得向其发送商业性信息。

第四章　国家对消费者合法权益的保护

第三十条　国家制定有关消费者权益的法律、法规、规章和强制性标准,应当听取消费者和消费者协会等组织的意见。

第三十一条　各级人民政府应当加强领导,组织、协调、督促有关行政部门做好保护消费者合法权益的工作,落实保护消费者合法权益的职责。

各级人民政府应当加强监督,预防危害消费者人身、财产安全行为的发生,及时制止危害消费者人身、财产安全的行为。

第三十二条　各级人民政府工商行政管理部门和其他有关行政部门应当依照法律、法规的规定,在各自的职责范围内,采取措施,保护消费者的合法权益。

有关行政部门应当听取消费者和消费者协会等组织对经营者交易行为、商品和服务质量问题的意见,及时调查处理。

第三十三条　有关行政部门在各自的职责范围内,应当定期或者不定期对经营者提供的商品和服务进行抽查检验,并及时向社会公布抽查检验结果。

有关行政部门发现并认定经营者提供的商品或者服务存在缺陷,有危及人身、财产安全危险的,应当立即责令经营者采取停止销售、警示、召回、无害化处理、销毁、停止生产或者服务等措施。

第三十四条　有关国家机关应当依照法律、法规的规定,惩处经营者在提供商品和服务中侵害消费者合法权益的违法犯罪行为。

第三十五条　人民法院应当采取措施,方便消费者提起诉讼。对符合《中华人民共和国民事诉讼法》起诉条件的消费者权益争议,必须受理,及时审理。

第五章 消费者组织

第三十六条 消费者协会和其他消费者组织是依法成立的对商品和服务进行社会监督的保护消费者合法权益的社会组织。

第三十七条 消费者协会履行下列公益性职责：

（一）向消费者提供消费信息和咨询服务，提高消费者维护自身合法权益的能力，引导文明、健康、节约资源和保护环境的消费方式；

（二）参与制定有关消费者权益的法律、法规、规章和强制性标准；

（三）参与有关行政部门对商品和服务的监督、检查；

（四）就有关消费者合法权益的问题，向有关部门反映、查询，提出建议；

（五）受理消费者的投诉，并对投诉事项进行调查、调解；

（六）投诉事项涉及商品和服务质量问题的，可以委托具备资格的鉴定人鉴定，鉴定人应当告知鉴定意见；

（七）就损害消费者合法权益的行为，支持受损害的消费者提起诉讼或者依照本法提起诉讼；

（八）对损害消费者合法权益的行为，通过大众传播媒介予以揭露、批评。

各级人民政府对消费者协会履行职责应当予以必要的经费等支持。

消费者协会应当认真履行保护消费者合法权益的职责，听取消费者的意见和建议，接受社会监督。

依法成立的其他消费者组织依照法律、法规及其章程的规定，开展保护消费者合法权益的活动。

第三十八条 消费者组织不得从事商品经营和营利性服务，不得以收取费用或者其他牟取利益的方式向消费者推荐商品和服务。

第六章 争议的解决

第三十九条 消费者和经营者发生消费者权益争议的，可以通过下列途径解决：

（一）与经营者协商和解；

（二）请求消费者协会或者依法成立的其他调解组织调解；

（三）向有关行政部门投诉；

（四）根据与经营者达成的仲裁协议提请仲裁机构仲裁；

（五）向人民法院提起诉讼。

第四十条　消费者在购买、使用商品时,其合法权益受到损害的,可以向销售者要求赔偿。销售者赔偿后,属于生产者的责任或者属于向销售者提供商品的其他销售者的责任的,销售者有权向生产者或者其他销售者追偿。

消费者或者其他受害人因商品缺陷造成人身、财产损害的,可以向销售者要求赔偿,也可以向生产者要求赔偿。属于生产者责任的,销售者赔偿后,有权向生产者追偿。属于销售者责任的,生产者赔偿后,有权向销售者追偿。

消费者在接受服务时,其合法权益受到损害的,可以向服务者要求赔偿。

第四十一条　消费者在购买、使用商品或者接受服务时,其合法权益受到损害,因原企业分立、合并的,可以向变更后承受其权利义务的企业要求赔偿。

第四十二条　使用他人营业执照的违法经营者提供商品或者服务,损害消费者合法权益的,消费者可以向其要求赔偿,也可以向营业执照的持有人要求赔偿。

第四十三条　消费者在展销会、租赁柜台购买商品或者接受服务,其合法权益受到损害的,可以向销售者或者服务者要求赔偿。展销会结束或者柜台租赁期满后,也可以向展销会的举办者、柜台的出租者要求赔偿。展销会的举办者、柜台的出租者赔偿后,有权向销售者或者服务者追偿。

第四十四条　消费者通过网络交易平台购买商品或者接受服务,其合法权益受到损害的,可以向销售者或者服务者要求赔偿。网络交易平台提供者不能提供销售者或者服务者的真实名称、地址和有效联系方式的,消费者也可以向网络交易平台提供者要求赔偿;网络交易平台提供者作出更有利于消费者的承诺的,应当履行承诺。网络交易平台提供者赔偿后,有权向销售者或者服务者追偿。

网络交易平台提供者明知或者应知销售者或者服务者利用其平台侵害消费者合法权益,未采取必要措施的,依法与该销售者或者服务者承担连带责任。

第四十五条　消费者因经营者利用虚假广告或者其他虚假宣传方式提供商品或者服务,其合法权益受到损害的,可以向经营者要求赔偿。广告经营者、发布者发布虚假广告的,消费者可以请求行政主管部门予以惩处。广告经营者、发布者不能提供经营者的真实名称、地址和有效联系方式的,应当承担赔偿责任。

广告经营者、发布者设计、制作、发布关系消费者生命健康商品或者服务的虚假广告,造成消费者损害的,应当与提供该商品或者服务的经营者承担连带责任。

社会团体或者其他组织、个人在关系消费者生命健康商品或者服务的虚假广告或者其他虚假宣传中向消费者推荐商品或者服务,造成消费者损害的,应当与提供该商品或者服务的经营者承担连带责任。

第四十六条　消费者向有关行政部门投诉的,该部门应当自收到投诉之日起七个工作日内,予以处理并告知消费者。

第四十七条　对侵害众多消费者合法权益的行为,中国消费者协会以及在省、自治区、直辖市设立的消费者协会,可以向人民法院提起诉讼。

第七章　法律责任

第四十八条　经营者提供商品或者服务有下列情形之一的,除本法另有规定外,应当依照其他有关法律、法规的规定,承担民事责任:

(一)商品或者服务存在缺陷的;

(二)不具备商品应当具备的使用性能而出售时未作说明的;

(三)不符合在商品或者其包装上注明采用的商品标准的;

(四)不符合商品说明、实物样品等方式表明的质量状况的;

(五)生产国家明令淘汰的商品或者销售失效、变质的商品的;

(六)销售的商品数量不足的;

(七)服务的内容和费用违反约定的;

(八)对消费者提出的修理、重作、更换、退货、补足商品数量、退还货款和服务费用或者赔偿损失的要求,故意拖延或者无理拒绝的;

(九)法律、法规规定的其他损害消费者权益的情形。

经营者对消费者未尽到安全保障义务,造成消费者损害的,应当承担侵权责任。

第四十九条　经营者提供商品或者服务,造成消费者或者其他受害人人身伤害的,应当赔偿医疗费、护理费、交通费等为治疗和康复支出的合理费用;以及因误工减少的收入。造成残疾的,还应当赔偿残疾生活辅助具费和残疾赔偿金。造成死亡的,还应当赔偿丧葬费和死亡赔偿金。

第五十条　经营者侵害消费者的人格尊严、侵犯消费者人身自由或者侵害消费者个人信息依法得到保护的权利的,应当停止侵害、恢复名誉、消除影响、赔礼道歉,并赔偿损失。

第五十一条　经营者有侮辱诽谤、搜查身体、侵犯人身自由等侵害消费者或者其他受害人人身权益的行为,造成严重精神损害的,受害人可以要求精神损害赔偿。

第五十二条　经营者提供商品或者服务,造成消费者财产损害的,应当依照法律规定或者当事人约定承担修理、重作、更换、退货、补足商品数量、退还货款和服务费用或者赔偿损失等民事责任。

第五十三条　经营者以预收款方式提供商品或者服务的,应当按照约定提供。未按照约定提供的,应当按照消费者的要求履行约定或者退回预付款;并应当承担预付款的利息、消费者必须支付的合理费用。

第五十四条　依法经有关行政部门认定为不合格的商品,消费者要求退货的,经营者应当负责退货。

第五十五条　经营者提供商品或者服务有欺诈行为的,应当按照消费者的要求增加赔偿其受到的损失,增加赔偿的金额为消费者购买商品的价款或者接受服务的费用的三倍;增加赔偿的金额不足五百元的,为五百元。法律另有规定的,依照其规定。

经营者明知商品或者服务存在缺陷,仍然向消费者提供,造成消费者或者其他受害人死亡或者健康严重损害的,受害人有权要求经营者依照本法第四十九条、第五十一条等法律规定赔偿损失,并有权要求所受损失二倍以下的惩罚性赔偿。

第五十六条　经营者有下列情形之一,除承担相应的民事责任外,其他有关法律、法规对处罚机关和处罚方式有规定的,依照法律、法规的规定执行;法律、法规未作规定的,由工商行政管理部门或者其他有关行政部门责令改正,可以根据情节单处或者并处警告、没收违法所得、处以违法所得一倍以上十倍以下的罚款,没有违法所得的,处以五十万元以下的罚款;情节严重的,责令停业整顿、吊销营业执照:

(一)提供的商品或者服务不符合保障人身、财产安全要求的;

(二)在商品中掺杂、掺假,以假充真,以次充好,或者以不合格商品冒充合格商品的;

(三)生产国家明令淘汰的商品或者销售失效、变质的商品的;

(四)伪造商品的产地,伪造或者冒用他人的厂名、厂址,篡改生产日期,伪造或者冒用认证标志等质量标志的;

(五)销售的商品应当检验、检疫而未检验、检疫或者伪造检验、检疫结果的;

(六)对商品或者服务作虚假或者引人误解的宣传的;

(七)拒绝或者拖延有关行政部门责令对缺陷商品或者服务采取停止销售、警示、召回、无害化处理、销毁、停止生产或者服务等措施的;

(八)对消费者提出的修理、重作、更换、退货、补足商品数量、退还货款和服务费用或者赔偿损失的要求,故意拖延或者无理拒绝的;

(九)侵害消费者人格尊严、侵犯消费者人身自由或者侵害消费者个人信息依法得到保护的权利的;

(十)法律、法规规定的对损害消费者权益应当予以处罚的其他情形。

经营者有前款规定情形的,除依照法律、法规规定予以处罚外,处罚机关应当记入信用档案,向社会公布。

第五十七条 经营者违反本法规定提供商品或者服务,侵害消费者合法权益,构成犯罪的,依法追究刑事责任。

第五十八条 经营者违反本法规定,应当承担民事赔偿责任和缴纳罚款、罚金,其财产不足以同时支付的,先承担民事赔偿责任。

第五十九条 经营者对行政处罚决定不服的,可以依法申请行政复议或者提起行政诉讼。

第六十条 以暴力、威胁等方法阻碍有关行政部门工作人员依法执行职务的,依法追究刑事责任;拒绝、阻碍有关行政部门工作人员依法执行职务,未使用暴力、威胁方法的,由公安机关依照《中华人民共和国治安管理处罚法》的规定处罚。

第六十一条 国家机关工作人员玩忽职守或者包庇经营者侵害消费者合法权益的行为的,由其所在单位或者上级机关给予行政处分;情节严重,构成犯罪的,依法追究刑事责任。

第八章 附 则

第六十二条 农民购买、使用直接用于农业生产的生产资料,参照本法执行。

第六十三条 本法自1994年1月1日起施行。

中华人民共和国产品质量法

(1993年2月22日第七届全国人民代表大会常务委员会第三十次会议通过,2000年7月8日第九届全国人民代表大会常务委员会第十六次会议第一次修正,2009年8月27日第十一届全国人民代表大会常务委员会第十次会议第二次修正)

第一章 总 则

第一条 为了加强对产品质量的监督管理,提高产品质量水平,明确产品质量责任,保护消费者的合法权益,维护社会经济秩序,制定本法。

第二条 在中华人民共和国境内从事产品生产、销售活动,必须遵守本法。

本法所称产品是指经过加工、制作,用于销售的产品。

建设工程不适用本法规定;但是,建设工程使用的建筑材料、建筑构配件和设备,属于前款规定的产品范围的,适用本法规定。

第三条 生产者、销售者应当建立健全内部产品质量管理制度,严格实施岗位质量规范、质量责任以及相应的考核办法。

第四条 生产者、销售者依照本法规定承担产品质量责任。

第五条 禁止伪造或者冒用认证标志等质量标志;禁止伪造产品的产地,伪造或者冒用他人的厂名、厂址;禁止在生产、销售的产品中掺杂、掺假,以假充真,以次充好。

第六条 国家鼓励推行科学的质量管理方法,采用先进的科学技术,鼓励企业产品质量达到并且超过行业标准、国家标准和国际标准。

对产品质量管理先进和产品质量达到国际先进水平、成绩显著的单位和个人,给予奖励。

第七条 各级人民政府应当把提高产品质量纳入国民经济和社会发展规划,加强对产品质量工作的统筹规划和组织领导,引导、督促生产者、销售者加强产品质量管理,提高产品质量,组织各有关部门依法采取措施,制止产品生产、销售中违反本法规定的行为,保障本法的施行。

第八条 国务院产品质量监督部门主管全国产品质量监督工作。国务院有关部门在各自的职责范围内负责产品质量监督工作。

县级以上地方产品质量监督部门主管本行政区域内的产品质量监督工作。县级以上地方人民政府有关部门在各自的职责范围内负责产品质量监督工作。

法律对产品质量的监督部门另有规定的,依照有关法律的规定执行。

第九条 各级人民政府工作人员和其他国家机关工作人员不得滥用职权、玩忽职守或者徇私舞弊,包庇、放纵本地区、本系统发生的产品生产、销售中违反本法规定的行为,或者阻挠、干预依法对产品生产、销售中违反本法规定的行为进行查处。

各级地方人民政府和其他国家机关有包庇、放纵产品生产、销售中违反本法规定的行为的,依法追究其主要负责人的法律责任。

第十条 任何单位和个人有权对违反本法规定的行为,向产品质量监督部门或者其他有关部门检举。

产品质量监督部门和有关部门应当为检举人保密,并按照省、自治区、直辖市人民政府的规定给予奖励。

第十一条 任何单位和个人不得排斥非本地区或者非本系统企业生产的质量合格产品进入本地区、本系统。

第二章 产品质量的监督

第十二条 产品质量应当检验合格,不得以不合格产品冒充合格产品。

第十三条 可能危及人体健康和人身、财产安全的工业产品,必须符合保障人体健康和人身、财产安全的国家标准、行业标准;未制定国家标准、行业标准的,必须符合保障人体健康和人身、财产安全的要求。

禁止生产、销售不符合保障人体健康和人身、财产安全的标准和要求的工业产品。具体管理办法由国务院规定。

第十四条 国家根据国际通用的质量管理标准,推行企业质量体系认证制度。企业根据自愿原则可以向国务院产品质量监督部门认可的或者国务院产品质量监督部门授权的部门认可的认证机构申请企业质量体系认证。经认证合格的,由认证机构颁发企业质量体系认证证书。

国家参照国际先进的产品标准和技术要求,推行产品质量认证制度。企业根据自愿原则可以向国务院产品质量监督部门认可的或者国务院产品质量监督部门授权的部门认可的认证机构申请产品质量认证。经认证合格的,由认证机构颁发产品质量认证证书,准许企业在产品或者其包装上使用产品质量认证标志。

第十五条 国家对产品质量实行以抽查为主要方式的监督检查制度,对可能危及人体健康和人身、财产安全的产品,影响国计民生的重要工业产品以及消费者、有关组织反映有质量问题的产品进行抽查。抽查的样品应当在市场上或者企业成品仓库内的待销产品中随机抽取。监督抽查工作由国务院产品质量监督部门规划和组织。县级以上地方产品质量监督部门在本行政区域内也可以组织监督抽查。法律对产品质量的监督检查另有规定的，依照有关法律的规定执行。

国家监督抽查的产品，地方不得另行重复抽查；上级监督抽查的产品，下级不得另行重复抽查。

根据监督抽查的需要，可以对产品进行检验。检验抽取样品的数量不得超过检验的合理需要，并不得向被检查人收取检验费用。监督抽查所需检验费用按照国务院规定列支。

生产者、销售者对抽查检验的结果有异议的，可以自收到检验结果之日起十五日内向实施监督抽查的产品质量监督部门或者其上级产品质量监督部门申请复检，由受理复检的产品质量监督部门作出复检结论。

第十六条　对依法进行的产品质量监督检查，生产者、销售者不得拒绝。

第十七条　依照本法规定进行监督抽查的产品质量不合格的，由实施监督抽查的产品质量监督部门责令其生产者、销售者限期改正。逾期不改正的，由省级以上人民政府产品质量监督部门予以公告；公告后经复查仍不合格的，责令停业，限期整顿；整顿期满后经复查产品质量仍不合格的，吊销营业执照。

监督抽查的产品有严重质量问题的，依照本法第五章的有关规定处罚。

第十八条　县级以上产品质量监督部门根据已经取得的违法嫌疑证据或者举报，对涉嫌违反本法规定的行为进行查处时，可以行使下列职权：

（一）对当事人涉嫌从事违反本法的生产、销售活动的场所实施现场检查；

（二）向当事人的法定代表人、主要负责人和其他有关人员调查、了解与涉嫌从事违反本法的生产、销售活动有关的情况；

（三）查阅、复制当事人有关的合同、发票、账簿以及其他有关资料；

（四）对有根据认为不符合保障人体健康和人身、财产安全的国家标准、行业标准的产品或者有其他严重质量问题的产品，以及直接用于生产、销售该项产品的原辅材料、包装物、生产工具，予以查封或者扣押。

县级以上工商行政管理部门按照国务院规定的职责范围，对涉嫌违反本法规定的行为进行查处时，可以行使前款规定的职权。

第十九条　产品质量检验机构必须具备相应的检测条件和能力，经省级以上人民政府产品质量监督部门或者其授权的部门考核合格后，方可承担产品质量检验工作。法律、行政法规对产品质量检验机构另有规定的,依照有关法律、行政法规的规定执行。

第二十条 从事产品质量检验、认证的社会中介机构必须依法设立,不得与行政机关和其他国家机关存在隶属关系或者其他利益关系。

第二十一条 产品质量检验机构、认证机构必须依法按照有关标准,客观、公正地出具检验结果或者认证证明。

产品质量认证机构应当依照国家规定对准许使用认证标志的产品进行认证后的跟踪检查;对不符合认证标准而使用认证标志的,要求其改正;情节严重的,取消其使用认证标志的资格。

第二十二条 消费者有权就产品质量问题,向产品的生产者、销售者查询;向产品质量监督部门、工商行政管理部门及有关部门申诉,接受申诉的部门应当负责处理。

第二十三条 保护消费者权益的社会组织可以就消费者反映的产品质量问题建议有关部门负责处理,支持消费者对因产品质量造成的损害向人民法院起诉。

第二十四条 国务院和省、自治区、直辖市人民政府的产品质量监督部门应当定期发布其监督抽查的产品的质量状况公告。

第二十五条 产品质量监督部门或者其他国家机关以及产品质量检验机构不得向社会推荐生产者的产品;不得以对产品进行监制、监销等方式参与产品经营活动。

第三章 生产者、销售者的产品质量责任和义务

第一节 生产者的产品质量责任和义务

第二十六条 生产者应当对其生产的产品质量负责。

产品质量应当符合下列要求:

(一)不存在危及人身、财产安全的不合理的危险,有保障人体健康和人身、财产安全的国家标准、行业标准的,应当符合该标准;

(二)具备产品应当具备的使用性能,但是,对产品存在使用性能的瑕疵作出说明的除外;

(三)符合在产品或者其包装上注明采用的产品标准,符合以产品说明、实物样品等方式表明的质量状况。

第二十七条 产品或者其包装上的标识必须真实,并符合下列要求:

(一)有产品质量检验合格证明;

(二)有中文标明的产品名称、生产厂厂名和厂址;

(三)根据产品的特点和使用要求,需要标明产品规格、等级、所含主要成份的名称和含量的,用中文相应予以标明;需要事先让消费者知晓的,应当在外包装上标明,或者预先向消费者提供有关资料;

(四)限期使用的产品,应当在显著位置清晰地标明生产日期和安全使用期或者失效日期;

(五)使用不当,容易造成产品本身损坏或者可能危及人身、财产安全的产品,应当有警示标志或者中文警示说明。

裸装的食品和其他根据产品的特点难以附加标识的裸装产品,可以不附加产品标识。

第二十八条 易碎、易燃、易爆、有毒、有腐蚀性、有放射性等危险物品以及储运中不能倒置和其他有特殊要求的产品,其包装质量必须符合相应要求,依照国家有关规定作出警示标志或者中文警示说明,标明储运注意事项。

第二十九条 生产者不得生产国家明令淘汰的产品。

第三十条 生产者不得伪造产地,不得伪造或者冒用他人的厂名、厂址。

第三十一条 生产者不得伪造或者冒用认证标志等质量标志。

第三十二条 生产者生产产品,不得掺杂、掺假,不得以假充真、以次充好,不得以不合格产品冒充合格产品。

第二节 销售者的产品质量责任和义务

第三十三条 销售者应当建立并执行进货检查验收制度,验明产品合格证明和其他标识。

第三十四条 销售者应当采取措施,保持销售产品的质量。

第三十五条 销售者不得销售国家明令淘汰并停止销售的产品和失效、变质的产品。

第三十六条 销售者销售的产品的标识应当符合本法第二十七条的规定。

第三十七条 销售者不得伪造产地,不得伪造或者冒用他人的厂名、厂址。

第三十八条 销售者不得伪造或者冒用认证标志等质量标志。

第三十九条 销售者销售产品,不得掺杂、掺假,不得以假充真、以次充好,不得以不合格产品冒充合格产品。

第四章 损害赔偿

第四十条 售出的产品有下列情形之一的,销售者应当负责修理、更换、退货;给购买产品的消费者造成损失的,销售者应当赔偿损失:

(一)不具备产品应当具备的使用性能而事先未作说明的;

(二)不符合在产品或者其包装上注明采用的产品标准的;

(三)不符合以产品说明、实物样品等方式表明的质量状况的。

销售者依照前款规定负责修理、更换、退货、赔偿损失后,属于生产者的责任或者属于向销售者提供产品的其他销售者(以下简称供货者)的责任的,销售者有权向生产者、供货者追偿。

销售者未按照第一款规定给予修理、更换、退货或者赔偿损失的,由产品质量监督部门或者工商行政管理部门责令改正。

生产者之间,销售者之间,生产者与销售者之间订立的买卖合同、承揽合同有不同约定的,合同当事人按照合同约定执行。

第四十一条 因产品存在缺陷造成人身、缺陷产品以外的其他财产(以下简称他人财产)损害的,生产者应当承担赔偿责任。

生产者能够证明有下列情形之一的,不承担赔偿责任:

(一)未将产品投入流通的;

(二)产品投入流通时,引起损害的缺陷尚不存在的;

(三)将产品投入流通时的科学技术水平尚不能发现缺陷的存在的。

第四十二条 由于销售者的过错使产品存在缺陷,造成人身、他人财产损害的,销售者应当承担赔偿责任。销售者不能指明缺陷产品的生产者也不能指明缺陷产品的供货者的,销售者应当承担赔偿责任。

第四十三条 因产品存在缺陷造成人身、他人财产损害的,受害人可以向产品的生产者要求赔偿,也可以向产品的销售者要求赔偿。属于产品的生产者的责任,产品的销售者赔偿的,产品的销售者有权向产品的生产者追偿。属于产品的销售者的责任,产品的生产者赔偿的,产品的生产者有权向产品的销售者追偿。

第四十四条 因产品存在缺陷造成受害人人身伤害的,侵害人应当赔偿医疗费、治疗期间的护理费、因误工减少的收入等费用;造成残疾的,还应当支付残疾者生活自助具费、生活补助费、残疾赔偿金以及由其扶养的人所必需的生活费等费用;造成受害人死亡的,并应当支付丧葬费、死亡赔偿金以及由死者生前扶养的人所必需的生活费等费用。

因产品存在缺陷造成受害人财产损失的,侵害人应当恢复原状或者折价赔偿。受害人因此遭受其他重大损失的,侵害人应当赔偿损失。

第四十五条 因产品存在缺陷造成损害要求赔偿的诉讼时效期间为二年,自当事人知道或者应当知道其权益受到损害时起计算。

因产品存在缺陷造成损害要求赔偿的请求权,在造成损害的缺陷产品交付最初消费者满十年丧失;但是,尚未超过明示的安全使用期的除外。

第四十六条 本法所称缺陷,是指产品存在危及人身、他人财产安全的不合理的危险;产品有保障人体健康和人身、财产安全的国家标准、行业标准的,是指不符合该标准。

第四十七条 因产品质量发生民事纠纷时,当事人可以通过协商或者调解解决。当事人不愿通过协商、调解解决或者协商、调解不成的,可以根据当事人各方的协议向仲裁机构申请仲裁;当事人各方没有达成仲裁协议或者仲裁协议无效的,可以直接向人民法院起诉。

第四十八条 仲裁机构或者人民法院可以委托本法第十九条规定的产品质量检验机构,对有关产品质量进行检验。

第五章 罚则

第四十九条 生产、销售不符合保障人体健康和人身、财产安全的国家标准、行业标准的产品的,责令停止生产、销售,没收违法生产、销售的产品,并处违法生产、销售产品(包括已售出和未售出的产品,下同)货值金额等值以上三倍以下的罚款;有违法所得的,并处没收违法所得;情节严重的,吊销营业执照;构成犯罪的,依法追究刑事责任。

第五十条 在产品中掺杂、掺假,以假充真,以次充好,或者以不合格产品冒充合格产品的,责令停止生产、销售,没收违法生产、销售的产品,并处违法生产、销售产品货值金额百分之五十以上三倍以下的罚款;有违法所得的,并处没收违法所得;情节严重的,吊销营业执照;构成犯罪的,依法追究刑事责任。

第五十一条 生产国家明令淘汰的产品的,销售国家明令淘汰并停止销售的产品的,责令停止生产、销售,没收违法生产、销售的产品,并处违法生产、销售产品货值金额等值以下的罚款;有违法所得的,并处没收违法所得;情节严重的,吊销营业执照。

第五十二条 销售失效、变质的产品的,责令停止销售,没收违法销售的产品,并处违法销售产品货值金额二倍以下的罚款;有违法所得的,并处没收违法所得;情节严重的,吊销营业执照;构成犯罪的,依法追究刑事责任。

第五十三条 伪造产品产地的,伪造或者冒用他人厂名、厂址的,伪造或者冒用认证标志等质量标志的,责令改正,没收违法生产、销售的产品,并处违法生产、销售产品货值金额等值以下的罚款;有违法所得的,并处没收违法所得;情节严重的,吊销营业执照。

第五十四条 产品标识不符合本法第二十七条规定的,责令改正;有包装的产品标识不符合本法第二十七条第(四)项、第(五)项规定,情节严重的,责令停止生产、销售,并处违法生产、销售产品货值金额百分之三十以下的罚款;有违法所得的,并处没收违法所得。

第五十五条 销售者销售本法第四十九条至第五十三条规定禁止销售的产品,有充分证据证明其不知道该产品为禁止销售的产品并如实说明其进货来源的,可以从轻或者减轻处罚。

第五十六条 拒绝接受依法进行的产品质量监督检查的,给予警告,责令改正;拒不改正的,责令停业整顿;情节特别严重的,吊销营业执照。

第五十七条 产品质量检验机构、认证机构伪造检验结果或者出具虚假证明的,责令改正,对单位处五万元以上十万元以下的罚款,对直接负责的主管人员和其他直接责任人员处一万元以上五万元以下的罚款;有违法所得的,并处没收违法所得;情节严重的,取消其检验资格、认证资格;构成犯罪的,依法追究刑事责任。

产品质量检验机构、认证机构出具的检验结果或者证明不实,造成损失的,应当承担相应的赔偿责任;造成重大损失的,撤销其检验资格、认证资格。

产品质量认证机构违反本法第二十一条第二款的规定,对不符合认证标准而使用认证标志的产品,未依法要求其改正或者取消其使用认证标志资格的,对因产品不符合认证标准给消费者造成的损失,与产品的生产者、销售者承担连带责任;情节严重的,撤销其认证资格。

第五十八条 社会团体、社会中介机构对产品质量作出承诺、保证,而该产品又不符合其承诺、保证的质量要求,给消费者造成损失的,与产品的生产者、销售者承担连带责任。

第五十九条 在广告中对产品质量作虚假宣传,欺骗和误导消费者的,依照《中华人民共和国广告法》的规定追究法律责任。

第六十条 对生产者专门用于生产本法第四十九条、第五十一条所列的产品或者以假充真的产品的原辅材料、包装物、生产工具,应当予以没收。

第六十一条 知道或者应当知道属于本法规定禁止生产、销售的产品而为其提供运输、保管、仓储等便利条件的,或者为以假充真的产品提供制假生产技术的,没收全部运输、保管、仓储或者提供制假生产技术的收入,并处违法收入百分之五十以上三倍以下的罚款;构成犯罪的,依法追究刑事责任。

第六十二条 服务业的经营者将本法第四十九条至第五十二条规定禁止销售的产品用于经营性服务的,责令停止使用;对知道或者应当知道所使用的产品属于本法规定禁止销售的产品的,按照违法使用的产品(包括已使用和尚未使用的产品)的货值金额,依照本法对销售者的处罚规定处罚。

第六十三条 隐匿、转移、变卖、损毁被产品质量监督部门或者工商行政管理部门查封、扣押的物品的,处被隐匿、转移、变卖、损毁物品货值金额等值以上三倍以下的罚款;有违法所得的,并处没收违法所得。

第六十四条 违反本法规定,应当承担民事赔偿责任和缴纳罚款、罚金,其财产不足以同时支付时,先承担民事赔偿责任。

第六十五条 各级人民政府工作人员和其他国家机关工作人员有下列情形之一的,依法给予行政处分;构成犯罪的,依法追究刑事责任:

(一)包庇、放纵产品生产、销售中违反本法规定行为的;

(二)向从事违反本法规定的生产、销售活动的当事人通风报信,帮助其逃避查处的;

(三)阻挠、干预产品质量监督部门或者工商行政管理部门依法对产品生产、销售中违反本法规定的行为进行查处,造成严重后果的。

第六十六条 产品质量监督部门在产品质量监督抽查中超过规定的数量索取样品或者向被检查人收取检验费用的,由上级产品质量监督部门或者监察机关责令退还;情节严重的,对直接负责的主管人员和其他直接责任人员依法给予行政处分。

第六十七条 产品质量监督部门或者其他国家机关违反本法第二十五条的规定,向社会推荐生产者的产品或者以监制、监销等方式参与产品经营活动的,由其上级机关或者监察机关责令改正,消除影响,有违法收入的予以没收;情节严重的,对直接负责的主管人员和其他直接责任人员依法给予行政处分。

产品质量检验机构有前款所列违法行为的,由产品质量监督部门责令改正,消除影响,有违法收入的予以没收,可以并处违法收入一倍以下的罚款;情节严重的,撤销其质量检验资格。

第六十八条 产品质量监督部门或者工商行政管理部门的工作人员滥用职权、玩忽职守、徇私舞弊,构成犯罪的,依法追究刑事责任;尚不构成犯罪的,依法给予行政处分。

第六十九条 以暴力、威胁方法阻碍产品质量监督部门或者工商行政管理部门的工作人员依法执行职务的,依法追究刑事责任;拒绝、阻碍未使用暴力、威胁方法的,由公安机关依照治安管理处罚法的规定处罚。

第七十条 本法规定的吊销营业执照的行政处罚由工商行政管理部门决定,本法第四十九条至第五十七条、第六十条至第六十三条规定的行政处罚由产品质量监督部门或者工商行政管理部门按照国务院规定的职权范围决定。法律、行政法规对行使行政处罚权的机关另有规定的,依照有关法律、行政法规的规定执行。

第七十一条 对依照本法规定没收的产品,依照国家有关规定进行销毁或者采取其他方式处理。

第七十二条 本法第四十九条至第五十四条、第六十二条、第六十三条所规定的货值金额以违法生产、销售产品的标价计算;没有标价的,按照同类产品的市场价格计算。

第六章 附则

第七十三条 军工产品质量监督管理办法,由国务院、中央军事委员会另行制定。

因核设施、核产品造成损害的赔偿责任,法律、行政法规另有规定的,依照其规定。

第七十四条 本法自 1993 年 9 月 1 日起施行。

中华人民共和国土地管理法

(1986年6月25日第六届全国人民代表大会常务委员会第十六次会议通过,1988年12月29日第七届全国人民代表大会常务委员会第五次会议第一次修正,1998年8月29日第九届全国人民代表大会常务委员会第四次会议修订,2004年8月28日第十届全国人民代表大会常务委员会第十一次会议第二次修正)

第一章 总则

第一条 为了加强土地管理,维护土地的社会主义公有制,保护、开发土地资源,合理利用土地,切实保护耕地,促进社会经济的可持续发展,根据宪法,制定本法。

第二条 中华人民共和国实行土地的社会主义公有制,即全民所有制和劳动群众集体所有制。

全民所有,即国家所有土地的所有权由国务院代表国家行使。

任何单位和个人不得侵占、买卖或者以其他形式非法转让土地。土地使用权可以依法转让。

国家为了公共利益的需要,可以依法对土地实行征收或者征用并给予补偿。

国家依法实行国有土地有偿使用制度。但是,国家在法律规定的范围内划拨国有土地使用权的除外。

第三条 十分珍惜、合理利用土地和切实保护耕地是我国的基本国策。各级人民政府应当采取措施,全面规划,严格管理,保护、开发土地资源,制止非法占用土地的行为。

第四条 国家实行土地用途管制制度。

国家编制土地利用总体规划,规定土地用途,将土地分为农用地、建设用地和未利用地。严格限制农用地转为建设用地,控制建设用地总量,对耕地实行特殊保护。

前款所称农用地是指直接用于农业生产的土地,包括耕地、林地、草地、农田水利用地、养殖水面等;建设用地是指建造建筑物、构筑物的土地,包括城乡住宅和公共设施用地、工矿用地、交通水利设施用地、旅游用地、军事设施用地等;未利用地是指农用地和建设用地以外的土地。

使用土地的单位和个人必须严格按照土地利用总体规划确定的用途使用土地。

第五条 国务院土地行政主管部门统一负责全国土地的管理和监督工作。

县级以上地方人民政府土地行政主管部门的设置及其职责,由省、自治区、直辖市人民政府根据国务院有关规定确定。

第六条 任何单位和个人都有遵守土地管理法律、法规的义务,并有权对违反土地管理法律、法规的行为提出检举和控告。

第七条 在保护和开发土地资源、合理利用土地以及进行有关的科学研究等方面成绩显著的单位和个人,由人民政府给予奖励。

第二章 土地的所有权和使用权

第八条 城市市区的土地属于国家所有。

农村和城市郊区的土地,除由法律规定属于国家所有的以外,属于农民集体所有;宅基地和自留地、自留山,属于农民集体所有。

第九条 国有土地和农民集体所有的土地,可以依法确定给单位或者个人使用。使用土地的单位和个人,有保护、管理和合理利用土地的义务。

第十条 农民集体所有的土地依法属于村农民集体所有的,由村集体经济组织或者村民委员会经营、管理;已经分别属于村内两个以上农村集体经济组织的农民集体所有的,由村内各该农村集体经济组织或者村民小组经营、管理;已经属于乡(镇)农民集体所有的,由乡(镇)农村集体经济组织经营、管理。

第十一条 农民集体所有的土地,由县级人民政府登记造册,核发证书,确认所有权。

农民集体所有的土地依法用于非农业建设的,由县级人民政府登记造册,核发证书,确认建设用地使用权。

单位和个人依法使用的国有土地,由县级以上人民政府登记造册,核发证书,确认使用权;其中,中央国家机关使用的国有土地的具体登记发证机关,由国务院确定。

确认林地、草原的所有权或者使用权,确认水面、滩涂的养殖使用权,分别依照《中华人民共和国森林法》、《中华人民共和国草原法》和《中华人民共和国渔业法》的有关规定办理。

第十二条 依法改变土地权属和用途的,应当办理土地变更登记手续。

第十三条 依法登记的土地的所有权和使用权受法律保护,任何单位和个人不得侵犯。

第十四条 农民集体所有的土地由本集体经济组织的成员承包经营,从事种植业、林业、畜牧业、渔业生产。土地承包经营期限为三十年。发包方和承包方应当订立承包合同,约定双方的权利和义务。承包经营土地的农民有保护和按照承包合同约定的用途合理利用土地的义务。农民的土地承包经营权受法律保护。

在土地承包经营期限内,对个别承包经营者之间承包的土地进行适当调整的,必须经村民会议三分之二以上成员或者三分之二以上村民代表的同意,并报乡(镇)人民政府和县级人民政府农业行政主管部门批准。

第十五条 国有土地可以由单位或者个人承包经营,从事种植业、林业、畜牧业、渔业生产。农民集体所有的土地,可以由本集体经济组织以外的单位或者个人承包经营,从事种植业、林业、畜牧业、渔业生产。发包方和承包方应当订立承包合同,约定双方的权利和义务。土地承包经营的期限由承包合同约定。承包经营土地的单位和个人,有保护和按照承包合同约定的用途合理利用土地的义务。

农民集体所有的土地由本集体经济组织以外的单位或者个人承包经营的,必须经村民会议三分之二以上成员或者三分之二以上村民代表的同意,并报乡(镇)人民政府批准。

第十六条 土地所有权和使用权争议,由当事人协商解决;协商不成的,由人民政府处理。

单位之间的争议,由县级以上人民政府处理;个人之间、个人与单位之间的争议,由乡级人民政府或者县级以上人民政府处理。

当事人对有关人民政府的处理决定不服的,可以自接到处理决定通知之日起三十日内,向人民法院起诉。

在土地所有权和使用权争议解决前,任何一方不得改变土地利用现状。

第三章 土地利用总体规划

第十七条 各级人民政府应当依据国民经济和社会发展规划、国土整治和资源环境保护的要求、土地供给能力以及各项建设对土地的需求,组织编制土地利用总体规划。

土地利用总体规划的规划期限由国务院规定。

第十八条 下级土地利用总体规划应当依据上一级土地利用总体规划编制。

地方各级人民政府编制的土地利用总体规划中的建设用地总量不得超过上

一级土地利用总体规划确定的控制指标,耕地保有量不得低于上一级土地利用总体规划确定的控制指标。

省、自治区、直辖市人民政府编制的土地利用总体规划,应当确保本行政区域内耕地总量不减少。

第十九条 土地利用总体规划按照下列原则编制:

(一)严格保护基本农田,控制非农业建设占用农用地;

(二)提高土地利用率;

(三)统筹安排各类、各区域用地;

(四)保护和改善生态环境,保障土地的可持续利用;

(五)占用耕地与开发复垦耕地相平衡。

第二十条 县级土地利用总体规划应当划分土地利用区,明确土地用途。

乡(镇)土地利用总体规划应当划分土地利用区,根据土地使用条件,确定每一块土地的用途,并予以公告。

第二十一条 土地利用总体规划实行分级审批。

省、自治区、直辖市的土地利用总体规划,报国务院批准。

省、自治区人民政府所在地的市、人口在一百万以上的城市以及国务院指定的城市的土地利用总体规划,经省、自治区人民政府审查同意后,报国务院批准。

本条第二款、第三款规定以外的土地利用总体规划,逐级上报省、自治区、直辖市人民政府批准;其中,乡(镇)土地利用总体规划可以由省级人民政府授权的设区的市、自治州人民政府批准。

土地利用总体规划一经批准,必须严格执行。

第二十二条 城市建设用地规模应当符合国家规定的标准,充分利用现有建设用地,不占或者尽量少占农用地。

城市总体规划、村庄和集镇规划,应当与土地利用总体规划相衔接,城市总体规划、村庄和集镇规划中建设用地规模不得超过土地利用总体规划确定的城市和村庄、集镇建设用地规模。

在城市规划区内、村庄和集镇规划区内,城市和村庄、集镇建设用地应当符合城市规划、村庄和集镇规划。

第二十三条 江河、湖泊综合治理和开发利用规划,应当与土地利用总体规划相衔接。在江河、湖泊、水库的管理和保护范围以及蓄洪滞洪区内,土地利用应当符合江河、湖泊综合治理和开发利用规划,符合河道、湖泊行洪、蓄洪和输水的要求。

第二十四条　各级人民政府应当加强土地利用计划管理,实行建设用地总量控制。

土地利用年度计划,根据国民经济和社会发展计划、国家产业政策、土地利用总体规划以及建设用地和土地利用的实际状况编制。土地利用年度计划的编制审批程序与土地利用总体规划的编制审批程序相同,一经审批下达,必须严格执行。

第二十五条　省、自治区、直辖市人民政府应当将土地利用年度计划的执行情况列为国民经济和社会发展计划执行情况的内容,向同级人民代表大会报告。

第二十六条　经批准的土地利用总体规划的修改,须经原批准机关批准;未经批准,不得改变土地利用总体规划确定的土地用途。

经国务院批准的大型能源、交通、水利等基础设施建设用地,需要改变土地利用总体规划的,根据国务院的批准文件修改土地利用总体规划。

经省、自治区、直辖市人民政府批准的能源、交通、水利等基础设施建设用地,需要改变土地利用总体规划的,属于省级人民政府土地利用总体规划批准权限内的,根据省级人民政府的批准文件修改土地利用总体规划。

第二十七条　国家建立土地调查制度。

县级以上人民政府土地行政主管部门会同同级有关部门进行土地调查。土地所有者或者使用者应当配合调查,并提供有关资料。

第二十八条　县级以上人民政府土地行政主管部门会同同级有关部门根据土地调查成果、规划土地用途和国家制定的统一标准,评定土地等级。

第二十九条　国家建立土地统计制度。

县级以上人民政府土地行政主管部门和同级统计部门共同制定统计调查方案,依法进行土地统计,定期发布土地统计资料。土地所有者或者使用者应当提供有关资料,不得虚报、瞒报、拒报、迟报。

土地行政主管部门和统计部门共同发布的土地面积统计资料是各级人民政府编制土地利用总体规划的依据。

第三十条　国家建立全国土地管理信息系统,对土地利用状况进行动态监测。

第四章　耕地保护

第三十一条　国家保护耕地,严格控制耕地转为非耕地。

国家实行占用耕地补偿制度。非农业建设经批准占用耕地的,按照"占多少,垦多少"的原则,由占用耕地的单位负责开垦与所占用耕地的数量和质量相当的耕地;没有条件开垦或者开垦的耕地不符合要求的,应当按照省、自治区、直辖市的规定缴纳耕地开垦费,专款用于开垦新的耕地。

省、自治区、直辖市人民政府应当制定开垦耕地计划,监督占用耕地的单位按照计划开垦耕地或者按照计划组织开垦耕地,并进行验收。

第三十二条　县级以上地方人民政府可以要求占用耕地的单位将所占用耕地耕作层的土壤用于新开垦耕地、劣质地或者其他耕地的土壤改良。

第三十三条　省、自治区、直辖市人民政府应当严格执行土地利用总体规划和土地利用年度计划,采取措施,确保本行政区域内耕地总量不减少;耕地总量减少的,由国务院责令在规定期限内组织开垦与所减少耕地的数量与质量相当的耕地,并由国务院土地行政主管部门会同农业行政主管部门验收。个别省、直辖市确因土地后备资源匮乏,新增建设用地后,新开垦耕地的数量不足以补偿所占用耕地的数量的,必须报经国务院批准减免本行政区域内开垦耕地的数量,进行易地开垦。

第三十四条　国家实行基本农田保护制度。下列耕地应当根据土地利用总体规划划入基本农田保护区,严格管理:

(一)经国务院有关主管部门或者县级以上地方人民政府批准确定的粮、棉、油生产基地内的耕地;

(二)有良好的水利与水土保持设施的耕地,正在实施改造计划以及可以改造的中、低产田;

(三)蔬菜生产基地;

(四)农业科研、教学试验田;

(五)国务院规定应当划入基本农田保护区的其他耕地。

各省、自治区、直辖市划定的基本农田应当占本行政区域内耕地的百分之八十以上。

基本农田保护区以乡(镇)为单位进行划区定界,由县级人民政府土地行政主管部门会同同级农业行政主管部门组织实施。

第三十五条　各级人民政府应当采取措施,维护排灌工程设施,改良土壤,提高地力,防止土地荒漠化、盐渍化、水土流失和污染土地。

第三十六条　非农业建设必须节约使用土地,可以利用荒地的,不得占用耕地;可以利用劣地的,不得占用好地。

禁止占用耕地建窑、建坟或者擅自在耕地上建房、挖砂、采石、采矿、取土等。

禁止占用基本农田发展林果业和挖塘养鱼。

第三十七条 禁止任何单位和个人闲置、荒芜耕地。已经办理审批手续的非农业建设占用耕地,一年内不用而又可以耕种并收获的,应当由原耕种该幅耕地的集体或者个人恢复耕种,也可以由用地单位组织耕种;一年以上未动工建设的,应当按照省、自治区、直辖市的规定缴纳闲置费;连续二年未使用的,经原批准机关批准,由县级以上人民政府无偿收回用地单位的土地使用权;该幅土地原为农民集体所有的,应当交由原农村集体经济组织恢复耕种。

在城市规划区范围内,以出让方式取得土地使用权进行房地产开发的闲置土地,依照《中华人民共和国城市房地产管理法》的有关规定办理。

承包经营耕地的单位或者个人连续二年弃耕抛荒的,原发包单位应当终止承包合同,收回发包的耕地。

第三十八条 国家鼓励单位和个人按照土地利用总体规划,在保护和改善生态环境、防止水土流失和土地荒漠化的前提下,开发未利用的土地;适宜开发为农用地的,应当优先开发成农用地。

国家依法保护开发者的合法权益。

第三十九条 开垦未利用的土地,必须经过科学论证和评估,在土地利用总体规划划定的可开垦的区域内,经依法批准后进行。禁止毁坏森林、草原开垦耕地,禁止围湖造田和侵占江河滩地。

根据土地利用总体规划,对破坏生态环境开垦、围垦的土地,有计划有步骤地退耕还林、还牧、还湖。

第四十条 开发未确定使用权的国有荒山、荒地、荒滩从事种植业、林业、畜牧业、渔业生产的,经县级以上人民政府依法批准,可以确定给开发单位或者个人长期使用。

第四十一条 国家鼓励土地整理。县、乡(镇)人民政府应当组织农村集体经济组织,按照土地利用总体规划,对田、水、路、林、村综合整治,提高耕地质量,增加有效耕地面积,改善农业生产条件和生态环境。

地方各级人民政府应当采取措施,改造中、低产田,整治闲散地和废弃地。

第四十二条 因挖损、塌陷、压占等造成土地破坏,用地单位和个人应当按照国家有关规定负责复垦;没有条件复垦或者复垦不符合要求的,应当缴纳土地复垦费,专项用于土地复垦。复垦的土地应当优先用于农业。

第五章 建设用地

第四十三条 任何单位和个人进行建设,需要使用土地的,必须依法申请使用国有土地;但是,兴办乡镇企业和村民建设住宅经依法批准使用本集体经济组织农民集体所有的土地的,或者乡(镇)村公共设施和公益事业建设经依法批准使用农民集体所有的土地的除外。

前款所称依法申请使用的国有土地包括国家所有的土地和国家征收的原属于农民集体所有的土地。

第四十四条 建设占用土地,涉及农用地转为建设用地的,应当办理农用地转用审批手续。

省、自治区、直辖市人民政府批准的道路、管线工程和大型基础设施建设项目、国务院批准的建设项目占用土地,涉及农用地转为建设用地的,由国务院批准。

在土地利用总体规划确定的城市和村庄、集镇建设用地规模范围内,为实施该规划而将农用地转为建设用地的,按土地利用年度计划分批次由原批准土地利用总体规划的机关批准。在已批准的农用地转用范围内,具体建设项目用地可以由市、县人民政府批准。

本条第二款、第三款规定以外的建设项目占用土地,涉及农用地转为建设用地的,由省、自治区、直辖市人民政府批准。

第四十五条 征收下列土地的,由国务院批准:

(一)基本农田;

(二)基本农田以外的耕地超过三十五公顷的;

(三)其他土地超过七十公顷的。

征收前款规定以外的土地的,由省、自治区、直辖市人民政府批准,并报国务院备案。

征收农用地的,应当依照本法第四十四条的规定先行办理农用地转用审批。其中,经国务院批准农用地转用的,同时办理征地审批手续,不再另行办理征地审批;经省、自治区、直辖市人民政府在征地批准权限内批准农用地转用的,同时办理征地审批手续,不再另行办理征地审批,超过征地批准权限的,应当依照本条第一款的规定另行办理征地审批。

第四十六条 国家征收土地的,依照法定程序批准后,由县级以上地方人民政府予以公告并组织实施。

被征收土地的所有权人、使用权人应当在公告规定期限内,持土地权属证书到当地人民政府土地行政主管部门办理征地补偿登记。

第四十七条 征收土地的,按照被征收土地的原用途给予补偿。

征收耕地的补偿费用包括土地补偿费、安置补助费以及地上附着物和青苗的补偿费。征收耕地的土地补偿费,为该耕地被征收前三年平均年产值的六至十倍。征收耕地的安置补助费,按照需要安置的农业人口数计算。需要安置的农业人口数,按照被征收的耕地数量除以征地前被征收单位平均每人占有耕地的数量计算。每一个需要安置的农业人口的安置补助费标准,为该耕地被征收前三年平均年产值的四至六倍。但是,每公顷被征收耕地的安置补助费,最高不得超过被征收前三年平均年产值的十五倍。

征收其他土地的土地补偿费和安置补助费标准,由省、自治区、直辖市参照征收耕地的土地补偿费和安置补助费的标准规定。

被征收土地上的附着物和青苗的补偿标准,由省、自治区、直辖市规定。

征收城市郊区的菜地,用地单位应当按照国家有关规定缴纳新菜地开发建设基金。

依照本条第二款的规定支付土地补偿费和安置补助费,尚不能使需要安置的农民保持原有生活水平的,经省、自治区、直辖市人民政府批准,可以增加安置补助费。但是,土地补偿费和安置补助费的总和不得超过土地被征收前三年平均年产值的三十倍。

国务院根据社会、经济发展水平,在特殊情况下,可以提高征收耕地的土地补偿费和安置补助费的标准。

第四十八条 征地补偿安置方案确定后,有关地方人民政府应当公告,并听取被征地的农村集体经济组织和农民的意见。

第四十九条 被征地的农村集体经济组织应当将征收土地的补偿费用的收支状况向本集体经济组织的成员公布,接受监督。

禁止侵占、挪用被征收土地单位的征地补偿费用和其他有关费用。

第五十条 地方各级人民政府应当支持被征地的农村集体经济组织和农民从事开发经营,兴办企业。

第五十一条 大中型水利、水电工程建设征收土地的补偿费标准和移民安置办法,由国务院另行规定。

第五十二条 建设项目可行性研究论证时,土地行政主管部门可以根据土地利用总体规划、土地利用年度计划和建设用地标准,对建设用地有关事项进行审查,并提出意见。

第五十三条 经批准的建设项目需要使用国有建设用地的,建设单位应当持法律、行政法规规定的有关文件,向有批准权的县级以上人民政府土地行政主管部门提出建设用地申请,经土地行政主管部门审查,报本级人民政府批准。

第五十四条 建设单位使用国有土地,应当以出让等有偿使用方式取得;但是,下列建设用地,经县级以上人民政府依法批准,可以以划拨方式取得:

(一)国家机关用地和军事用地;

(二)城市基础设施用地和公益事业用地;

(三)国家重点扶持的能源、交通、水利等基础设施用地;

(四)法律、行政法规规定的其他用地。

第五十五条 以出让等有偿使用方式取得国有土地使用权的建设单位,按照国务院规定的标准和办法,缴纳土地使用权出让金等土地有偿使用费和其他费用后,方可使用土地。

自本法施行之日起,新增建设用地的土地有偿使用费,百分之三十上缴中央财政,百分之七十留给有关地方人民政府,都专项用于耕地开发。

第五十六条 建设单位使用国有土地的,应当按照土地使用权出让等有偿使用合同的约定或者土地使用权划拨批准文件的规定使用土地;确需改变该幅土地建设用途的,应当经有关人民政府土地行政主管部门同意,报原批准用地的人民政府批准。其中,在城市规划区内改变土地用途的,在报批前,应当先经有关城市规划行政主管部门同意。

第五十七条 建设项目施工和地质勘查需要临时使用国有土地或者农民集体所有的土地的,由县级以上人民政府土地行政主管部门批准。其中,在城市规划区内的临时用地,在报批前,应当先经有关城市规划行政主管部门同意。土地使用者应当根据土地权属,与有关土地行政主管部门或者农村集体经济组织、村民委员会签订临时使用土地合同,并按照合同的约定支付临时使用土地补偿费。

临时使用土地的使用者应当按照临时使用土地合同约定的用途使用土地,并不得修建永久性建筑物。

临时使用土地期限一般不超过二年。

第五十八条 有下列情形之一的,由有关人民政府土地行政主管部门报经原批准用地的人民政府或者有批准权的人民政府批准,可以收回国有土地使用权:

(一)为公共利益需要使用土地的;

(二)为实施城市规划进行旧城区改建,需要调整使用土地的;

(三)土地出让等有偿使用合同约定的使用期限届满,土地使用者未申请续期或者申请续期未获批准的;

(四)因单位撤销、迁移等原因,停止使用原划拨的国有土地的;

(五)公路、铁路、机场、矿场等经核准报废的。

依照前款第(一)项、第(二)项的规定收回国有土地使用权的,对土地使用权人应当给予适当补偿。

第五十九条　乡镇企业、乡(镇)村公共设施、公益事业、农村村民住宅等乡(镇)村建设,应当按照村庄和集镇规划,合理布局,综合开发,配套建设;建设用地,应当符合乡(镇)土地利用总体规划和土地利用年度计划,并依照本法第四十四条、第六十条、第六十一条、第六十二条的规定办理审批手续。

第六十条　农村集体经济组织使用乡(镇)土地利用总体规划确定的建设用地兴办企业或者与其他单位、个人以土地使用权入股、联营等形式共同举办企业的,应当持有关批准文件,向县级以上地方人民政府土地行政主管部门提出申请,按照省、自治区、直辖市规定的批准权限,由县级以上地方人民政府批准;其中,涉及占用农用地的,依照本法第四十四条的规定办理审批手续。

按照前款规定兴办企业的建设用地,必须严格控制。省、自治区、直辖市可以按照乡镇企业的不同行业和经营规模,分别规定用地标准。

第六十一条　乡(镇)村公共设施、公益事业建设,需要使用土地的,经乡(镇)人民政府审核,向县级以上地方人民政府土地行政主管部门提出申请,按照省、自治区、直辖市规定的批准权限,由县级以上地方人民政府批准;其中,涉及占用农用地的,依照本法第四十四条的规定办理审批手续。

第六十二条　农村村民一户只能拥有一处宅基地,其宅基地的面积不得超过省、自治区、直辖市规定的标准。

农村村民建住宅,应当符合乡(镇)土地利用总体规划,并尽量使用原有的宅基地和村内空闲地。

农村村民住宅用地,经乡(镇)人民政府审核,由县级人民政府批准;其中,涉及占用农用地的,依照本法第四十四条的规定办理审批手续。

农村村民出卖、出租住房后,再申请宅基地的,不予批准。

第六十三条　农民集体所有的土地的使用权不得出让、转让或者出租用于非农业建设;但是,符合土地利用总体规划并依法取得建设用地的企业,因破产、兼并等情形致使土地使用权依法发生转移的除外。

第六十四条　在土地利用总体规划制定前已建的不符合土地利用总体规划确定的用途的建筑物、构筑物,不得重建、扩建。

第六十五条　有下列情形之一的,农村集体经济组织报经原批准用地的人

民政府批准,可以收回土地使用权:

(一)为乡(镇)村公共设施和公益事业建设,需要使用土地的;

(二)不按照批准的用途使用土地的;

(三)因撤销、迁移等原因而停止使用土地的。

依照前款第(一)项规定收回农民集体所有的土地的,对土地使用权人应当给予适当补偿。

第六章 监督检查

第六十六条 县级以上人民政府土地行政主管部门对违反土地管理法律、法规的行为进行监督检查。

土地管理监督检查人员应当熟悉土地管理法律、法规,忠于职守、秉公执法。

第六十七条 县级以上人民政府土地行政主管部门履行监督检查职责时,有权采取下列措施:

(一)要求被检查的单位或者个人提供有关土地权利的文件和资料,进行查阅或者予以复制;

(二)要求被检查的单位或者个人就有关土地权利的问题作出说明;

(三)进入被检查单位或者个人非法占用的土地现场进行勘测;

(四)责令非法占用土地的单位或者个人停止违反土地管理法律、法规的行为。

第六十八条 土地管理监督检查人员履行职责,需要进入现场进行勘测、要求有关单位或者个人提供文件、资料和作出说明的,应当出示土地管理监督检查证件。

第六十九条 有关单位和个人对县级以上人民政府土地行政主管部门就土地违法行为进行的监督检查应当支持与配合,并提供工作方便,不得拒绝与阻碍土地管理监督检查人员依法执行职务。

第七十条 县级以上人民政府土地行政主管部门在监督检查工作中发现国家工作人员的违法行为,依法应当给予行政处分的,应当依法予以处理;自己无权处理的,应当向同级或者上级人民政府的行政监察机关提出行政处分建议书,有关行政监察机关应当依法予以处理。

第七十一条 县级以上人民政府土地行政主管部门在监督检查工作中发现土地违法行为构成犯罪的,应当将案件移送有关机关,依法追究刑事责任;尚不构成犯罪的,应当依法给予行政处罚。

第七十二条　依照本法规定应当给予行政处罚,而有关土地行政主管部门不给予行政处罚的,上级人民政府土地行政主管部门有权责令有关土地行政主管部门作出行政处罚决定或者直接给予行政处罚,并给予有关土地行政主管部门的负责人行政处分。

第七章　法律责任

第七十三条　买卖或者以其他形式非法转让土地的,由县级以上人民政府土地行政主管部门没收违法所得;对违反土地利用总体规划擅自将农用地改为建设用地的,限期拆除在非法转让的土地上新建的建筑物和其他设施,恢复土地原状,对符合土地利用总体规划的,没收在非法转让的土地上新建的建筑物和其他设施;可以并处罚款;对直接负责的主管人员和其他直接责任人员,依法给予行政处分;构成犯罪的,依法追究刑事责任。

第七十四条　违反本法规定,占用耕地建窑、建坟或者擅自在耕地上建房、挖砂、采石、采矿、取土等,破坏种植条件的,或者因开发土地造成土地荒漠化、盐渍化的,由县级以上人民政府土地行政主管部门责令限期改正或者治理,可以并处罚款;构成犯罪的,依法追究刑事责任。

第七十五条　违反本法规定,拒不履行土地复垦义务的,由县级以上人民政府土地行政主管部门责令限期改正;逾期不改正的,责令缴纳复垦费,专项用于土地复垦,可以处以罚款。

第七十六条　未经批准或者采取欺骗手段骗取批准,非法占用土地的,由县级以上人民政府土地行政主管部门责令退还非法占用的土地,对违反土地利用总体规划擅自将农用地改为建设用地的,限期拆除在非法占用的土地上新建的建筑物和其他设施,恢复土地原状,对符合土地利用总体规划的,没收在非法占用的土地上新建的建筑物和其他设施,可以并处罚款;对非法占用土地单位的直接负责的主管人员和其他直接责任人员,依法给予行政处分;构成犯罪的,依法追究刑事责任。

超过批准的数量占用土地,多占的土地以非法占用土地论处。

第七十七条　农村村民未经批准或者采取欺骗手段骗取批准,非法占用土地建住宅的,由县级以上人民政府土地行政主管部门责令退还非法占用的土地,限期拆除在非法占用的土地上新建的房屋。

超过省、自治区、直辖市规定的标准,多占的土地以非法占用土地论处。

第七十八条　无权批准征收、使用土地的单位或者个人非法批准占用土的,超越批准权限非法批准占用土地的,不按照土地利用总体规划确定的用途批准用地的,或者违反法律规定的程序批准占用、征收土地的,其批准文件无效,对非法批准征收、使用土地的直接负责的主管人员和其他直接责任人员,依法给予行政处分;构成犯罪的,依法追究刑事责任。非法批准、使用的土地应当收回,有关当事人拒不归还的,以非法占用土地论处。

非法批准征收、使用土地,对当事人造成损失的,依法应当承担赔偿责任。

第七十九条　侵占、挪用被征收土地单位的征地补偿费用和其他有关费用,构成犯罪的,依法追究刑事责任;尚不构成犯罪的,依法给予行政处分。

第八十条　依法收回国有土地使用权当事人拒不交出土地的,临时使用土地期满拒不归还的,或者不按照批准的用途使用国有土地的,由县级以上人民政府土地行政主管部门责令交还土地,处以罚款。

第八十一条　擅自将农民集体所有的土地的使用权出让、转让或者出租用于非农业建设的,由县级以上人民政府土地行政主管部门责令限期改正,没收违法所得,并处罚款。

第八十二条　不依照本法规定办理土地变更登记的,由县级以上人民政府土地行政主管部门责令其限期办理。

第八十三条　依照本法规定,责令限期拆除在非法占用的土地上新建的建筑物和其他设施的,建设单位或者个人必须立即停止施工,自行拆除;对继续施工的,作出处罚决定的机关有权制止。建设单位或者个人对责令限期拆除的行政处罚决定不服的,可以在接到责令限期拆除决定之日起十五日内,向人民法院起诉;期满不起诉又不自行拆除的,由作出处罚决定的机关依法申请人民法院强制执行,费用由违法者承担。

第八十四条　土地行政主管部门的工作人员玩忽职守、滥用职权、徇私舞弊,构成犯罪的,依法追究刑事责任;尚不构成犯罪的,依法给予行政处分。

第八章　附则

第八十五条　中外合资经营企业、中外合作经营企业、外资企业使用土地的,适用本法;法律另有规定的,从其规定。

第八十六条　本法自1999年1月1日起施行。

参考文献

[1] 李昌麒主编:《经济法学》(第二版),北京:法律出版社,2008。
[2] 杨紫烜,徐杰主编:《经济法学》(第六版),北京:北京大学出版社,2012。
[3] 刘文华主编:《经济法学》(第四版),北京:中国人民大学出版社,2012。
[4] 张守文主编:《经济法学》(第五版),北京:北京大学出版社,2012。
[5] 史际春,邓峰著:《经济法总论》(第二版),北京:法律出版社,2008。
[6] 林嘉主编:《社会保险法教程》,北京:法律出版社,2011。
[7] 尹蔚民主编:《中华人民共和国社会保险法释义》,北京:中国劳动社会保障出版社,2010。
[8] 韩德培主编:《环境保护法教程》(第六版),北京:法律出版社,2012。
[9] 曹明德主编:《环境与资源保护法》(第二版),北京:中国人民大学出版社,2013。
[10] 吕忠梅主编:《环境法导论》(第二版),北京:北京大学出版社,2010。
[11] 黎建飞:《劳动与社会保障法教程》(第三版),北京:中国人民大学出版社,2013。
[12] 关怀,林嘉编著:《劳动法》(第四版),北京:中国人民大学出版社,2012。
[13] 李昌麟,许明月编著:《消费者权益保护法》(第三版),北京:法律出版社,2012。
[14] 张云,徐楠轩编著:《产品质量法教程》,北京:厦门大学出版社,2011。
[15] 于华江主编:《食品安全法》,北京:对外经济贸易大学出版社,2010。
[16] 吴景明著:《消费者权益保护法》(第二版),北京:中国政法大学出版社,2007。
[17] 王守智,吴春岐著:《土地法学》,北京:中国人民大学出版社,2011。
[18] 高富平,黄武双著:《房地产法学》,北京:高等教育出版社,2006。
[19] 李延荣,周珂著:《房地产法》(第四版),北京:中国人民大学出版社,2012。
[20] 徐孟洲,徐阳光著:《税法》(第四版),北京:中国人民大学出版社,2012。

后 记

随着国家法治文明的逐步彰显和广泛传播,农村地区的经济、政治和社会等问题的解决手段不再局限于传统风俗、村规民约和国家政策,基层干群对法律的仰赖日益突显。农民、农业经济组织已开始学着用法律的武器维护合法权益、表达正当诉求、规范民事和经济行为;村民自治组织和基层政府也意识到依法行政、依法管理的重要性。农民朋友和农村地区各类经济组织、管理组织对涉农问题的各种法律知识的需求明显增多。为此,在安徽大学出版社的鼎力支持下,编著者编写了农村实用法律解读系列丛书,以供农村地区广大干部和群众在日常的管理、经济和社会生活中检索使用。

《农村实用一般经济法解读》作为系列丛书的一部,主要就农村社会常见的一般性经济法律问题进行理论解读和法律诠释。本书重点围绕《劳动法》、《劳动合同法》、《社会保险法》、《环境保护法》、《水污染防治法》、《消费者权益保护法》、《产品质量法》、《食品安全法》、《土地管理法》、《城市房产管理法》、《矿产资源管理法》、《价格法》、《税收征管法》等法律、法规,选择其中贴近或关系农村社会的200个经济法律问题,以问答的方式进行较为系统的解读。问题的选择既突出普遍实用性,又兼顾"三农"特色;既注重适度的理论阐释,也兼顾法规的解读编撰的内容易读、易懂和实用。为增强问题解释说服力,作者在对法律问题解读之后,多数问题附加了"法条链接",对于常见问题或疑难问题,为了帮助理解和应用,还附加了"案例分析"或相关实用法律文书的"范本"。

本书在编著的过程中广泛参考了国内著名专家学者编写的相关法学教材和法律、法规的注释等,在此对这些作者表示感谢。本书能够顺利出版,得益于北京师范大学出版集团安徽大学出版社的大力支持,在此,对出版社特别是朱丽琴副总编辑和方青编辑表示感谢。

由于作者水平有限,加之编撰的时间比较紧,错误在所难免,问题的选择也可能会顾此失彼,敬请读者指正,作者也会在今后再版时予以完善和提高。

安徽农业大学　胡志斌
2014 年仲春于合肥